文本意义解读与
深度学习

林启华◎著

光明日报出版社

图书在版编目（CIP）数据

文本意义解读与深度学习 / 林启华著 . -- 北京：光明日报出版社，2025.3. -- ISBN 978-7-5194-8560-3

Ⅰ．H09

中国国家版本馆 CIP 数据核字第 20258Z9R84 号

文本意义解读与深度学习

WENBEN YIYI JIEDU YU SHENDU XUEXI

著　　者：林启华	
责任编辑：李壬杰	责任校对：李　倩　李学敏
封面设计：中联华文	责任印制：曹　净

出版发行：光明日报出版社
地　　址：北京市西城区永安路 106 号，100050
电　　话：010-63169890（咨询），010-63131930（邮购）
传　　真：010-63131930
网　　址：http://book.gmw.cn
E - mail：gmrbcbs@gmw.cn
法律顾问：北京市兰台律师事务所龚柳方律师
印　　刷：三河市华东印刷有限公司
装　　订：三河市华东印刷有限公司
本书如有破损、缺页、装订错误，请与本社联系调换，电话：010-63131930
开　　本：170mm×240mm
字　　数：216 千字　　　　　　　　印　张：16.5
版　　次：2025 年 3 月第 1 版　　　　印　次：2025 年 3 月第 1 次印刷
书　　号：ISBN 978-7-5194-8560-3
定　　价：78.00 元

版权所有　　翻印必究

序

欣闻启华的专著《文本意义解读与深度学习》一书即将出版，心里有一种说不出的感动，翻阅着厚厚的书稿，开启了我对几年前往事的回忆。

那是在2018年秋，我新的一届工作室成立，学员都是本区的优秀骨干，他们都有很好的专业素养和丰富的教学经验，我决定通过具体研究项目来带动学员读书、思考与写作。两年后，学员以学术成果的形式结业。写作的集体主要是我两届工作室的学员，再加上本市邀请的几位专业功底扎实的教师。在确定研究项目上我思考了很久，因为这涉及学员的专业积累和阅读面。最终，我把我自己准备写的一本书的框架拿出来，把每一章节的写作任务分给每一位成员。我把本书第二章"语文教学解读中课文意义的生成与途径"的写作任务交给启华负责，因为我从平时的交谈中了解到，他正在读符号学和认知语言学方面的书。

《语文教学解读论》的写作非常艰辛，因为这是一本理论性很强的书，同时还具有专业的开创性。我和学员们一起读书思考，线上线下的讨论会开了无数次，初稿陆陆续续交来，我对启华的稿子非常满意。书稿发走后，我觉得在语文阅读教学中，意义的生成是一个绕不开的话题，如果能够把这个问题解决了，应该是解决了语文教学中的一个大问题。

我之所以这样说，是因为在阅读中，人们的理解有一个现象学中称为"意向性"的问题。阅读教学活动是从学生阅读课文的那一刻开始的，学生一旦开始阅读，眼睛接触到构成课文的最基本的词语，字音和以字音为基础的语音构造对应的意义也同时产生。随着阅读的延续，由词语到语句，到句群，到段落，直到语篇。我们知道，任何一篇课文都是由词语、语句、句群和语段这四种语言成分构成的，词语的语音要素包括语调和发音的轻重。语音是词语意义的载体，它被赋予了具体的意义和发音，如"shí tou（石头）""méi huā（梅花）""dà hǎi（大海）"都对应着具体的意义。在阅读中，朗读者的语调和发音轻重不同，获得词语的意义也各有不同，如"dà hǎi（大海）"就可以读出惊叹、惊喜、抒情等不同的意义。在阅读中，学生个体对词语朗读语音的不同，就会产生彼此间对同一词语意义理解的差异。

词语在课文中还不是独立的语言结构，它必须在具体的语句里才能获得相对确定的意义。语句的意义也部分地取决于语句中词语的发音，语句中词语的发音构造出整体语句的语气、语调、节奏和轻重等，形成了语句的"旋律"。这样，语句中前后相连的词语发音又组成了句群、语段和语篇的"旋律"，自然就形成了一篇课文特有的语气、语调、节奏、节拍和韵律等，它们进一步呈现为文本的"情绪"和"状态"，表现为通常所说的"忧伤的""悲哀的""快乐的""喜悦的"等感情基调。

语音层对整篇课文的构成和意义呈现发挥着重要的作用，它为课文的意义提供物质基础，是形成课文意义的外在支点或外在表现。没有语词的发音，意义就不可能存在，文本的其他层次也不可能存在。对课文"意义"的理解是读者（学生）的主观意识活动，每一个词语都含有意义，这个意义能够意向性地对应一个现实中的客体，但它又不是真实的物质客体，而是读者意向性地创造出的一个客体。比如："微风过处，送来缕缕清香，仿佛远处高楼上渺茫的歌声似的"，这个句子不是一种真实客观情境的再现，而是一种意向性事态的表达，不同的读者可以读出不同的荷香：远处高楼上的歌声可以是男声，也可以是女声，可以是高音，也可以是低音，可以是高亢的，也可以是低沉的，可以是清丽的，也可以是浑浊的……对歌声的意向性理解，决定了读者"闻到"的荷香不同，也影响到读者对月下荷塘的整体感受。所以，学生通过意向性地理解语句所描写的事物情态而理解语句的意义，这些词语与语句表达的意义，构成了一条通向文本作者写作意图的路径。句群和段落是由语句构成的更高级的意义单元，它们的意义也都是读者意向性地创造出来的。

这样，我们可以看出，任何文本都有两个"意义"：一个是文本作者在写作的那一时刻直接地表达在文本中的"本来写作意图"，这种"本来写作意图"，师生可以在多次的阅读活动中对其进行反复的"具体化"，使其越来越明晰并逐渐固定下来；另一个"意义"则是读者依据文本的语言构成和作者的意向性构思，以理解和"创造"的形式，组合词语、语句、句群、语段等意义单元，通过阅读活动意向性地重构出的读者读出的"写作意图"。在阅读中，由于读者朗读语音处理的不同，加上他们生活经验、性格特点与知识结构、理解能力的差异，这种意向性阅读虽然都指向文本的"本来写作意图"，但每个读者读出的"写作意图"却千差万别，这也是造成对文本理解多元的原因。

正是基于这样的认识，我鼓励启华把主要的精力放在文本意义的生成上，努力写成一本专著。启华答应了，但写作的进展很慢，我时常跟他电话交流，询问他写作的进度，有时还用催促的语气。我知道，研究意义的生成需要解决的问题很多，需要把现象学、符号学和认知语言学理论与语文教学实践结合起来，这些都要付出更多的时间和精力。

记得去年12月间有一次聚会，启华的女儿也参加了，当她知道我是王老师后，便用感叹的语气说："你就是天天逼我爸爸写书的王老师啊！"在场的人都哈哈大笑起来，当时启华的书已经完稿，他笑得格外开心。

启华的书稿即将付梓，现在回想这些趣事，其中有几多的艰辛和快乐，只有启华自己最清楚。

是为序。

王　林

2024年6月28日于诵芬堂

目　录

绪论：意义·文本·学生 ··· 001

第一章　意义概念的界定 ··· 005
第一节　词源角度的"意义" ··· 005
第二节　学者讨论的"意义" ··· 006

第二章　意义对象的真相 ··· 010
第一节　感官总在欺骗我们 ··· 010
第二节　看到的到底是什么 ··· 014
第三节　世界的多重性 ··· 018

第三章　意义主体的特征 ··· 020
第一节　作为意义主体的自我 ··· 020
第二节　作为意义对象的自我 ··· 023

第四章　意义的特征 ··· 028
第一节　对象性 ··· 028
第二节　超越性 ··· 032

第三节	共通性	036
第四节	主观性	042

第五章　意义的符号化 …… 048

第一节　意义符号化的原因 …… 048
第二节　意义符号的类型 …… 050

第六章　语言的意义 …… 057

第一节　哲学史上对语言意义的讨论 …… 057
第二节　语言学上对语言意义的追问 …… 060
第三节　语言意义主客统一性 …… 070

第七章　意义生成的内涵 …… 074

第一节　初期生成论 …… 075
第二节　中期生成论 …… 078
第三节　后期生成论 …… 083

第八章　意义生成的实质 …… 086

第一节　意义生成的基础 …… 086
第二节　意义生成的中介 …… 090
第三节　意义生成的条件 …… 092
第四节　意义生成的初级形态 …… 098
第五节　意义生成的中级形态 …… 102
第六节　意义生成的高级形态 …… 107

第九章　文本意义的生成 ··· 109
第一节　词语的意义 ··· 109
第二节　文本的意义 ··· 115
第三节　文本意义生成的途径 ····································· 123

第十章　文本意义的类型 ··· 129
第一节　横向文本意义 ··· 131
第二节　纵向文本意义 ··· 142
第三节　课文意义的生成 ··· 153

第十一章　文本意义生成的误区 ··································· 156
第一节　现象的物化 ··· 156
第二节　自我中心主义的困境 ····································· 158

第十二章　文本的符号特征与解读 ································· 163
第一节　对符号的理解 ··· 163
第二节　符号与文本解读的作用 ··································· 164
第三节　符号理论视角下文本解读策略 ····························· 167

第十三章　文本的多重世界特征与解读 ····························· 171
第一节　对文本世界的理解 ······································· 171
第二节　文本世界的生成条件与机制 ······························· 175
第三节　文本世界理论对文本解读的作用 ··························· 177
第四节　文本世界视角下文本解读策略 ····························· 182

第十四章 学生的背景性知识与文本解读 187
第一节 对背景性知识的理解 187
第二节 背景性知识视角下文本解读策略 191

第十五章 学生的隐喻思维与文本解读 199
第一节 对隐喻思维的理解 199
第二节 隐喻思维对文本解读的价值 201
第三节 隐喻视角下文本解读策略 202

第十六章 学生的概念整合思维与文本解读 205
第一节 对概念整合的理解 205
第二节 概念整合理论对文本解读的作用 212
第三节 概念整合视角下解读策略 214

第十七章 学生的意象图式与文本解读 221
第一节 对意象图式的理解 221
第二节 意象图式视角下解读策略 226

第十八章 学生的意向性特征与文本解读 234
第一节 对意向性的理解 235
第二节 意向性特征对文本解读的作用 239
第三节 意向性特征视角下解读策略 242

主要参考文献 246

绪论：意义·文本·学生

人是学习型的，而学习就是习得世界的意义。意义是我们走进世界、走进文本、走进自我的桥梁。意义是我们思维的结果，明白意义本质就是洞析人的思维规律。

在水果店里看到一种水果，像西瓜一样，只是周身布满疙瘩，我们叫不出它的名字，不知道它是什么东西，也不敢擅自买下它。有时读到一个句子，如"巧言令色鲜矣仁。士之忠信者，于公当路时，虽龃龉可憎，后必徐得其力"，却不知"巧言令色""龃龉可憎""徐得其力"等词句的意思。

在生活与学习中，我们常常遇到此类现象。我们不禁要问："看到一个同样的事物或句子，为什么我们就不认识它们，或弄不明白它们的意思呢？阻碍我们认识事物的原因是什么？我们怎样才能认识一个陌生的事物呢？或者怎样才能读懂一个生疏的句子的意思呢？"这些问题都与意义有关，认识一个事物就是懂得它的意义，读懂一个句子就是理解它的意义。

我们生活在一个意义世界里，我们一睁眼观看，一侧耳聆听，各类现象、各种思想，如春夏秋冬、花鸟虫鱼、高铁飞机、环保卫生、中东石油……所有人类生活中面对的、经历的现实与历史的东西都给我们带来意义。生活中处处有意义，无论我们有没有意识到，我们无时不在创造着或是解读着各种各样的意义。

我们也生活在一个物理的现实世界中，没有现实的世界必然没有人类，现实世界在物质与精神上供养着人类。现实世界不是只有纯粹自然世界，还有个人类创造的世界。无论是人创造的世界，还是自然世界，固然先行存在，但它们的样子需要通过人的感官来打开。被我们打开的世界就是意义世界，我们打开的世界不是世界本身，而是我们的感官能力加工出来的现象。现象世界的呈现带着我们的意识与思想，现象就是原初意义。当我们看到小区内的各类树木，并把它们的名称叫出来时，就在给它们加上意义。

马克斯·韦伯说："人是悬挂在自己编织的意义之网上的动物。"人活在自己的肉身之中，不断观察着外在世界，想象着外在世界，编织意义是人的本性。看到天上飘浮的云、天空中的飞机、街道上的车流与人影，我们对它们加以识别与理解，就是赋予它们意义。当领略云卷云舒、花开花落时，我们感受着它们的状态与生命；当欣赏文学、音乐、美术作品时，我们感受着它们表现的优美与高雅、丑陋与嘲讽、暗示与呼唤。我们的思考，我们的体验，我们的表达，无时不在生成意义。

生活中种种现象给人类的思维带来了一种暗示：这个世界是两重的。人的生理结构处处是两重世界，手有正面反面，身躯有前胸后背，脑袋有脑前脑后；外在世界中处处是两重世界，天与地，高山与低谷，红花与绿叶。人们觉得在这个可感知的有形世界之外，肯定有个无形的规则。人们活在统一的世界里，却不认为世界是统一的。可感知的世界在不断变化，人们相信会有一种不变的东西存在。这种不变的永恒的东西就是意义，它召唤着人们向它靠近。东晋王羲之特别喜欢鹅，乡村一位老妇人养了一只鹅，叫声很好听，王羲之想购买它，老妇人不同意。王羲之带着朋友驾着车来乡下观鹅，老妇人听说王羲之等人到来，就把鹅杀了招待客人。王羲之叹息了好多天。老妇人杀鹅待客，是一种意义，但这不是王羲之所追求的意义。王羲之所追求的不是物质口欲，而是超越物质的精神上的愉悦。

人有两重生命，一重是物质的肉身的生命，一重是精神的超肉身的生命，后者是人所追寻的意义的根源。

意义源起于外在世界，生成于人的心灵加工。世界原本混沌一片，是人类的心灵打开了这个世界。没有眼睛，就没有光明，世界将黑暗一片；没有耳朵，就没有声响，世界将万般寂静。"人是万物的尺度"，没有人类就没有这个五彩缤纷、生机勃勃的世界。世界因人类而精彩，人类因意义而更精彩。

文本是意义体，当我们把一行诗、一篇文章、一本书叫作文本时，这已经是在加工意义。如果一个事物处在混沌时才算是纯粹的无意义状态，这时，没有人来理解它们。它们处在一种寂默中。文本被我们理解成一个文本，我们已经对它们生成了多层的复杂的意义。一行诗被我们诵读时，首先我们在语音层上对它赋予意义，如阴平声多是质地轻微而且形体高大的事物，就像"光""风""烟""天""山""川""宫"等。而去声字多是质地结实、平固、真实、有力的事物，就像"蛋""地""棒""柱"等。其次，在意义层上，一个词语对应着一个客体，如"桌子"对应着桌子，"明月"对应着月亮。但是没有纯粹的，不带主观色彩的客体，如"曹操"一词对应着一位叫作"曹操"的历史人物，但每个人对于这个历史人物的理解是不同的。也就是说"曹操"一词，不光在语音层上有意义，在客体层上有意义，而且在"再现客体"层也有意义。当然，赤壁之战中的曹操与官渡之战的曹操又是不同的意义体。文本意义何其复杂，意义层次又是何其多，可能没有哪个思想家、哪个理论家能够完全说得清。

人有双重生命，也就有双重角色，人既是意义的制造者，也是意义本身。学生在校园内，在课堂上，就是意义体。一群少年、儿童走在校园内，坐在教室内，他们被赋予学生的角色。老师也是如此。离开了校园，这群少年、儿童不再被理解为学生。学生的角色是有情境性的，也是临时性的。人的角色，均是如此。

学生作为意义体不同于事物，事物的意义带有本质性，属于自在的存在物；而人是自为的存在，本质不定，学生时刻在刷新个人的本质。

在课堂之中，文本是意义体，学生也是意义体。从意义的角度看，文本与学生是平等的。从文本的角度来看，它是连接学生与老师、学生与学生的中介物。从学生的角度，他们是文本意义的生成者。世界因为人而有意义，人也因为各种意义产生关联，引发交往。

意义是理解人、理解世界的桥梁，它呈现了我们的深层思维，所以我们要来好好研究一下意义、文本、学生。

第一章　意义概念的界定

第一节　词源角度的"意义"

"意义",《辞源》定义:"①内容、含义;②意思、思想。"《现代汉语词典》定义:"①事物所包含的思想和道理;②内容;③美名、声誉;④作用、价值。"

这两个定义内容基本相似,说"意义"就是事物或人的"内容、思想、美名、价值"等,它们的思维方式也相仿,都是假定"意义"是客观存在的事物。

如果我们从词源的角度来探究,会有新的发现。《说文解字》说:"意,志也。志即识。心所识也。……从心音。会意。于记切。察言而知意也。"《说文解字》追溯源头,从造字角度还原字义,对"意"的理解如下:

①"意"是一种认识;②"意"是人在心中对"音"的认识。

"音"不同于"声","音"是人或动物发出的,"声"是自然敲击或风吹动引起的声响。"音"有一定的含义,而"声"则没有。古人造字时用"音"与"心"组成"意",代指"心"领会"音"的含义的行为。人发出的"音"是为了表达情感与意图,"音"相当于语言符号,"意"就可以理解为"人对语言的领会与认识"。

关于"义",《说文解字》说:"从我。从羊。""威仪出于己,故从我。董子曰,仁者,人也;义者,我也。谓仁必及人,义必由中制也。从羊者,与善美同义。"据此,可以看出"义"的含义在于:

①发自内心的行为表现;②这种行为合乎美与善的标准。

把"意"与"义"放在一起,我们就会发现,它们从不同角度表达了相同意思。"意"是人对"音"的认识,而"义"是人对"行"的认识;"意"是说人对外物的认识,而"义"是对自我行为的认识。因此,"意"与"义"结合,就是指人在心中对外物与自我行为的一种认识。

这样的解释完全不同于《辞源》和《现代汉语词典》中的定义,《辞源》和《现代汉语词典》把"意义"看成一个客观存在物,而《说文解字》则把"意义"归属为人的行为,是人对外物或自我的认识。

百度百科对"意义"这样解释:"意义是人对自然或社会事务的认识,亦是人给各种事物赋予的含义,还是人类以符号形式传递和交流的精神内容。"此定义切合《说文解字》的解释,突出"意义"的三个核心内涵:一是意义是人的认识;二是意义不是外在的客观存在;三是意义以符号形式表达,如果没有符号形式意义也就不存在。

第二节 学者讨论的"意义"

对于"意义"一词的内涵,专家、学者众说纷纭。英国语言家奥格登和理查兹在《意义的意义》一书中,对"意义"的定义列举出十六种之多[①]:

---

① 转引自荀志效.意义与符号[M].广州:广东人民出版社,1999:38-39.

1. 一种内在的属性；

2. 一种与其他事物之间的、独特的和无法解析的联系；

3. 附加在词典里的某个语词之上的另外一些语词；

4. 一个语词的内涵；

5. 一种本质；

6. 投射于某个对象的一种活动；

7.（1）某一意向中的事件；（2）某种意愿；

8. 某物在一个系统中的特定位置；

9. 对某物在我们未来经验中的可行的推理；

10. 由一个陈述所包含或暗指的理论推断；

11. 被某物所激起的情感；

12. 依照特定的关系与某个符号实际相关的东西；

13.（1）一种刺激结果所获得的联想；（2）与某一事件的记忆效果相应的某些其他事件；（3）对某个符号按其存在所作的解释，对于象征符号来说，即其所象征的任何事物，某个象征符号使用者所实际指称的事物；

14. 某个象征符号的使用者应当具有的指称；

15. 某个符号的使用者自己所相信的指称；

16.（1）某个符号的解释者；（2）他自己所确信的指称；（3）他所确信的该符号使用者的指称。

关于"意义"的定义很多，却没有形成一个统一的看法。不过上述定义从不同角度、不同侧面揭示了意义概念的不同内涵，拓宽了我们对"意义"的理解。对上述定义我们可以加以概括：

1. 意义是关于事物、符号以及人的；

2. 意义是事物的本质、属性、内涵，或者是符号的指称；

3. 意义是人的推理、联想、意愿、解释，甚至是被激起的情感。

我们对这三方面加以整合，意义是事物的本质、属性、内涵、符号的指称，也是人的推理、联想、意愿、解释及激起的情感。这样，我们就可能作出这样的推理：意义是由人的心理运思产生的结果。这很切合《说文解字》以及百度百科对"意义"的解释。所以，意义是人的一种心理运思过程，是人的主观行为所得。也就是说，意义是人对外在事物和人自身的认识与理解。

认识是人对事物或人自身的特征、本质进行把握；理解指人对事物或自身的思想、情感的把握。当我们对事物或自身辨别、判断、感悟而获得结论，就是意义。当我们看到石头、小花、白云等，把它们辨别出来，就已经把意义赋予它们。叫出它们的名字，或感受到它们的特征，或联想到它们的象征物，这些都是我们赋予它们的意义。海德格尔把理解看成是人存在的基本方式和特征，我们置身于世界万物之中，必须与各类事物打交道，随时认识与理解它们，一旦理解就产生意义，给事物以意义是人基本的存在方式。

国内一些学者对意义的研究成果很多，安道玉说："意义：人对世界的理解与创造。"[①]秦光涛说："所谓意义，就是对人有所意谓的客体对主体的精神活动的一种指向，这种指向只有在人的理解中才能显现出来。"[②]王寅教授认为，"意义与概念相通，概念对应于范畴，范畴始源于对现实的体验，这就是说，意义也是来源于人类对现实的感知和认识，来源于人类的实践活动"[③]。王寅教授指出了意义的来源，还说明了意义的本质，意义就是人对事物范畴化后获得的概念，是人对事物的一种认知活动。

当然，《现代汉语词典》说"意义"是"作用、价值"，也有一定道理，如我们平时说的"螳螂当车毫无意义"。杨国荣先生讨论过"意义"的类型，他说："作为意义的二重基本形态，与理解—认知相联系的意义

---

① 安道玉. 意识与意义［M］. 北京：中国社会科学出版社，2007：49.
② 秦光涛. 意义世界［M］. 长春：吉林教育出版社，1998：69.
③ 王寅. 认知语言学［M］. 上海：上海外语教育出版社，2007：266.

和与目的—价值相联系的意义并不是以互不相关的形式存在。"①

杨先生认为"意义"有"理解—认知"和"目的—价值"两类，并阐述了两者之间的关系，这从整体上引导我们理解了"意义"的内涵。我们的课题是探讨人们对于世界、人自身以及文本的认识与理解，属于认识论的范畴，在"理解—认识"的角度来研究意义的生成。而"目的—价值"属于价值论、伦理学的范畴，不在我们的话题之内。

从定义我们可以看出意义有三个要素：意义对象、意义主体以及意义内容。接下来，我们对这三个要素逐一讨论。

---

① 杨国荣. 成己与成物：意义世界的生成 [M]. 北京：北京师范大学出版社，2018：37.

第二章　意义对象的真相

意义是人对事物或自我行为的认识与理解，意义必然要有对象。没有对象无法生成意义，任何意义都是建立在某个对象基础上的。意义对象包括外在事物和人自身。外在事物是不是我们看到的或者听到的那个东西？我们必须做个讨论。

第一节　感官总在欺骗我们

一位老师设计了一堂情境写作课，他拿着一个苹果请同学们闻气味，随后说："有哪位同学闻到苹果的味儿了吗？"有的同学说闻到了，也有的说没有闻到。老师再次强调说："真的没有香甜的气味吗？"然后大部分同学说闻到了。最后老师举起苹果说："这是一个假苹果，什么味儿也没有。"这位老师设计了一个情境来激发学生的写作兴趣，引发他们的思考。不过，我们会进一步追问，假苹果为什么会骗过学生？因为它的颜色、形状以及光滑度都与真苹果一模一样。人的视觉、触觉的能力只能收集到这样的信息，不可能再向纵深发展。

我们离不开外界事物，我们与外界事物接触、交往是通过我们的感官，所以感官得来的信息对于我们的生活、学习、科研都十分重要。人们常说"眼见为实，耳听为虚"，事实上，耳听为虚，眼见也不一定为实。我们知道，彩虹本没有色彩，海市蜃楼并不存在，人的感官得来的信息，常常是假的，我们看到的、听到的常常不是真实的事物。从外界得来的信息，由我们的感官能力决定，看到彩虹、海市蜃楼时，我们一定会看到它们的那个样子。写作课上，老师带来的苹果即使是假的，但同学们一定会把它看成真苹果，至于气味，那源于人的心理暗示。

自古以来，思想家们针对人通过感官得来信息的真假问题争论不休。古希腊哲学家泰勒斯探讨世界本源时，认为万物源于水，又回归于水。他的理由是："一切种子滋生于湿润，一切事物皆营养于湿润，而水是湿润之源。"[①]种子在湿润的土壤中发芽、成苗，一切事物都离不开湿润的环境，离不开水。泰勒斯用他的生活经验来证明他的观点，这个论据是他观察得来的，他相信他的眼睛，相信"眼见为实"。

后来古希腊的另一位哲学家赫拉克利特也充分认可感官得来的信息，他说："凡是能够看到、听到、学到的东西，都是我喜爱的。"但是，他同时认为，感官得到的东西，只是表面现象，而事物的规律不是露在表面的。眼睛、耳朵等感官获得的是浅层信息，所以人们不能停留在感官的信息上，甚至可以说不能相信人的感官，对于没有思想、没有理性的人，"眼睛和耳朵对于人们是坏的见证"。赫拉克利特既肯定了人的眼睛所见、耳朵所闻，又否定了它们所获得的信息。他通过观察生活现象，发现世间所有东西都在变化，花开花落、云卷云舒、日出日落，就得出一些结论："一切皆流。""我们不能两次踏进同一条河。"他认为万物由火生成，又复归于火，不断运动，又不断地循环，这与泰勒斯"万物源于水"的思想不同，水虽然也有变化，但是水的形态不会改变，而火的形态在由

[①] 邓晓芒，赵林. 西方哲学史 [M]. 北京：高等教育出版社，2005：13.

小到大，由大到小，在生成中熄灭，在熄灭中生成。赫拉克利特认为火的燃烧与熄灭的规则不变，火燃烧时的"分寸""次序""周期""必然性"是永恒不变的，是世界万物的普遍法则。

对于感官不信任到极点的要算古希腊哲学家德谟克里特，在晚年时，为了不受感官的欺骗，他弄瞎了自己的双眼，彻底拒绝来自眼睛的信息，也向人类宣告眼睛所看到的东西完全是假的。实际上，他的这种极端行为违背了他的思想。他是一位"原子论"的信仰者，他认为物体都是由原子与空间组成的，原子形状、大小、位置不同就形成了不同的事物，原子总是处在运动中，因而，事物也总在变化着。灵魂也是由原子组成的，不过它们更加精细、活跃。当人们观察事物时，由原子组成的事物会放射出与自身形状相似的影像，这些影像通过人的感官孔道作用于人的感觉原子，从而引起感觉；如果作用于人的灵魂原子，就会引起人的思想。他特别强调，因为影像需要经过空气，再到人的眼睛，所以空气问题造成人的错觉。

他认为感觉原子得到的是事物的色、声、味等表面现象，他把这个叫作"暗昧的认识"；而灵魂原子得到事物的根本，叫作"真实的认识"。当暗昧认识在尽力看到、听到、闻到、尝到、摸到该认识的时候，会达到极限，这个时候要达到更精确的认识，暗昧认识就会把它产生的新影像再作用于灵魂原子，从而产生理性认识即思想。没有事物的影像就没有感觉，没有感觉就没有思想。事物影像是认识的源头，感觉是第一认识，思想、理性从感觉出发。事物只由原子与虚空组成，它们没有色、声、味等性质，这些性质是人们约定俗成的，除了原子的次序、形状和位置之外，人们看到的只是一些现象。德谟克里特从自己的原子论模型出发，论述了人们感觉得到的信息只是一些现象，不是事物的性质。要想弄明白事物的性质，只能通过人的理性对感觉进行加工。他既说明了人的感官得来的信息是虚假的，又肯定了感觉信息的重要性。

他否定了事物色、声、味等特点，这与现代科学所证明的结论不谋而合。现代物理学研究表明:"桌子上放着一个柚子。我们从来没有'看'到柚子。我们看到的是柚子表面反射的光线。反射的光线约六千埃,我们很自然(但不准确)地将其称作光谱中的黄色部分。""光谱中的光线只有不同的波长。颜色是由活着的生物的心智所创造出来的,当辐射的各种波长抵达视网膜上的视锥细胞,它们又沿着神经通路,把电子消息传导到大脑中的视觉皮层。只有在那里,大脑才会将不同的波长转换成各种颜色的感受。因此,颜色是大脑的创造。"[1]

颜色形成的过程是这样的:有光照到物体,物体反射光线进入人的眼睛,光波抵达视网膜上的视锥细胞,细胞产生电子信息,神经通路把电子信息传导到大脑中的视觉皮层,从而产生图像。在大脑中产生颜色的根源是光,有了它物体才能反射给人。

彩虹、海市蜃楼、假苹果是特殊的例子,它们骗过了我们的眼睛。正常现象中,树叶不是绿色的,天空不是蓝色的,金子不是黄色的。我们看到的物体都不是它们本身的样子,这个世界就不是我们所看到的样子。

现在我们通过科学解释,知道彩虹、海市蜃楼的真相,但我们看到它们时,还是我们之前看到的那个样子。如果老师告诉同学们那是个假苹果,但是他们看到的还是真苹果的样子。人最大的痛苦与矛盾是心中明明知道物体是假的,但是他看到的还是那个假的样子。就人的能力来说,我们没办法回避假象。如果不想看到这些假象,只有像德谟克里特那样,弄瞎自己的双眼。不过即使弄瞎了眼睛,可耳朵听到的、鼻子闻到的、舌头尝到的、手摸到的,还是一些虚假的信息。假象对于人有着重要作用,它是人与外在世界接触的中介,人离不开假象,所以没有必要弄残自己的感官。

---

[1] 克里斯蒂安.像哲学家一样思考[M].赫忠慧,译.北京:北京大学出版社,2015:105.

第二节 看到的到底是什么

水池中有一条鲤鱼，有生活经验的人都知道，真正的鲤鱼不在我们看到的位置。如果我们照着看到的那个位置抓过去，就会抓个空。

通过现代物理学知识，我们可以对此现象做出解释。光线照进水池，鱼体对光进行反射，这种反射光从水下经过水面进入空气时，发生了折射。因而，水池中真正的鲤鱼与光线呈现给我们的，也就是我们看到的那条鲤鱼不在一处。

这种现象可以使我们作如下推理：我们看到的那条鲤鱼不是鲤鱼本身，看到的那条鲤鱼与真正的鲤鱼是两个东西，它的本身却没有被我们看到。我们照着那条鲤鱼的位置去抓时，不能抓到鲤鱼，也没有抓住其他什么东西，这说明我们看到的那条鲤鱼在水池中根本不存在。那么，我们看到的那条鲤鱼到底是什么，它又在哪里？

物理学的知识告诉我们，物体是没有颜色的，颜色是我们大脑加工出来的结果。如，桌子上放着一个苹果，不是我们在看苹果，而是苹果反射的光线刺激了我们，苹果能反射波长在647~700nm的光谱，光波通过我们的眼睛抵达视网膜上的视锥细胞后，又沿着神经通路，把电子信息传到大脑中的视觉皮层，此时大脑把这个光波加工成红色。因而可以说，颜色不是物体本来的特征，而是我们大脑加工出来的。我们把大脑加工出来的一个颜色图像投射给物体，强加给它们。

如此说来，树叶不是绿色的，天空不是蓝色的，金子不是黄色的。我们看到的水池中的那条鲤鱼，是鲤鱼本身的反射光线刺激了我们，大脑把投射过来的信息加工成鲤鱼的图像，然后我们把这个图像强加给鲤鱼本身。

看到的鲤鱼那个图像只是大脑根据真正鲤鱼反射过来的信息加工而成的虚像，这个世界就分成两个部分，一个是客观真实的存在，一个是我们加工的虚像。没有鱼的存在，就没有光线反射给我们，我们无从看到它。但是我们看到的只是通过眼睛的授受信息，然后大脑加工出我们看到的那个样子，这个样子不是真实存在。

不光是颜色，我们还把自己的各种感官体验强加给外在事物，如我们的听觉细胞把不同的声波加工成不同的声音，味蕾细胞把不同的食物加工成酸甜苦辣等各种味道。我们也会把冷热的感觉强加给外在事物，如冬天的井水是热的，夏天的井水是凉的。

颜色、气味、声音并不在世界上存在，是人类创造了它们。明代思想家王阳明的《传习录》记载了这样的故事："先生游南镇，一友指岩中花树问曰：'天下无心外之物，如此花树，在深山中自开自落，于我心亦何相关？'先生曰：'你未看此花时，此花与汝心同归于寂。你来看此花时，则此花颜色一时明白起来，便知此花不在你的心外。'"①友人问王阳明，先生（王阳明）认为天下没有心外的事物，那么在深山中的花树，它们花开花落自然存在，与我的心（即人）有什么关系呢？王阳明回答说，人没有看到此花时，此花与人的心都处在静默之中，而人来看到此花时，此花的颜色就一下子鲜亮起来，此花的颜色不在人的心灵之外。他的意思是说人不来山中，树花自开自落，那是它们的本真状态，它们没有颜色，没有形态，没有香味。那种静默状态是本真的，没有经过人的加工处理。这种状态到底是什么样子，人不得而知，人一旦走近它们，与花就产生了交流，这种交流只能靠人的感官能力完成，花呈现给人的是人加工出来的样子，它们本真的样子，人无能力彻底地洞察。

人不来时，原来花树的样子是什么样，我们不得而知，只能推测它的

---

① 王阳明. 王阳明全集［M］. 北京：中国书店出版社，2015：126.

存在，并且是一个混沌状态。当它们呈现给人后，人给予它们形象。法国哲学家萨特借自己创作的小说《恶心》中主人公洛根丁的口说出这样的思想："你可能认为世上有真正的蓝色，真正的红色，真正的杏仁或堇菜的气味。可是，一旦你留住它们片刻，这种舒适的安全感便被一种深深的不安所取代，因为颜色、味道、气味从来不是真正的，从来不规规矩矩的，只是它们本身——仅仅是它们本身。""我脚旁的这个黑色仿佛不是黑色，而是某人对黑色的模糊想象，他可能从未见过黑色，却又不知就此止步，而是想象一种超出颜色的、含糊不清的存在。"颜色、味道、气味从来不曾存在过，它们只是人想象出来的，它们存在于人的大脑中。这种想象实际上是人脑的加工，图像在现实世界是不存在的，我们把大脑中这个图像投射到外物上，并强加给它们，当作它们的特征。所以说，苹果是红的、香的、脆的，石头是硬的，都是人加工出来的，它们原本只是混沌，我们一打开各类感官就赋予它们众多特征。

我们看到的天空中的太阳，也是一个虚像。太阳光到达地球需要八分钟，当我们看到它时，本身的太阳已经移走了，我们看到的只是八分钟前的那个太阳。海市蜃楼、彩虹都证明我们看到的像与本身不是一回事。这样，外在世界就被分为原初世界与表象世界，原初世界是众多物体原初本真的集合，而表象世界实际上并不存在，是我们自以为它们存在，是一个虚像的世界。

在人类的思想史上，思想家们在为知识来自观念还是来自经验产生过激烈的争论，有人说我们感官得来的知识才是真正的知识；也有人说感官会骗人，经过人的理性推论出来的知识才是最真实的。德国哲学家康德认为争论双方都错了，人类应该先审视一下自己的认识能力。以前人类都是根据事物特征推测事物的本质，先假定了人们感受的东西就是事物本身，然后让人的认识符合事物。他认为人类需要换个思维方式来思考，应该是让事物特征符合人的认识能力，不切合人的认识能力的事物不会被人认识到。如光谱或声波不在人的感官能力之内,不会被人们感受到。被人们感受到的只是部分事物,或者是它们的部分特征。水池中的鲤鱼有些特征符合我们的认识能力,我们能看到它,把它加工成一个像的存在,而它本身(康德叫作物自体)却不被我们认识。

康德说:"作为我们感官对象而存在于我们之外的物是已有的,只是这些物本身可能是什么样子,我们一点儿也不知道,我们只知道它们的现象,也就是当它们作用于我们的感官时在我们之内所产生的表象。因此无论如何,我承认在我们之外有物体的存在,也就是说,有这样的一些物存在,这些物本身可能是什么样子,我们固然完全不知道,但是由于它们的影响作用于我们的感官而得到的表象使我们知道它们,我们把这些东西称之为'物体',这个名称所指的虽然仅仅是我们所不知道的东西的现象,然而无论如何,它意味着实在的对象的存在。"他假定了这样的前提,物体是客观存在的,但它们本身是什么样子,人们不能知道,如深山中的花树,无论有没有人看到它们,它们都是存在的。但它们本真的样子,我们不能知道。当有人来看到它们时,它们所呈现出来的样子,是看到的人的自我加工。虽然人们无法感知,物自体本身存在是真实的,它们构成了一个自在的世界。而它们被人们加工出来的,又是一个现象世界。它们是分离的,但同时共在,缺一就没有二。

在日常生活中,我们看到事物,对它产生意义时,都是默认我们看到的、听到的就是事物本身。这个想法的错误由以上分析可以得知,原来我们对事物产生了某种意义,只是建立在事物给我们的现象上,并不是事物本身。现象,也就是人加工出来的虚像。

因此,意义是人对事物的二次加工。再如,书本以及书本中的文字先是个物理的存在,它们被放在书架上,处在静默状态,我们不来看它们时,它们只是一种混沌的事物,无形无名。我们来阅读它们,把它们加工成我们所能加工出来的虚像。我们把书本当作书本,把文字当作文字,它们就被我们理解。我们赋予它们以意义，它们就成为意义事物。

第三节　世界的多重性

人活在世界中，生命离不开世界的支撑，精神离不开世界的滋养。世界是什么？《新华字典》给出的解释是"自然社会和人类社会一切事物的总和"。《柯林斯词典》给出的英文释义大意是"我们所居住的这颗星球和居住在这颗星球上的所有人、社会、机构和生活"。大家对于世界的理解都是相似的：自然环境与人文环境的总和。

百度百科说："世界广义上来讲，就是指全部、所有、一切。世界也可解释由可感知的、不可感知的客观存在的总和以及用于描述客观存在及其相互关系的概念总和，客观存在是不以人或其他物意志转移而存在的。世界由概念世界和物质世界组成，概念世界包含所有生命对客观世界的认知以及为记录认知而存在的事物的总和。"这把世界一分为二：有形的世界，人和事物组成的物质世界；无形的世界，人描述和提取的概念世界。

世界是人打开的，无论是物质世界，还是概念世界，都离不开人，没有人的感知，物质世界将是混沌一片，不能算是世界。我们每个人都是世界的一部分，世界缺少了人就不是完整的世界；同样，我们脱离了世界也什么都不是。博尔赫斯说："时间是一条把我卷走的河流，但我自己就是河流；时间是一只把我撕成碎片的老虎，但我自己就是老虎；时间是一团把我烧成灰烬的火，但我自己就是火。"[①]这句话表达了"自我"与"时间"的关系，把这句话的"时间"换成"世界"，也同样可以完美地表达出"自我"与"世界"的关系。外在世界是自我存在的基础，但我也是外

---

① 萨瓦特尔.哲学的邀请［M］.林经纬，译.北京：北京大学出版社，2007：180.

在世界的一部分，外在世界养育着每个人，同时每个自我也呈现世界、创造世界。

每个人都有其意识，每个人身外的自然与社会世界都是他的意识之源。这个世界与人已经无法分离，分不清哪些是人的世界，哪些是物的世界。每个人都是自己肉身的存在，所以每个人所经历的都属于自己的世界，即"我的世界"，并非其他人所经历的世界。每个人都活在自己的世界里，每个人的视角、思维、立场，从接触事物开始，都是处在自我局限中，因为每个人都活在自我的世界里。

我们活在有形的世界里，我们在制造着意义世界，但有形的世界是真实的世界吗？水中的鱼的现象告诉我们，我们所见到的世界只是一个现象世界。抛开无形的意义世界不谈，我们看到的有形世界背后还存在着一个不可见的物自体的世界。世界有三重：现象世界、概念世界和物自体世界，人通过物自体反射给人的信息而加工成现象世界；人给现象归类、命名就产生了概念世界；而物自体世界是人无法完全洞察的，它不属于意义对象。现象世界和概念世界是人的主观世界，也就是意义对象。

文学作品是艺术，艺术作品不同于自然事物，也不同于人造工具。自然事物和人造工具与人有着交往的关系，人利用自然事物，人也使用着工具。艺术作品无法与人在物质层面进行交往，它们总是以意义的形式与人在精神、思想层面进行交流。艺术作品有物理上的材料，如文学作品的纸张、墨迹，油画的画布，雕塑的石材，当它们被视作艺术作品时，就进入了意义世界。我们欣赏文学作品，就进入了它们的意义世界。

第三章 意义主体的特征

第一节 作为意义主体的自我

意义的主体是人,人决定着意义的产生。人,是无数个"自我"的集合,"自我"就是每个个体。认识自我,对于认识世界至关重要。古希腊人在德尔斐神殿上铭刻着"认识你自己"来告诫人们:认识世界之前,先要认识自己。认识自我,就是寻找人的意义,就是展现一个真实的自我。

当人思考"我",觉察"我"的存在时,把自己从与外在世界混沌相处中分离出来。有了这种分离,人开始进入辨别与判断的理性阶段,成为真正意义上的人。德国哲学家康德说:"人类能够在他的表象中有'我',这把他远远地提升到地球上其他一切生物之上。"当一个孩子开始用"我"来指称自己时,他的人生升起了一道光芒,之前他只是感觉到了自己,现在他是在认识自己。

人有自我意识,能从内部认识自己。而他人,除了自愿向我表达,否则我无法得知他的情感体验与思想。我可以直面自己的意识,而无法直面他人的意识。我可以向自我呈现自己的行为与意识,而他人向我呈现出来的只是他的行为与自愿道出的情感体验与思想。我认识他人，只能根据他的行为表现与言语内容。

法国哲学家笛卡儿说，"我思故我在"。他的意思是"我"可以怀疑一切，但不能怀疑我在思考这件事，也就是说除了正在思考的我之外，其他一切都值得怀疑。外在的现象、他人的行为、他人展示的思想都可能是虚假的，外在的一切都是我经验的结果，但我的感官常常会欺骗我。自我意识确立了自我的存在，人通过自我意识确证了自己。

人能直面自己的意识，我迷路了，我知道我迷路了，我可以反思我的意识，我知道我所认为的那个东方不是真正的东方。我在直面自己的意识时，一个整体的我就分解成两个主体的我，这相当于黑格尔认为的"理论性"自我和"实践性"自我。"理论性"就是"在意识上认知自己，对心中所感受的，以及激发和驱使内心的一切，要有观察及想象，去发现自己的思想所关注的是什么，确定自己的思想，并且经由内在召唤出来的思想，加上外在给予的感受，人必须从中认识自己"。而"实践性"就是"人因此改变外在事物，他会在这些事物上刻下自己内在的印记"。"在创造的事物形式中，只为获得自我的外在真实。"理论的自我与实践的自我同时存在，而且共在一体，但它们又相对独立，相互间保持着一种距离，一个在检视自己的行为与感受，另一个处于被检视状态。

但是什么是自我？我多大程度上是自己？古罗马军事家马克·安东尼身负重伤，躺在克娄巴特拉的怀中，说："我的自我与我自己的最终分离。"他的意思是说灵魂的自我与身体的自我将要分离，那么人就有两个自我。

自我能完全认识自己吗？苏格兰哲学家休谟就怀疑笛卡儿的思想，他认为既然人的思想才是真实的存在。人的思想在不断变化，不断更新，人的存在也跟着不断变化，那么一个整体的人，一个可用来定义的固定的人在何处呢？今天的我，已经不是过去的我，一个人随着时间改变着自己。

这样说来，自我的存在就是一个假设。因而，法国哲学家帕斯卡尔认为自我这种持续存在的实体，根本不可能把握。一个人的本质，只是在某时某地的一个特质而已。"我"这个人，就是一个"独特又与自身同一的主体"的幻觉。一个人会在看书还是看电视的意念之间摇摆不定，会在行善与作恶之间交替进行，自我包含着多种多样的又相互矛盾的感受、憧憬、思想等，自我就不是一个定数。

人无本质，那么认识自我也只是一个幻想。人无本质，给人带来广阔自由的空间，人终其一生，还是他自己，而没有成为他人。有人一辈子是父母的儿子，一生从事着固定的职业，他一生在变化，但社会角色总是不变。

佛教主张"无我"，没有自我，自我只是一个幻象。自我是人们社会化的结果，不同的社会群体形成不同的自我。如果能超越自我，达到无我的状态，就等于超越社会的干扰，超越自我的局限，这样，就能体验到真实的万物，还原人的纯粹体验。

在人生的流变中，一个人就像一只金蝉不断地从自己的过去时光中蜕变出来。在蜕变中，"我"总让自己成为一个"非我"，即不是自己的自己。萨特说："如果我让自己悲伤，那是因为我并不悲伤；在借由并让自己感受到悲伤的行动中，悲伤的存在从我身边溜走。"我在悲伤，那是我真情的流露；我让自己悲伤，则是为悲伤而悲伤，是我理性控制行为的结果。真情流露展现一个本真的我，"自在的我"；而理性控制的行为展现一个表演的我，"自为的我"。自在的我，处于生命的原初的、真实的状态；而自为的我，烙上了外在的意义，带着个人的目的，是对自我行为反思后的功利性状态。

第二节 作为意义对象的自我

人既是意义的主体，又是意义的对象。美国哲学家普特南有个哲学假想：一个人被邪恶科学家施行了手术，他的大脑被切除，放入福尔马林溶液内，再将脑的神经末梢连接在计算机上，计算机按照程序向脑传送信息，脑经过思考之后再将信息反馈到计算机上。这样，即使他身体的其他部位不存在，他本人也依然活着。

但是，大脑存在就代表我的存在吗？什么才是我的存在？

德国哲学家康德曾经思考过自我的问题，他认为自我有三个层面：先验自我、行动自我和经验自我。先验自我指先天存在着身体与思想能力的自我，行动自我指行动中呈现出来的自我，经验自我指在思考、感受中呈现的自我。

后来，黑格尔把自我分为"自在自我"和"自为自我"。"自在自我"是一种理想的自我，或者说是通过自我努力可能达到的一种状态。而"自为自我"就是现实中呈现的样子，是在现实生活中真实的自我。"自为自我"不断超越本身，创造新的自我，最终趋向"自在自我"。

康德把自我理解为结构性的存在，是静态的；黑格尔把自我理解为发展着的存在，是动态的。而马克思认为自我既是结构性的存在又是发展着的存在。他认为"自我"有四个层面：作为身体存在的自我、作为意识存在的自我、作为社会关系存在的自我和作为非对象存在的自我。

作为身体存在的自我是物质性的存在，是生命的基础。物质先于本质，是马克思的思想基石，他说："任何人类历史的第一个前提无疑是有生命的个人的存在。"我指着自己的身体说这是我，这个身体的整体就是我，这个物质的自我是生命之源，一切的起始。这就相当于康德所说的先验的自我，人必须先有个身体，以及某些感官、思想的能力。这是先天存在的，人以此作为生命的开端。

因为有了这个现实的存在，就产生了自身的需求，从而就有了自我生存境遇的思考与活动。

作为意识存在的自我，是人区别于动物的重要依据。马克思说："一个种的整体特性，种的类特性就在于生命活动的性质，而自由的有意识的活动恰恰就是人的类特性。""动物只是按照它们所属的那种尺度来进行生产，并且懂得处处把内在的尺度运用于对象。"意识把自我之外的万物当作对象，也把自我本身当作对象。有意识，会思考，自我才成为人，成为万灵之长。有了意识，自我的本质与自我行为分离开来，从而产生了艺术、道德、哲学。

这相当于康德所讲的经验的自我，人在借用意识感知、体验、思想。意识使人有了主体的感觉，把自己从世界中分离出来，这是人超越了动物界的关键，是人之所以为人的先天能力。康德说："人类能够在他的表象中有'我'，这把他远远地提升到地球上其他一切生物之上。""如所有语言，在使用第一人称来表述的时候，就算不以特定词汇来表达这种'我性'，都必须已经思维到'我'。因为这种能力就是知性。"当一个能够流利说话的小孩开始用"我"来说话时，他的人生就升起了一道光芒，当人类认识到自我时，人类才开始成为真正的人类。

作为社会关系存在的自我的发现，是马克思的伟大创举，也是马克思主义哲学最重要的思想。马克思说："人的本质不是单个人所固有的抽象物，在其现实性上，它是一切社会关系的总和。"关系是指自我的身份、责任和使命等，这些关系的总和就是自我的本质。自我因生存而有需求，因有需求而活动，从而与他人交往，在交往中形成社会关系。没有人是孤零零的存在，孤零零的人也不可能存在，任何自我都被先验置入这种或那种关系中。

众多的思想家都关注着人的个体性本质，而马克思看到了人的类本质。他从实践论的视角来看人的本质，这相当于康德所说的行动自我。人一生都在行动中，世界是人类实践着的世界，人类在实践中改造着世界，也改造着自我。今天的人类本质，不同于百年前的人类本质，而百年前的人类本质，也不同于千年前的人类本质，人类的基因也在不断地变化。

非对象存在的自我，是自我的最高状态，是相对于前三层自我来说的。前三层自我是作为被认识对象而存在的，可以称为客体自我，而认识这个客体自我的是主体自我。主体自我可以认识客体自我，但是不能认识主体自我本身，就像眼睛不能看到眼睛本身，也像镜子能照见物体不能照见自身。主体性自我不能被当作认识对象，因为主体在认识对象时，本身在运动着，变化着，主体性自我总是作为动态而存在。主体自我要想认识自身，要回归主体自我本真状态，就是主体自我处于非对象性存在，即摒弃我之外的各种事物、事件和现象，以及自我的身体和言行，甚至自我的感受、情绪、念头、思想、信仰、追求、后悔等心理状态和心理过程，达到本真、虚空、静定的状态，在这种状态中明心见性、得道开悟，完成自我的澄明。

马克思没有明确说明非对象自我的概念，但他说"认识到自己是人向自身的还原或复归，是人的自我异化的扬弃"，是"通过人并且为了人而对人的本质的真正占有；因此，它是人向自身、向社会的即合乎人性的人的复归，这种复归是完全的、自觉的和在以往发展的全部财富的范围内生成的"。他说共产主义"是人和自然界之间、人和人之间的矛盾的真正解决，是存在和本质、对象化和自我确证、自由和必然、个体和类之间的斗争的真正解决"。

人试图认识自己，有目的凝视自己时，那个自己就溜走了。萨特说："如果我让自己悲伤，那是因为我并不悲伤；在借由并让自己感受到悲伤的行动中，悲伤的存在从我身边溜走。"如果一个人定义自己，就像透过我的悲伤来定义自己，他就与他试图定义的"自己"分开了。让自己悲伤时，他并不悲伤。自我不能凝视，大自然也不要凝视，当给高山或大海拍照时，照片中的高山或大海并不是真正的鲜活的高山或大海。按照海德格尔的观点，照片只是原物的"在者"，而不是它本身的"在"，而人类常常把"在者"当作"在"。

这一点就相当于康德所认为的物自体，是人的认识能力所不能企及的。康德把世界分为物自体世界与现象世界，物自体世界超出了人的认识能力，而现象世界是人感知出的结果。但人类可以根据认知出的现象来推论物自体的信息。身体的自我、意识的自我以及社会关系的自我，可以被人类认识，而非对象存在的自我，只能靠理性推断，人只能感受到它的存在，但不能说清具体情况。

弗洛伊德著名的"本我""自我""超我"的理论，也是在阐述着这样的道理。"本我"是身体存在的自我，而"自我"是意识存在与社会关系存在的自我，而"超我"是非对象存在的自我。人能感受到"超我"的存在，但弄不清楚它到底是什么。

人类有一部分自我被认知，有一部分自我不能被认知。"本我""自我"能被认识，而"超我"却不能被认识。看到花是红的，云是白的，但物理学知识告诉人们花是没有色彩的，云也不是白的。人们明白这个道理，还是要把它们加工成相应的色彩，其中深层的原因人们无法得知。

自我在现象界那部分可以被人们认识，那是可知的意义对象。还有一部分为超出现象世界不可知的意义对象，但可以借用推论，不过推论出来的结果只是人的一种理想。

能认识的部分可能被自我掌控，不能认识的部分必然无法掌控。明白了红花与白云本来没有颜色，但人们还是不由自主地把它们加工成红色与白色。迷了路，明知太阳所在的方向是东方，可自我还是把它加工成西方。这些无法被人们认识到，却在左右着人的行动的东西，弗洛伊德把它称为"无意识"。它控制着人们，但人们对它一无所知，也无可奈何。

从四个层面来看，"溶液之脑"不是一个"我"的存在。首先它不是整体的身体，其次它的意识没有对象，再次它失去了社会关系，最后它更不可能抛弃外物回归本真。它只是被人养着的一个宠物，它没有发展的可能。

自我是多层内涵的复合，也是发展变化的。身体在不断变化，儿时的自我与现在的自我完全不同；意识的自我也在变化，因为意识如流水，随时在更新。相对稳定的是社会关系存在的自我，我是父母的儿女永远是父母的儿女，我是某个学生的老师，一直是他的老师，我以前当老师，几十年来一直当老师。但社会关系也不是固定不变的，今天是学生，明天是员工；今天在此地工作，明天又到别处工作。

我们就不要因为自己的外貌不达要求而伤感，身体自我不是唯一本质，也不要因为自己的一时过错而悔恨终身，因为过错只是一念之差，过去的自我早已过去；既不要因为眼前的成功而止步不前，也不要因为眼前的失败而不敢面对未来，因为自我的社会关系在变，自我本质也在改变。

自我永远是个没有完成的存在，永远在成长的路上，特别是非对象性存在的自我，是一种无声的澄明。

第四章 意义的特征

第一节 对象性

一、对象激活人的意识

意义源于外在事物，外在事物是具体的，而意义则是抽象的。抽象与具体本是天生的悖论，不抽象，人类无法认识事物，一抽象就脱离了事物本身。生活中我们有圆形的器具，还有"中秋月圆""长河落日圆"等自然景象，人们总是用圆形来描述，但圆只是人们对圆形事物的一个抽象，实际上本不存在"圆"这样的东西。维纳说："世界的任何实际部分都不能这样简单，以致不用抽象就不能为人们所理解和控制。所谓抽象，就在于用一种结构上相类似的，但是又比较简单的模型来取代所研究世界的一部分。"① 没有抽象思维也就不会有意义，没有意义也就不能理解世界与控制世界，抽象就是对某个对象的抽象。

我们仍然借用物理学的案例："桌子上放着一个柚子。我们从来没有'看'到柚子。我们看到的是柚子表面反射的光线。反射的光线约六千

---

① 苟志效.意义与符号[M].广州：广东人民出版社，1999：119.

埃，我们很自然（但不准确）地将其称作光谱中的黄色部分。""光谱中的光线只有不同的波长。颜色是由活着的生物的心智所创造出来的，当辐射的各种波长抵达视网膜上的视锥细胞，它们又沿着神经通路，把电子消息传导到大脑中的视觉皮层。只有在那里，大脑才会将不同的波长转换成各种颜色的感受。因此，颜色是大脑的创造。"[1]

颜色形成的过程是这样的：有光照到物体，物体反射光线，光线进入人的眼睛，光波抵达视网膜上的视锥细胞，细胞产生电子信息，神经通路把电子信息传导到大脑中的视觉皮层，从而产生图像。在大脑中产生颜色的根源是光，有了它才能把物体反射给人。所以说，物体向人显示自身，而不是人认识了它们。没有物体就没有人的认识，也就没有意义的产生。德国哲学家康德说："思维无内容是空的，直观无概念是盲的。"[2]就是强调思维须有内容，意识要有对象。

人与世界独立存在，但又无时不在交往中。人能够与外在世界进行交往的中介是人的意识。人通过自己的意识感知到外在世界。外在世界有种自我构造的性质，在人认识它们时被给予。德国哲学家胡塞尔说："认识体验具有一种意向，这属于认识体验的本质，它们意指某物，它们以这种或那种方式与对象有关。"[3]思维的意向性，就是说思维要有对象。在平时，我们不会说"我高兴""我快乐""我想象""我感觉"，而常常会说"我为某物高兴""我想着某人某物""我感觉到某人某物"就是证明任何意识必须要有对象。

人接收到外在世界的信息，把它们加工成现象，同时赋予它们一定的意义。当然，这并不是说人的思维意识直接指向外在世界，恰恰相反，是外在世界依靠自身的特征刺激了人的感知。

---

[1] 克里斯蒂安. 像哲学家一样思考 [M]. 赫忠慧, 译. 北京：北京大学出版社, 2015：105.
[2] 康德. 纯粹理性批判 [M]. 邓晓芒, 译. 北京：人民出版社, 2017：41.
[3] 胡塞尔. 现象学的观念 [M]. 倪梁康, 译. 上海：上海译文出版社, 1986：12.

胡塞尔认为，思维绝对的被给予性，思维在直观中获得认识。思维直观获得了认识的明晰性，而这种明晰性是科学和经验的认识无法达到的。比如，盲人不会通过科学推论就看到东西；物理学技术和生理学技术，无论怎么先进，都无法让盲人获得我们常人所能看到的颜色；经验再丰富的人，他无论怎么讲解，总无法让一个盲人理解现象的本质。

直观，也能让人获得意义，达到真理，人通过还原到纯粹意识后的理智直观把握现象。意义不是主体对认识对象的主观反映，而是它们的自我显示。没有无本之木，也没有无源之水。胡塞尔强调了思维的对象性，就是说没有对象物，思维不会生成意义。

二、意义对象主客交融性

我们再借用王阳明游南镇的故事，《传习录》记载说："先生游南镇，一友指岩中花树问曰：'天下无心外之物，如此花树，在深山中自开自落，于我心亦何相关？'先生曰：'你未看此花时，此花与汝心同归于寂。你来看此花时，则此花颜色一时明白起来，便知此花不在你的心外。'"[1]友人问："先生（王阳明）认为天下没有心外的事物，那么在深山中的花树花开花落，它们自然存在，与我的心（即人）有什么关系呢？"王阳明回答说："人没有看到此花时，此花与人的心都处在静默之中，而人来看到此花时，此花的颜色就一下子鲜亮起来，此花的颜色不在人的心灵之外。"

假设山中没有花，还能看到花吗？当然不能。山中的花是客观存在的，先有它们，再有人对它们的感知。王阳明对此是肯定的，他说"人没有看到此花时"，就承认此花在没有人来之前，已经在山中存在。它们的颜色、香味也是客观存在的吗？王阳明对此表示否定。他说此花的颜色在人的心灵之中，人来看它，它才得以鲜亮起来。

---

[1] 王阳明.王阳明全集[M].北京：中国书店出版社，2015：126.

但是，一般的看法认为，无论人来不来山中，它们的颜色、香味都已经存在。人来了，它们把自己的颜色、香味投射给人的大脑。这种看法有一个预设，花与人、客体与主体二元对立。花与人分别代表着两个隔离的世界，物的世界有着自身的规律，等着人去认识，人靠着自己的努力可以认识物的世界。

这是科学主义思维，这种思维认为，世界分为主体与客体两个世界，它们处于二元分离的状态。客体世界有着自身的规则，人通过努力获得了客观规则。人类的目标就是靠实证的方式追问客体世界"是什么"，从而来把握客体世界。人看到山中的花，就要追问花的内在结构、生长规则、生长条件等。

这种思维方式存在着许多问题，前面我们已经阐述了物体的特征是人所赋予的。追问物体的内在结构、生长规则、生长条件等，只是把物体当作一个完全与人分离的冷冰冰的客体。在系列的科学探究中，物体是物体，人是人，双方处在两个没有联系的世界里。至于人看到的花是真实存在吗，花的红、花的香是真实存在吗，花的生命与人的生命有联系吗，等等，这些问题被科学主义思维遮蔽掉了。

科学只是一种单向度的追求，没有关注到花的生命价值与意义，花与人之间的关系，花对人类的作用等问题。只承认外在事物的客观规律，忽略人的存在，导致生命的普遍意义和价值的消解，世界变得单向度。科学主义的任务在于追问"是什么"，而不追问"为了什么"，他们追求一种客观的科学规律，而忽略了人，最终导致事实与价值、主体与客体的分离，遮蔽了人的意义和价值的存在。

胡塞尔看到科学主义的问题，他在康德的纯粹理性批判的基础上对人与物的关系作了深入的思考。康德把客观世界分为物自体世界与现象世界，物自体先天存在，现象世界只能通过人显现出来。但人的感官能力有限，只能感知出能力范围内的信息。康德没有回答人怎样显现物自体，胡塞尔回答了现象世界通过人的意识显现出来。

人只能意识到我们能够意识的事物，我们意识不到的就是虚无，虚无不等于不存在。胡塞尔悬置了康德的"物自体"，取消了现象与物自体、思维与存在的对立。他认为现象与本质是合一的，现象之外的事物被他悬置了。现象即本质，本质即现象，现象就是意识生成的意义。从意识活动来揭示意义的生成，这样就引导人们从对外在事物的研究，转向对主体意识的研究。

外在世界与人的意识相关，人看到的事物不是事物本身，而是人的意识对象。在科学上，人对客观事物进行研究时，无法让事物处在与人无关的纯粹之中。现象就是意义，对象进入意识形成意义，对象在认识中被给予。胡塞尔认为意识不是一个大口袋，不是这次用来装这个东西，下次用来装那个东西，不是一个无所不包、无所不纳的空洞形式。相反，对象向意识显示自身，对象具有自身的刺激性，它以自己的特征，切合着认识主体的认知条件而进入意识中。先有物的存在，人再对物产生意义，意义一定是物与人合作的结果，意义使人与物处于二元交融的状态。

第二节　超越性

一、人对世界的超越

意识必须有对象，意义一定附着于某个对象。胡塞尔认为有两种不同的意识活动，即一般的意识活动和内省意识活动。一般的意识活动，是对当前真实事物的意识，此时意识对象是一个外在的、真实的事物，并不是一种内在的、想象的事物。当前的事件激活了我们的意识，我们头脑中产生的意识，并不是事实本身，这种在头脑中产生的图像，是对当前事物的超越。

内省的意识活动是指向主体的状态或主体自己的意识流的过程。在认识活动中，指向对象的意识活动或经验，与意识活动中意指的对象是不同的，眼前的白马与头脑中的"白马"不同。内省的意识活动以一般的意识活动内容为基础，先有一般的意识活动内容才可以产生内省的意识活动。所以，内省意识活动更加具有超越性。

　　意识活动由性质与材料两个部分组成，性质是指意识时表现出喜爱、憎恨、判断、希望、期盼等不同种类的意识倾向。意识活动内容的成分就是材料，材料提供给意识，使意识活动指向对象，造成对象的呈现，显示出是这个而不是那个。

　　意识活动过程中的内容和对象不同，意识内容是人的意识指向某个对象时产生的内容，意识对象是刺激意识活动的事物本身。意识内容不同于意识的对象，意识对象是物自体，无从探讨。意识对象先行存在，刺激了人，产生意识内容，意识内容是对意识对象的超越。

　　胡塞尔认为意识内容可分为"实在的"和"观念的"两类，实在的内容，不是事物本身，而是被人还原出来的事物样态。它是抽象的具体物，人看到文字或事物，就把它们加工成内容，如书本上描写的人物形象或物象。如《红楼梦》中的林黛玉、贾宝玉等，有许多真实的细节，但不是一种在某个时空中的真实存在。

　　与实在的内容相对应，观念的内容是一个抽象的类概念，是某个类型的集合，它是意识活动的意向的本质，可以作为一个独立存在的永恒的形式。这种类概念，可以是具体的、特殊的、短暂的，可以是某个时空的个别事物，也可以把它看作某个类型的事物，或者某个类型的抽象概念。如林黛玉式的女孩、阿Q般的人、敢于直面惨淡人生的勇士等。

　　意识过程中，实在的内容是意识主体在具体情境中，把一个概念或抽象的符号具体落实与加工。而意识过程中观念的内容，是一个类概念，一个我们理解语言时所掌握的某个种类的意义集合。

因此,"我们可以把一个意识活动的意向性内容当作意识活动的含义或意义。通过意向性内容,意识活动指向它的对象,并作为一个表达的意义,关联到它的所指。意识活动中的意向的内容不是直接地在意识活动中,作为一个理念的实体,它的存在独立于这个意识活动之外,不是这个意识活动的实在的成分,但它具体化于意识活动的实在的内容中。"[1]

外在世界无限丰富,它们的表现形式也复杂多变,人类只抓住与自身生存活动最相关的信息,来建构它们的意义。意义相对于外在事物是一种创造性的超越。人把天上飞的事物叫作"鸟"时,对这类事物的信息进行了简化处理,也就超越了原物的特征。天上飞的可能是黑色的,也可能是白色的;可能是会鸣叫的,也可能是不会鸣叫的;可能是大身形的,也可能是小身形的。上述这些特征都被省去,人类只要抓住它们拍动翅膀、在空中飞行的特征就达到了自己的目的。

人类赋予意义时,只需要抓住自己所需要的那些特征,省去其他的特征,这就使事物的意义与事物的原样不再是一回事,意义超越了原事物。当人们说"鸟"时,虽然指称这类飞行动物,但并不是某个具体的鸟。

二、自我意识的超越

无论是实在的内容,还是观念的内容,都是以现实的事物为基础的,但都是对现实事物的超越。外在世界没有人依然存在,但是现象的世界没有人将无法产生,现象就是通过人的意识呈现出来的东西,人不去意识某个对象,它就不会产生。

胡塞尔所认为的意向性,就是意识对某物的关系,外在世界被给予我们时,没有以一种方式显示出来,而是不断以新的样态展示给我们。一个被给予的对象对于每个人所看到的也不是完全相同的。一个人看到某物,并不意味着在他的意识之外存在着一个同样也能映射别人意识的事物,而

---

[1] 章启群.唯识学与现象学的六个理论分野[J].云南大学学报(社会科学版),2022,21(1):59.

只是意味着他自己当下的意识内容被有规则地置入，正是由这一物的映射所构成。就像《红楼梦》显示给我们的内容，与给张爱玲的完全不同。

胡塞尔认为在意识过程中，生成意义需要两个步骤：先验还原与本质直观。先验还原就是在认识活动中，把认识主体还原到纯粹意识的状态。"所有超越之物（没有内在地给予我的东西）都必须给以无效的标志，即它们的存在、它们的有效性不能作为存在和有效性本身，至多只能作为有效现象。"①

先"悬置"于人的头脑中，各种先在前见和偏见等东西，这些可能导致意义生成的不纯粹从而将意识还原到纯粹状态。"悬置"有其特殊的含义，不是指把头脑中的东西全部清除掉，而是暂且放着，存而不论。采用"悬置"的方法，清除的是我们从生活学习、科学实验和宗教活动等方面接受的理论与看法，也可能是对外在事物的存在，包括对于自我存在的意识。

如此，凭借这样的纯粹意识所呈现出来的现象世界，就是我们想要的"回到事物本身"，先验还原后就出现了意识的"现象学剩余"状态，就是表现为一个绝对的、必然的自我意识的情况。"不是排除作为一种仅仅是附加存在的超越之物，即所有那些不是在真正意义上的明证被给予性，不是纯粹直观的绝对被给予性的东西。"②

比如，观望远山，我们就会从群山中发现一种绿的颜色，就是绿的存在，这种情况下，远山的树木与山峰不再是我们关注的重点。这种绿不再依赖树木而成为一种普遍的绿颜色。再如红色，我们看到红布而获得红的颜色，"个别性的本身不再被意指，被意指的不再是这个红和那个红，而

---

① 张玉能.现象学的本质直观还原与德国文学思想[J].河南社会科学，2009（17）：143，147，219.

② 章启群.意义的本体论：哲学诠释学[M].上海：上海译文出版社，2002：7.

是一般的红"①。而这种直观就是"本质直观",在本质直观中,事物的本质就被给予我们。在本质直观中,我们不关注意识对象的具体属性,而是奔向事物的类本质。本质直观中对意识对象的普遍本质的存在感兴趣,而对对象本身的属性并不感兴趣。胡塞尔认为,本质直观之后,我们得到了普遍性的认识,这是我们对事物的超越。通过本质直观,我们实现了由事物的外在存在到本质的转变。由个别的绿、红、圆,转变到这种绿、红、圆的本质,由此时此地个别的、具体的某人转变到人的类本质。在本质还原中,特殊对象在意识中的位置被忽略,而对象不变的普遍的特点则被呈现出来。

现象学认为现象就是通过人的意识呈现出来的现象,没有人的意识它就不存在,作为现象的世界无法离开人而独立存在。世界万物永远在流变之中,因而人的意识从来没有停止过,人的意识不会一直留滞在某一个事物的某一个状态,意识对象的不同,导致意识内容的不同。所以,人的意识永远在流变,永远在否定着自己的前在意识,也在超越着自己的前在意识。

所以,意义的生成有两重超越,一重是人的意识对外在事物的超越,一重是人的意识在时间流中不断做自我超越。

第三节 共通性

一、人的生存境遇相似

这个世界不是物质的冷冰冰的世界,而是一种意义世界,正如马克斯·韦伯所说,人是悬挂在自己编织的意义之网上的动物。此世界由无数被生成意义的对象和无数个意识者组成,这些意识者就是"存在者",海

---

① 胡塞尔.现象学的观念[M].倪梁康,译.北京:商务印书馆,2018:50.

德格尔称为"缘在",缘就是"如是""如此",就是说人如此地活着,他说:"这个存在者的与众不同之处在于:这个存在者为它的存在本身而存在。然而,缘在的这一存在机制中包含:这个缘在在它的存在中对这个存在具有存在关系。而这又进一步意味着,缘在在它的存在中以某一种方式,在某种程度上清楚地领会着自身。这种存在者的特别之处是:它的存在是随着它的存在并通过它的存在而对它本身开展出来的。对存在的领悟本身就是缘在存在的规定特点。"[1]

缘在,就是一个个主体的存在,而存在就是当下的生活状况和切身的生活本身。海德格尔带领我们回到人的最原初的生活和生命形态中,探讨主体的意义与价值,我们不再停留在人的意识里,从人的意识转移到人的主体性地位的探讨中。在这个充满着意义的世界里,一个个自我是一切意义及对意义的领会和解释的源头。每个人的现实生存方式实际上就解释着一种他对生活和世界的意义的理解。

一个人的生活是一切意义的根源,缘在就是在现实中生活的每个人或物,就是一个个"自我"。缘在是每一个"自我",围绕着每一个"自我"能生成意义世界。这样,意义世界就是由无数个无形的"自我"的意义世界叠加而成。

"缘在本质上就是存在在世界之中。""存在"是一种状态,而不是一种"在者"。"存在"没有本质,在流变中,是动态的。而"在者"是静止的,有本质的人或事物。"自我"是一个个动态的、非静止的存在。

这些无数个的"自我"组成芸芸众生,众生有众生的相,都是以肉身而存在,都是凭借各自的感官接受外在世界的刺激,来产生信息,生成意义,再与外在世界进行交流。整个人类的肉身结构是相似的,所以获得信息的能力也是大同小异的。人要生存,也会死亡,所以人生的欲求也是

---

[1] 章启群.意义的本体论:哲学诠释学[M].上海:上海译文出版社,2002:31.

相似的，从而产生的体验也是相似的。这样的物质基础，保证人类的相通性。没有自我的生成，意义世界是不存在的，而生成的意义世界则与自我不可分离。

自我活在相同的世界里，对于外在世界与生活的需求十分相似。海德格尔认为在意义世界中，缘在与世界是不可分的。这个世界不是与缘在对立的客观世界，客观世界之中的房子、树、人、山、星辰等东西的"外观"，以及这些东西的身上以及随着这些东西一道发生的各种事件可以被其他存在者描绘下来或叙述出来，不过，海德格尔认为这是前现象学的描述，这些描述都不着意义世界的边际，都没触及世界的意义与人的特征。

世界与人不能分离，共同融合在一起。为了把世界与人的关系说清楚，我们就不能简单化地理解外在世界。海德格尔认为，把生活的事物称为"物"，这是先入为主为外在世界贴的标签，这种叫法不知不觉地把世界进行主客分离，把外在世界的本真性特征遮蔽起来。他把外在世界分为自然物、用器以及艺术作品，自然物源于自然界，不是人的创造，但是它们的呈现还是人的作用。用具，则与人在一起，是人的制造物，渗透着人的生命意义。

用具，都是与自我这样的具体的人有着密不可分的关系，不把它们叫作"物"，而叫作"用具"，揭示出它们的意义与属性。"从没有一件用具这样的东西存在。属于用具的存在的一向是一个用具整体。只有在这个用具整体中那件用具才能够是它所是的东西。"[①]没有钉子，锤子就没有存在的意义，锤子就不会被制造出来，锤子是为钉钉子而产生。但用具在被使用过程中，处于"上手"的状态时，我们都不会注意到它，它也就不会被呈现给我们。只有当用具发生损坏、残缺，处于用具所提示的指引联络

---

① 章启群.意义的本体论：哲学诠释学［M］.上海：上海译文出版社，2002：37.

中断时，用具才能显示它"为何上手，何以上手"，周围世界才重新呈现出来。

通过用具的分析，我们明白了自我与世界的关系，世界通过自我而被揭示出来，外在世界的一切都是指向人的，与人相关的。自我与这种世界处于一种相辅相成的关系中，自我就是通过用具与世界相联系，并帮助自我产生新的意义。每个自我都有着相似的生存境遇，所以意义有共通性。

二、人的心理活动相似

自我在与周围世界"打交道"时显示出来，但自我必须在时间中才能产生意义。意义世界因为"自我"的意识更新而不断更新。实际上，每个时刻都存在着"自我"与意义世界的双重变化，这些变化形成一种时间流，意义世界就是一个动态的将成的世界而不是静止不动的现成的世界。

时间性是我们理解缘在及其意义的最直接和最根本的路径，缘在就是在时间性中，生成着"自我"。缘在本质上先行于自身，它先在地向着它的能在筹划自身，即人在本质上都先在地为自身的生存做计划和安排。

人类肉身结构的相似，导致心理、情绪有着相似性。自我的时间性就是自我的本性，在时间视角里体现为"操心"。在生活中我们并未感到时间的存在，也没有感到自己随着时间而前行。但在我们意识里不知不觉把时间划分为过去、现在、将来。无论是过去，还是将来，都是生活在现在，以现在为视角来进行的意识划分。

自我的种种情绪，都源于时间。人的最大心理是"怕"，"怕的时间性是一种期待着当前化的遗忘"[①]。未来不可预期，但未来必将到来，在无法阻挡的时间河流中，自我总会带着"怕"情绪面对未来。

"怕"是对未来的不可预料，那么"畏"，就是对未来的不可把控，即自我在做出努力却总是达不到自己的理想而表现出来的一种心理。

---

① 章启群. 意义的本体论：哲学诠释学［M］. 上海：上海译文出版社，2002：42.

"显示出向着生存的一种原本植根在所操心之中的能在筹划自己的不可能性。"①各个自我都面对着陌生的世界,因为感知能力的有限,意义生成能力的相似,所以总会产生相似的心理与情绪。相似的心理与情绪,就会促成意义生成的相通性。

三、人的表达方式相似

每个自我有自己的意识活动,总努力使自己的意识有内容,从而展现自己的主体地位。每个自我都是一个中心,并且以自己为中心来认识外在世界。在认识过程中,努力呈现自己的主体,认为自己是世界的中心,而没有感受自我认知的局限。我们通过感知获得信息,把外在世界加工成现象,事物被显示出来。海德格尔认为,让现象显示就是解释,解释就是揭示实际生活本身,每个自我行为就是一种解释。

我们不是在看外在世界,而是外在世界都在努力呈现自我。解释是自我的一种"在"的方式,每个主体都是主动地作自我解释。"缘在之缘展开在领会中,这本身就是缘在能在的一种存在方式。""从本质上对在世进行筹划是缘在这种存在者的存在方式。这种存在方式之领悟作为它的存在建构。"②海德格尔把解释定义为领会地造就自身的活动。"解释植根于领会,而不是领会生自解释。解释并非要对被领会的东西有所认知,而是把领会中所筹划的可能性整理出来。"③人的一种生存和生命状态,就是一种解释,一种意义的生成。

呈现自我是个艰难的过程,因为各个主体都在努力呈现自己,必然同时在遮蔽对方。要使自我显现出被遮蔽的特征,最好的途径是言谈。"如果言谈是展开状态的原始存在论性质,那么,言谈也就一定从本质上具有一种特殊的世界式的存在方式。现身在世的可理解状态道出自身为言

---

① 章启群.意义的本体论:哲学诠释学[M].上海:上海译文出版社,2002:42.
② 章启群.意义的本体论:哲学诠释学[M].上海:上海译文出版社,2002:47.
③ 章启群.意义的本体论:哲学诠释学[M].上海:上海译文出版社,2002:47.

谈。可理解状态的含义整体达乎言辞。"①如果说外在世界是以光的反射的形式，刺激意识主体，从而来展现自己。那么，作为主体性的人，除了通过光来展现自己外，还可能通过言谈来展现自己。语言像反射光一样，是主体用来发出自己的信息，刺激其他意识主体。言谈，总是关于某种东西的言谈，呈现本质的不是言谈的内容，而是言谈这一行为的本质。语言自身是其所是，不光是主体将公开的和遮蔽的事和物作为人的意图输入语句中。语言一出现就是敞开，"言说"或"说话"的并不是人的语言，而是语言自身在"言说"和"说话"。"是语言在言说。人只是在他倾听语言的呼唤并回答语言的呼唤的时候才言说。"②语言就是光，它刺激了我们，我们从中获得了信息，再把信息加工成意义。从这个角度来看，语言在言说，我们在听后，再做出自己的言说行为。

海德格尔说，"语言是存在之家"。"存在"，既是物的存在，又是人的存在。物如果没有语言，将永远沉寂。人的感知能力有限，所生活的时空条件有限，无法了解自己时空之外的时空，而彼时空中存在的物，如古代的植物、动物、人事，异域的植物、动物、人事，无法呈现给我们，但通过语言，它们可以呈现出来。《诗经》让古代许多植物得以呈现，《史记》让古代人物得以呈现。事物进入语言后，获得了自己的生命，语言只有表现了世界的具体事实才真正存在，世界也只有进入了语言才成为世界。所以说，命名才让事物成其所是。言说是一种"澄明的投射"，使人与物去除遮蔽，达到本性的敞开。

语言是物的存在之家，同时也是人的存在之家，人在言说中，敞开了自己，去除了遮蔽。言说是人的状态，人也通过语言获得了丰富的世界。人拥有了语言，就拥有了世界。不同的语言敞开着不同的世界，一个人拥有更多的语言，也就拥有了更大的世界。世界在语言中被送到意识主体

---

① 章启群. 意义的本体论：哲学诠释学[M]. 上海：上海译文出版社，2002：50.
② 章启群. 意义的本体论：哲学诠释学[M]. 上海：上海译文出版社，2002：53.

那里。"人是能言说的生命存在。这一陈述并非意味着人只是伴随着其他能力而也拥有语言的能力。它是要说,唯有言说使人成为作为人的生命存在。作为言说者的人是人。"[①]在世界万物中,只有人被赋予语言。人是幸运的,人因为拥有了语言,而拥有了丰富的世界。语言同时也是一种召唤,把我们引向更广阔的世界。

语言呈现着世界,去除了遮蔽,使万物成为其本身。语言把万物推送给我们,让我们的世界变得丰富。语言是存在给人的美好礼物。

看其人,听其言。人的存在是一种语言性的存在,世界通过语言向我们呈现出来,人总是以语言的方式拥有世界。

在言说中,人与世界通过"澄明的投射",才能去蔽进入敞开状态,显示出事物的透明的本性。言说有时是种虚假的投射,不当的言说并不能澄明事物,反而让事物更加遮蔽。而最纯粹的言说就是诗,诗的言说,不是在抽象概括世界,而是在描述世界,还原世界的面貌,不是给世界下个定义,框定世界的本质。

每个自我主体的欲求是相似的,他们既要呈现自我,也要遮蔽他人,同时也在被他们遮蔽,所以,每个自我需要言说。在共同的言说中,他们获得共通性,以此进行交往,获得了相互主体间的承认。

第四节 主观性

一、意义的体验性

如果人们没有对世界赋予意义的能力,不能建立一个意义世界,生活将是无序的一团糟乱,人们无法认识客观世界,无法理解各类事物之间的

[①] 章启群.意义的本体论:哲学诠释学[M].上海:上海译文出版社,2002:52.

种种关系,也无法将各类经验进行处理、储存和推理。

但意义是人的一种心理体验,是对外界事物或人进行主观概括、分类的一种心理过程,是一种将某种结构赋予世界,使之由杂乱无章的世界变得有序。人们说"嫦娥奔月""月宫折桂"时,赋予月亮丰富的意义,这些意义只存在于人们的头脑中以及文化意识中,天空中那个不发光的星球是怎样还是怎样。

代表意义的各类符号,不是意义本身,"月"这个文字符号不是意义,只是被人们约定为月亮这个意义表征。不识字的人只把"月"当作一个图画,识字的人之所以把它当作文字,因为他被告知并接受"月"这个图画代表着月亮。

人活在外物世界中,但人能体验到的只是人的经验,对外物世界不能洞察。每个人眼见耳闻到的是意义世界,在这个被开启的意义世界中,世界与"自我"紧密相连,因为"自我"一直处在变化中,所以这个意义世界是主观的。

人类的思想在近代科学问世后发生了翻天覆地的变化。科学使人们对客观世界的认识发生了变化,对精神世界的观念也发生了变化。科学成为所有学科效法的范式,人们的思维都笼罩在现代科学思潮之下。在所有的学术领域中,科学方法都被认为是最客观可靠的。自然科学方法以推演、实验和实证为根本思想,历史、艺术、哲学等精神科学,也受其熏陶。

德国哲学家伽达默尔在《真理与方法》一书中说:"这本书的探究,出发点是为了抵御科学方法在现代科学范畴内的普遍诉求。"[①]他认为文本解读不同于科学研究,科学研究是通过对个别现象的归纳得出普遍规律的活动,而文本解读只是探求对文本进行解释的条件和可能性,不是去获得客观的、终极的意义,而是思考人的存在和人的精神。文本解读不是要去

---

① [德]汉斯-格奥尔格·加达默尔.真理与方法[M].洪汉鼎译,上海:上海译文出版社,1999:17.

找到什么方法与技巧，而是积累与分享人类的生活经验。

生成意义而非生成终点意义，具有历史性意义。意义本身在对事件的理解上是不确定的，认识是超越的，意义是无穷的，人类就是这样一步一个脚印地往前走的。一部希腊神话，不同时代有不同时代的解释。如同对客观真理的追求一样，对意义确定性的追求，都是人的某种渴望，都是人的某种理想。

二、意识主体的历史性

我们根植于历史世界，置身于世界之中，而独具个性。但每个人都活在有限的时空中，都是以有限的生命来探寻无限的宇宙奥秘。我们不断地获得经验，但是，我们永远不会获得无限的认识和完整的知识，尽管我们的视野和经验在不断地变化和发展。开放性与有限性构成经验的概括性结构，这种结构决定了文本在不断地被认识，在不断地被超越。

文字与人，前世今生，都不过是语言进程中的一个要素而已。对历史的认识是经验，文字是经验的产物，而不是反思的产物。经历是人类历程的产物，是文字记载了这些经历。我们现在所体验到的、所感受到的传统，都是依赖于语言的、被特定赋予的事物。

意识主体活在历史里，人类历史之流滚滚向前，属于每个个体的历史只限定某一段，必然承载着那个时段的内涵。一百年前对《红楼梦》的解释，必然与今天的解释有不小的差距，而这些不同，源于读者的历史性。读者与文本之间存在着历史的距离，在阐释时必然存在着解释者主观上的偏见和误解。

意义的生成是作者对文本意图的把握，就需要克服这种我们自身历史的局限。传统学者采用有效的方法消除鸿沟，试图消除历史文本因时空差异、词义演变而产生的误读与困惑，以及由于思维和观念的变化而产生的误读现象，试图从过去时代的精神出发，去理解过去时代的文本，摆脱我们自己现在的生活对这些文本所造成的成见，还原和揭示原义，实现对这些文本的理解。但是，这只是一种理想，本质上不可能做到。实质上，想在客观认识上来抹杀自我，取得跨越历史的一种普遍理解这是不可能的。任何的意义都是在历史的范围内展开的，并且以某种形式在历史中留存下来。

我们不可能消除人类历史，我们的解释也无法逃脱历史。因而，解释达不到永恒的完美。人在解说上也绝对不可能做到完全一致，没有最终的诠释，也就不可能有最终一锤定音的真理。

所以，真正的解释，不是要去战胜这段历史，而在于以历史为背景生成当下的意义。"事实上，只要我们不断地检验我们的所有前见，那么，现在视域就是在不断形成的过程中。这种检验的一个重要部分就是与过去的接触，以及对我们由之而来的那种传统的理解。因此，如果没有过去，现在视域就根本不能形成。正如没有一种我们误认为有的历史视域一样，也根本没有一种与世隔绝的现在视域。理解其实总是这样一些视域的融合过程，而这些视域总是被我们误认为是独自存在的。"①一切历史都是近现代史，根本没有历史的本来面目。每个自我活在当下，但总是接受着过去的信息，并以此信息来理解当下。没有人以空白来面对现在，没有人与世隔绝，活在当下，就是积累过去。

意义离不开历史情境，意义的生成不是主体的一次性行为，而是一个无穷无尽的"游戏"过程，在"事物本身"与我们的前见之间进行。历史找不到起点，也没有尽头。意义无限可能，无所谓得到一次正确认识，只存在着认识上的不同。

每个自我都是历史性存在，所以永远无法终止自我的认知。按照萨特的看法，因为意识的流动，人对自我的否定时时存在，认知的历史局限性永远存在，不过，时空的距离是认识的问题，同时也是人的能动创造的可能性。

虽然一篇文字对我来说，没有那么复杂，但通过自己，我们这些求知

---

① 章启群.意义的本体论：哲学诠释学［M］.上海：上海译文出版社，2002：91.

者必须让它说出来。但我们发现，这样一种理解性的话语，并不是发端于随心所欲，它本身就是与话语中所期待的回答相关的话题联系在一起的。

理解，本质上是对自我的理解。历史意识不是在过去的事物中寻找某种普遍性的、规律性的事件，而是在历史的某种统一性中寻找某种事物。历史是个性化的，每个自我所加工出来的现象世界并不具有共同性，世间没有所谓的事实，只有每个自我所持有的视角下的获得。

三、语言的游戏性

语言在对话中被运用时，就具有"自我遗忘性"，在言说、交谈过程中，我们根本不在意语言的那些结构性的成分，对于语法、句法、词性等内容我们浑然不知。语言越鲜活，越让我们体会不到语言的鲜活。语言具有无我性，只要是别人听不懂的话，一个人不会再说，否则他不是说话。语言具有广泛性，唯有语言，让人与人相通，构建人与人之间的共同空间。

说话时，语言的特质是游戏。两个人在交谈时，他们就开始进行一种语言游戏，但他们自己却不知道。在对话中，双方虽然还是各执一词，但是必须遵守着共同的规则。如同一场球赛，决定比赛的不是球员的思想，而是比赛本身。球员们必须在比赛中全身心地投入，从而无法思考球赛本身的特征。球员能够思考这场进行的球赛必须要等到比赛结束后，在比赛进行中，只有旁观者才能思考。游戏者在玩游戏时难免被游戏本身的规则裹挟而失去自我意志。同理，人们在交谈时，话题本身所具有的规律性在起着主导作用，而不是由哪位说话者来主导。游戏是玩家意识以外的东西，因此游戏是玩家主观态度以外的东西。同样道理，语言是在说话人的意识之外的，因此，在主观态度之外，语言也是如此。但是，在共同规则的前提下，游戏者在游戏中的表现，受到他在头脑中产生的及时意义影响，而这些意义都取决于其他主体的整体表现。从而，可以说语言的意义完全是主观的。

语言具有揭示功能，正是在谈话活动中，游戏的性质是平等交换的。

但是，不管是日常谈话还是专业写作，交谈的双方都存在着某种"陌生感"，人们在谈话中所理解的对方所说的意思和自己所表达的意思肯定是有距离的，围绕着自己所说的语言还存在着一个空地，在这个空地被听话人所理解，所澄明，但还有无穷地域处在黑暗之中，导致这个黑暗地域的原因是具体的个人的经验的有限性。

第五章 意义的符号化

第一节 意义符号化的原因

为什么会产生意义？苟志效教授从马克思主义实践论的角度进行了分析，他认为："意义首先是一种活生生的、能够满足人类生存实践需要的精神媒介和思想程序。依靠这一媒介和程序，人类行为才能保持与外部环境的平衡。"[①]意义的产生源于人类的生存与生活的需要，这是人类之所以为人的一种先天能力。人类生活在物质世界中，这个世界给人类提供了生存基础，同时外在自然条件以及有害的物种又威胁着人类的生存。人类一方面要依赖于外在世界解决吃穿住行的问题，另一方面人类要改造外在世界，从而改善生存条件。

外在世界纷繁复杂，又千变万化，为了便于识别它们，更好地利用与改造它们，人类就给外在世界进行编码，并加以分类，这就是意义。如人类看到天上飞的叫作"鸟"，水中游的叫作"鱼"，等等。所以，卡西尔说："人类知识的最初阶段一定是全部都只涉及外部世界的，因为就一切

---

① 苟志效. 意义与符号 [M]. 广州：广东人民出版社，1999：50-51.

直接需求和实践利益而言，人都是依赖于他的自然环境的。如果不能不断地使自己适应于周围世界的环境，人就不可能生存下去。"①

人类对外在世界赋予意义后，就可以识别它们，理解它们，但是意义只存在于每个个体的头脑中，还不能满足交流的需要。要想相互交流，必须把头脑中的意义呈现出来，使意义外在化、物化。意义物化的原因与意义形成的原因一样，都是人类生存的需要。例如，一个男孩儿和一个女孩儿在散步，女孩儿饿了，她看到路旁树上有李子，就用手势以及喉咙、舌头和嘴唇发出一个声音。男孩儿跑过去摘下李子，把它交给女孩儿。这个故事中，女孩儿之所以要做个手势，要说话，都是因为她需要满足自身的需要。

意义外在化必然由某种东西来承载，这类东西就是符号。女孩儿的手势、声音，甚至她呆呆地望着李子树时的表情都是意义符号。

符号产生，人类的生活世界随之发生巨大变化。日本符号学家池上嘉彦说："通过依靠语言（或一般性符号）进行'给予意义'的活动，人类不断地从自身力量，根据与自身的关系，捕捉未知的、与人类无关的现象，把它编进自己的文化世界，使自我的生活世界更加丰富。"②因为意义可以用其他物体来表征，所以个体的意义可以呈现出来，供他人分享，与他人交流；个体的意义也能突破时空限制，可以长期保存，可以携带跨地域分享、交流。符号产生后，人类的意义世界愈加丰富。

亚里士多德认为，说话只是心理经验的符号，而文字又只是说话的符号。心理经验就是人们对世界产生的意义，在各类符号产生之前，这些意义只处在默念状态。当话语符号与文字符号产生后，意义就被物化。

各类符号只是意义的表征，人们对一个事物或人产生意义时，他可用两种方式承载意义：一是内在的心理语言，即内在语言；二是外在的话语

---

① 卡西尔. 人论 [M]. 甘阳, 译. 上海：上海译文出版社, 1985: 5.
② 苟志效. 意义与符号 [M]. 广州：广东人民出版社, 1999: 90-91.

或文字符号，即外在语言。内在语言是基础，外在语言是表征。

第二节　意义符号的类型

一、颜色符号

颜色被感知出来，人类并没有就此止步，而是在对颜色的认知基础上，又加上了更多的意义。如红色，中国人对它情有独钟，看到红色就想到喜庆、吉祥、幸福、胜利、好运、热情。在生活中总爱用红色来点缀气氛：新婚穿红衣，贴红喜字；春节时，贴红对联；行业开张，挂红灯笼。红的色彩不仅是颜色的一个种类，还有着丰富的情感、意愿、思想。

但是在西方，红色的意义与中国完全不同。他们认为红色象征着流血、暴力、灾祸、警告、恐怖、愤怒、困境等。

红色的外物特征以及人类对红色的感知，中西方大致相似，而民族历史、道德信仰、地域风情等形成的知识背景有着明显的差异。

中国人喜爱红色，因为农业民族主要靠天吃饭，阳光对农业的发展至关重要，于是在远古的中国产生了对太阳崇拜的信念，红色就被赋予了喜庆、吉祥、热烈的文化内涵，然后投射在个体与群体的文化背景中。在西方，《圣经》说一条红色的龙化身为魔鬼撒旦，所以红的色彩寄寓着不祥与反面的意义。

色彩的意义与民族历史、道德信仰、地域风情等形成的背景知识相联系，颜色的意义不同于它本身，但又没有脱离它的特征。由此而生成的意义，我们叫作颜色的符号意义。颜色的符号意义源于颜色的外物特征，红色的物体只能产生红的颜色。

背景知识在红色的意义生成中起着关键作用，文化背景中有喜爱红色的倾向就生成喜庆、吉祥等意义，而文化背景中有着厌恶红色的倾向就生成残暴、灾祸等意义。各民族的民族历史、道德信仰、地域风情等复杂丰富，因而所生成红色的意义也随之复杂丰富。

二、动作符号

动作符号，如伸出两个手指头、耸耸肩、跷起大拇指，包括人的行为等，它们是意义物化最初的形式。美国文化人类学家摩尔根说，人"必然是先用姿态或手势表达语意而后才有音节分明的言语"，因为"这是一种自然符号的语言，所以它具有通用语的要素。发明一种手势语言比发明一种音节语言要容易；而且，因为掌握手势语言也要方便得多，所以我们作出假定，认为手势语言之出现早于音节分明的语言"[①]。

动作符号不同于一般动作，它承载着一定意义，且有目的地向他人传达某种意义，舞蹈就是由一连串动作符号组成的艺术。动作符号与原初事物有着相同之处，它相当于一个实物，他人看到它明白一定的意义。动作符号相对于原初事物，它已经具有一定人化的意味，是人的创造。人有目的地借用肢体运动，创造出某种造型。

动作符号早于话语符号与文字符号，它的意义介于原初意义与话语意义之间，它的意义与原初意义一样直接源于事物。动作符号是表意明确、直接的符号，它与自身要传达的意义之间紧密相连，没有中间环节，也没有中介，它的意义让人一望便知，如看到一个人微笑，便知快乐与友好，看到一个人皱眉，便知心中不快。

因人体的运用不可能保持不变，所以动作符号总是即时性的，在瞬间完成，一会儿就更换。而且，动作符号不能超越自身所在的时空而传递，也不能作长期保存。

三、话语符号

在生活中我们认为小溪流淌的声音没有意义，因为它是自然界的声

---

① 苟志效.意义与符号[M].广州：广东人民出版社，1999：92-93.

响；而听到上课铃的声响，我们就会自觉走向教室，因为上课铃带有意义，它在传递一个信息："上课了，各位同学在教室内坐好。"上课铃由人的心灵赋予了它意义，并把这个意义传播给一定群体，约定俗成，形成规则。听到铃声的人通过约定好规则还原铃声的意义。铃声带有设置电铃的人的意向，没有这个意向就不会有铃声。

人类的话语也有人的意向，假如一只鹦鹉对一个人说"我喜欢你"，这个人只会感到有趣，不会把鹦鹉的话当作真实的事。而一个男人听到一个女人对他说"我喜欢你"，他会当作真实的事。鹦鹉学舌与人的言说的不同在于是否有意向。鹦鹉说的，只是在表现声音，叫作"吐语行为"，而人的言说是一种"言语行为"。"吐语行为"只在表现出内容，而没有对象，鹦鹉不论看到哪个人都会说"我喜欢你"，这种语音只是本能行为。而"言语行为"有具体的对象，一个人不可能对所有人说"我喜欢你"，真要有这种行为，这个语音也就退化为鹦鹉学舌。"言语行为"还有一定意谓，通过这个意谓达到交流的目的。一个男人对一个女人说"我喜欢你"，这个行为就是向女孩授受他的爱意。

通过上述分析，我们可以得出话语有字面意义与说话人的意义，可以简化为 $P=F(q)$，P 是句子的意义，而 F 是意向状态的类型，q 是句子的内容。如说"北京欢迎你"，一个人只在哼唱着北京奥运会主题曲中的歌词，这个 F 是个空，没有说话人的意向；如果一个出租车司机对来北京的外地游客说这句话，有着他的意向；如果一个讨厌外地人的北京人说这句话，他的内心并不是这个意向，只是违心地说出这句话，这句话的意义又不一样了。说话人产生一个言语行为，就是他把自己的意向加给符号和声音。如果意向为空，这个句子只是一种吐语行为；如果意向是真的，不论它是真心说的，还是违心说的、虚假说的，这个句子意义为真；如果意向为真，但与说话人意向相反，这个句子意义不真诚。

通常认为一个句子的意义来自句子的词语的意义和把这些要素联结起

来所依据的句法规则,而决定一句话的意义的是说话人的身份、地位、角色,说话时的场景,他内心的真诚意愿,以及群体对约定俗成的信息。如说"我的脚下踏着祖国的土地",如果说话人在国内,他在陈述一个真实站立的情景;如果说话人在国外,他在表达在精神上对祖国的依恋。又如说"猫在垫子上",如果在有重力的地球上,我们就会感受到猫与垫子之间作用力的关系,从而感受到垫子对猫的一种承受,以及猫在垫子上的一种归宿之意;如果在太空中,在没有作用力的情况下,我们就感受到猫与垫子的分离,与各自自由的状态。

正常状态下,我们会认为"三角形内角和等于180°"在任何情况下都是成立的,这句话的意义不需要一定的背景,如果应用在三座高山山顶所构成的三角形上,就不一定适用。因为说"三角形内角和等于180°"时,我们头脑中有一个设定,就是对欧氏几何的定律的设定,而以三座山的山尖为顶点所连成的三角形超出了这个设定。

又如"1+2=3",背后有加法运算规则在作支撑,而把1看作一个物,2看作一个物,那么"1+2=1"。

又如一个妈妈对孩子说"把桌子上的东西吃掉",这个孩子只把桌子上的食物吃掉,而不会把桌子上的盘子一起吃掉。因为这个"东西"在此时专指食物,不会指其他东西。

又如在战场上,军官对士兵下达命令"开炮",士兵立刻向敌方阵地开炮,他不会按字面的意思把炮筒砸开,或者调转炮筒向自己的战友开火,或者不向炮筒里装炮弹就开炮。军官在下达命令时,不需要把有些话说得具体,如"开炮,只能向敌人阵地开炮,不要向我阵地开炮,一定要装上炮弹再开炮"等,因为在一场战争中,士兵有基本的军事常识与技能,他们懂得如何操作枪炮,他们有一定的军人职守。

意义不是对原来事物的重现,而是脱离原物的一种概括。洛克说:"字眼的大部分都是概括的———一切存在的事物都是特殊的事物。因此,人们或者会想，字眼既与事实相契，所以它们亦应该是特殊的（据其意义而言）。不过我们所见的，恰与此相反。一切语言中大部分字眼都是概括的名词，这并不是疏忽或偶然的结果，乃是理性和必然的结果。"[①]事物总是具体的、特殊的，而代表其意义的词语总是概括的、抽象的。

所谓概括就是归类，给一个事物命名或赋予意义，就是给它们作一种类别的划分。面对外在庞杂的对象，如果没有意义的概括，人类的思维将会被淹没，人们头脑中的信息将会以天文数字来计算，这将会超出人脑的记忆功能。如果对于天上飞的、飘的，地上跑的，水中游的，都一一记着，是不可能的，也无法交流。因而赋予它们意义，叫鸟、云、马、鱼等。说出这些名词时，实质上是对这类事物作出的一种归类，因而，可以方便交流。

意义产生时需要一定的前提背景、视角背景、知识与技能的背景。而且，说话人和听话人共享的背景越多，那么他们之间的交流就越顺畅。

话语就是说话内容，它是纯意义符号，与动作不同，有的动作并没有承载意义，而话语没有不承载意义的。话语起源于自然的呼唤和喊叫，这些声音用来表达高兴、痛苦、惊奇等意义。安托万·阿尔诺说："说话是用符号来表达自己的思想，这些符号是人们为此目的而发明的。"[②]

话语由发音器官发出，可以自由地描述事物与表达情感，在传达速度与信息的数量上要远远超过动作符号。话语轻灵、细腻，能表达无数个意义信息，话语与人类世界无数事物相关联，能给世界中任何事物起一个名称，为人类在意义发展的道路上做出重大突破。这给人类超越自我、与他人共享信息带来重大转变，对人类之所以为人起到重要作用。

人类对世间万物赋予意义，而话语让这些意义物化、抽象化，使人类的意义世界无限增大。话语不光能指称现实世界真实的事物，还能指称心中虚

---

① 苟志效.意义与符号[M].广州：广东人民出版社，1999：118.
② 苟志效.意义与符号[M].广州：广东人民出版社，1999：98.

构的对象。话语现实性与虚拟性共在,话语离不开现实世界,但话语能超越现实世界,创造出一个虚拟世界,因而意义的个性化与虚拟性也就产生了。

意义是人类思维的重要功能,是人类对外在世界的抽象与概括。而话语使意义物化,是意义的化身,它本身并不是意义,只是意义表征,只是激活意义的一个符号。所以话语一说出来,就脱离了原在事物,就是老子所说的"道可道,非常道"。话语是有限的,所以常常就会产生"言不尽意"的现象。

当然,话语符号也是即时的,适用于口耳相传,也不能突破其自身所在时空限制,不能长期保存,还不是人类最好的意义符号。

四、图画符号

话语符号的出现是人类文明的肇始,人类文字的到来代表文明的真正到来。最初的文字则是图画符号,它是人类用来表达思想、情感,以及记录生活的一种最原始的文字。它是简单线条构成的粗笨的图画。陈兆复先生说:"岩画艺术是人类为生存而斗争的图解:它揭示了当时社会的劳动样式、经济活动、美学倾向和哲学思想,人类与自然和超自然环境的关系。所有这一切,使它成为人类试图清楚地说明世界、反映世界的一种手段;在当时,又是试图有力地改造世界的一种手段。"[①]如果把一小块壁画截下来,它可以携带与保存。图画符号的历史意义在于超越时空,岩画符号的出现,在人类意义发展的道路上的贡献在于信息可以突破即时性的困境,能长期保存下来。

当然,图画符号的抽象程度远不如话语符号。图画符号虽然不同于图画与绘画艺术,它也只是对现实对象作了模仿,只是现实的画像,图画符号的意义就是图形本身,它表达不了抽象的意义,而且从形到意,图画生成的意义很有限。

---

① 苟志效.意义与符号[M].广州:广东人民出版社,1999:103.

五、文字符号

象形文字符号对图画符号的超越表现在它代表话语,而图画符号代表的是物体。文字与话语联姻,既让表达有了无限可能,又能突破时空的限制,让意义超越个体,又可作历史性的累积,使人类的意义世界无限扩大,让人不得不活在意义世界里,人就成了意义的人。

人们可以读到古人的文字,了解他们的思想、情感;人们也可以读到不同地域人的文字,感受到他们的思想、情感。这样使自身的世界无限扩大,信息无限增多,对自身意义的生成起到重要作用。

文字是话语的化身,和话语一样具有概括性与抽象性,文字本身并不是意义,它只是激活意义的符号。相对于话语,文字离开了语境,给意义的生成带来了极大的麻烦。不是面对面的交谈,而是跨时空的交流,失去了时代的文化背景和地域的文化背景;通过文字来交流,失去了说话者当时寄予的思想、情感的语调、语速等,从而使原本的语境中的意义变得抽象与疏离。所以"言不尽意",而且"道可道,非常道"。

第六章　语言的意义

语言是人类最重要的交际工具，也是人类思维的工具。有哲学家认为语言是人的存在之家，语言呈现了一个人的本质。那么语言的意义是什么？哲学家、语言学家们对此进行着不断的思考。

第一节　哲学史上对语言意义的讨论

在西方哲学上最早讨论语言意义的人是赫拉克利特，他认为世界万物中存在着一种隐秘的智慧，它是世间万物变化的一种微妙尺度和准则，是宇宙事物的理性和规则，它冲塞于天地之间，弥漫无形。这个智慧就相当于老子所说的"道"，赫拉克利特称作"逻格斯"。"逻格斯"一词的原意是"话语"，在赫拉克利特看来，语言就是"逻格斯"，语言的意义就是世界的本源、规则、道理、大道，就是世界万物的意义。后来毕达哥拉斯称"数"就是"逻格斯"，万物的本源是"数"，"数"就是世界的意义。

苏格拉底认为事物的名称不能随心所欲地更改，因为任何事物都有其固定的属性，这是客观的，不以人的意志为转移的。名字不是随便就可以改动的，名字是理性的，有着固定的本质。因而，苏格拉底提出"知识即美德"的思想，把人的道德品行与词语的意义画等号。一个人能弄清"善""德""正确""错误"这类词语的意义，就自然具有这样的品德，词语的意义就是人的思想认识。

苏格拉底的学生柏拉图认为事物的名称就是它所指称的事物本身，词语的意义就是它所指代的事物。他说："正确的名称是说明事物本性的。"当然，他也说："一个国王和一个主宰者几乎具有相同的意义，而且都是描述一个国王的。因为一个人如果是国王，很明显他就是一个主宰者，他统治、拥有和主宰这个王国。"这说明名称与意义不完全相同，同样一个人可以有不同的名称，但意义却同时指这个人，意义就是名称指代的那个人。柏拉图是"理念论"的倡导者，他不承认人的心灵可借助语言手段去把握真实事物，虽然真实事物是由理念分有的，"没有一个有理智的人会如此大胆地把他用理性思考的这些东西置于语言之中，尤其是以一种不可更改的形式，亦即用所谓书写符号来表达。"[1]在"理念论"的思想主导下，柏拉图不可能认为语言能有多大的作用，因为语言是真实的事物。

据说，亚里士多德是第一个系统论述语言的人。他否定了老师柏拉图的"理念论"，认为知识不是先验的"理念"的形式，而是来源于人对事物的感知。亚里士多德认为事物的意义就是它的本质，而本质就是从事物本身分离出来的，又与词语相结合。分离出来的，不是事物本身，而是人的精神性的东西，可以用语言的形式来确定。他认为口语是心灵反映事物的符号，而文字则是口语的符号，是一个"现实—经验—口语—文字"的过程。亚里士多德把人定义为"具有逻格斯"的动物，"逻格斯"原初意义为"语言"，也就是说人是一个语言动物。语言使人成为人，人以语言的形式拥有了世界。

---

[1] 柏拉图. 柏拉图全集：第四卷[M]. 王晓朝, 译. 北京：人民出版社, 2003: 98-99.

欧洲中世纪的哲学家们将词语符号分为两类：一类是本身就有意义的，叫作自足性词语；另一类是必须与其他词语相结合才有意义的，叫作非自足性词语。而自足性词语的意义又有两类：一是唯实论认为意义先于事物，存在于上帝和人的理性中，而不是来自外部事物的感知；另一类唯名论认为意义是事物共有的本质，起源于人们对外界事物的感知。

法国神学家阿尔诺认为话语的意义就是人们头脑中的思想。他说："这就是为什么如果事先不清楚地了解在我们头脑中进行的活动，那么就无法清楚地了解包含在词中的各种不同的意义，因为发明词的目的就是要让别人了解这些思想。"[①]他把语词所指称的对象分为实体和附属特性，像太阳、水、地球、木头，称为实体；而红的、清澈、圆的、硬的，称为附属特性。指称对象不同，语词的意义就不同。实际上在他看来，意义就是词语的指称对象，附属特性意义依附于实体意义。这些指称的对象，都是人思维的对象。

近代英国哲学家洛克对意义的思考，源于亚里士多德。洛克提出"白板说"，他认为人的经验不是与生俱来的，而是在后天的活动中，心灵产生的观念。人的心灵产生观念，语言将观念外在化。观念是对事物的概念，语言则是观念的表达。

他认为语词的意义就是它们所表示的观念。他说："字眼的功用就在于明显地标记出各种观念，而且它们的固有的、直接的意义，就在于它们所标记的那些观念。"[②]这样就把语言理解为文字与思想内容的统一体，而文字作为一种外在形式，本身并没有意义，意义是使用它的人附加的，人们在确定文字的意义时是随意的，相同的文字在不同的人看来有不同的意义，因而语言在传递意义过程中不能达到完全的一致。

维特根斯坦一生中对语言的意义作出两种理解，前期他提出"图像

---

① 苟志效.意义与符号[M].广州：广东人民出版社，1999：22.
② 苟志效.意义与符号[M].广州：广东人民出版社，1999：24-25.

说",后期提出"游戏说"。前期的"图像说"认为语言的意义就是事实的图式。他认为语言与世界之间存在着逻辑同构性,用他的话说就是,语言与世界具有通过图像映射关系相联系的平等结构。语言有复合语句、原子语句和名称,对应着世界中的复合事态、原子事实和简单对象。人能通过语言来表达意思就是因为语言与世界之间有着对应关系。

在后期,他认为一个词语的意义只是它们在语言中的用法,语句与词语不是关于对象的表达。他把语言称为"语言游戏","语言游戏"就是语言按照一定的规则在一定场合中使用的活动,语言只有在使用中才能产生意义,词语的意义没有共同的逻辑本质,只有"家庭相似性",就像家族中一些成员之间在相貌、秉性等方面很相似,但相似性并不是家族全体成员的共同本性。

哲学上所理解的"意义"有一个从外到内不断变化的过程,一开始认为意义是"逻格斯",存在于外在世界。接下来认为意义是名称所指代的内容,是客观事物。后来认为意义在人的思想上,在人的精神中。维特根斯坦"游戏说"主张语言的意义在动态生成中,而生成的主体是人。后来,海德格尔认为语言的意义就是人的存在,伽达默尔认为语言的意义就是人的理解,都是强调语言的意义离不开人。哲学家们对语言意义的理解有一条明显的线索,先是认为语言意义是外在的,后来认为语言意义是人的理解,人在语言意义中的地位逐步被提高。

第二节 语言学上对语言意义的追问

一、指称论

这种理论认为一个词语的意义就是它所指的对象,例如人们说"马""牛"就是指现实存在着的马、牛这些真实事物。持有这类观点的哲学家有古希腊的柏拉图、亚里士多德，以及近代、当代英国哲学家穆勒、维特根斯坦、罗素等。罗素说："一个词的意义就是一个对象，即一个词意指着某客体，也就代表着一个客体。"①他的"意义即指称"的观点就是指称论的最好的注解，事物的意义就是它所指的对象，而对象有时在生活中真实存在，如"马""牛"等，有时在生活中却并不存在，如"独角兽""金山"等，这类词语的意义是人们在大脑中的想象物。根据词语与意义有没有联系，出现两派观点：唯名论与唯实论。唯名论认为词语与所指的事物之间没有什么内在联系，只是约定俗成的结果；唯实论认为词语是人们依据外部事物特征或本质而创造的。无论唯名论还是唯实论都认为"意义即指称"在生活中普遍存在，如大人指着某个事物，让孩子说出它的名称，写出它的词语。

但是指称论对意义的定义存在着一些问题：一个词语所指称的对象并不是某个具体的事物，而是某类事物的一个集合，如"种子"，指所有植物的种子；一个词语的意义与所指的对象不是同等的，如一个人手中拿着一本"书"，就不能理解为他拿着"书的意义"，说"铁匠"死了，是说"铁匠"这个词的指称对象死了，而不能说意义死了；一些形容词、动词、介词、连词等很难找到所指的对象；有些名词，如"灵魂""龙"也很难找到所指的对象；一个词语可能有多个对象，多个词语也可能指称同一对象，如向日葵、土豆就有多个词语来指说它们。

如此说来，词语的意义就是所指对象存在着很多问题，这是静止地、孤立地、机械地、片面地分析词语的意义。对此，有哲学家提出观念论的观点。

二、观念论

德国语言理论家洪堡特认为语言是精神的外部形式，是从人类的精

---

① 王寅.语义理论与语言教学［M］.上海：上海外语教育出版社，2014：33.

神特性中自然生长出来的。他认为精神决定语言,不同的民族有着不同精神,因而就有不同语言。民族精神是语言意义的基础,概念产生的源泉就是一个人的内部精神,语言把一个人的精神从黑暗带入光明。

德国哲学家弗雷格以及英国语言学家奥格登、理查兹提出"观念论",他们认为语言的意义不在所指的对象,而主要在于人们头脑中的观念。弗雷格认为一个语符(包括语音和书写)有"涵义"与"指称义",语言的意义不仅在于外部世界被指称的对象,还主要在于人们头脑中的观念,它是指称义的基础,是词语与外物相联系的中间环节,也代表着词句所表达的思想或内容,这是基本的意义。

语言学家格吕克斯贝格和丹科斯说:"任何已知词语潜在意义的集合,就是当一个人听到或加工一个词时可能产生出的情感、意象、观念、概念、思想和推理的集合。"[①]观念意义是个心理中介,它把语言与所指对象连接起来。这样说来,词句的意义不在于符号本身,也不仅在于所指对象,而主要在于人们大脑中的观念。

这样就可以解释不同词语可以用来表达同一事物的现象,如"马铃薯"和"土豆"指着共同的对象;也可以解释有的词语有意义,而没有明确的实在的所指。

但是,这一观点也存在着无法解答的问题:一是"观念"本身是一个虚空的没有真实形体的东西,怎么靠它确定意义呢?如看见"鸣叫"一词,人们会想到"马的鸣叫""蛙的鸣叫""蝉的鸣叫""汽笛的鸣叫"等,究竟哪个观念是"鸣叫"的意义?二是人们在接受一个词语时,不一定能在头脑中想象出它的观念,却能完成指令动作。

三、证实论

针对观念论意义的不确定性,一些分析哲学家提出逻辑证实主义。如

[①] 王寅.语义理论与语言教学[M].上海:上海外语教育出版社,2014:36.

德国的石里克、卡尔纳普，英国的罗素、维特根斯坦、艾耶尔等。这种观点旨在批评当时流行的追求无法被事实验证的、虚无缥缈的客观绝对真理的思想。他们认为只有被经验事实证实或证伪的命题才是有意义的科学命题，也就是说一个命题得到了经验的证实才能有意义，即一个句子的意义就是它所提供的可观察到的、能够被证实的句子的真实情况。艾耶尔指出："当且仅当一个陈述具有分析性或能被经验证实时，它才具有字面意义。"①

后来，艾耶尔将证实性分为"实践的可证实性"和"原则的可证实性"，前者指人们通过经验观察可在事实上加以证实，后者指不能用实际的观察加以证实，但可从逻辑上来推演证实，也就是一个语句既可通过经验来证实它的真假，也可通过逻辑分析来判断它的真假。因而，意义就分为经验意义与先验意义。经验意义指能被经验证实的意义，如"天是蓝的"；先验意义指先验存在或推理分析出来的意义，如"天行健"。

他们还认为先验意义代表现实的内部结构，是世界的本质，而经验意义具有动态性、多变性，不能代表世界的本质。

证实论是指称论的超越与发展，他们认为语句的意义所直接指称的对象，是依据外部世界的真实情况所确定的。但是，证实论过分依赖外部世界，过分强调经验的重要性，可是许多语句永远得不到经验的证实，如"他是位年轻的老教师""她越活越年轻"。一些隐喻性的语句不可能被事实所证实，如"月光砸在地面上""壁画中马头跑进过去的岁月中"。一些全称量词的语句也是无法证实的，如"所有的天鹅都是白色的"。

四、真值论

证实论认为可观察到的、能被证实的真实情况就是句子的意义，而真值论认为句子的真值条件是句子的意义。美国语言学家刘易斯说："一个

---

① 王寅.语义理论与语言教学［M］.上海：上海外语教育出版社，2014：44.

句子的意义就是那些能决定该句成真或成假的条件，这些条件就决定了该句在各种可能状态下，不同时间、不同地点、不同发话人等的真值。"①如"天在下雨"，它的意义就是现实世界中天真的下雨这一实情。

真值论认为语言语句之所以有意义，是因为能反映客观世界的真实情况，也就是语言与世界同构。用客观世界中的"真"来解释意义，比用抽象的、本身就不能确定的"观念"来解释语义更为可靠、科学。

但是真值论的问题在于：

1. 可用不同语句来谈论同一对象，如可以称自己父亲为"爹""爸"等，它们的真值相同，词语明显有差异；

2. 可用同一词句来谈论不同的对象，如一词多义，它们都符合真值条件，但意义会有较大的差异；

3. 并不是所有词句都有真值条件，如"你简直就是一头驴"，意义却不在"你"真是"一头驴"；

4. 祈使句、疑问句、感叹句没有真值条件，它们仅仅实施了命令或请求、询问信息、抒发感情等行为；

5. 人们根据语句意义来把握真值条件，而不根据语句与外界事物有关的真值条件来获得语句意义，这与"语言的真值条件是意义"自相矛盾。

五、功用论

持功用论的美国哲学家皮尔斯认为词语的意义在于"会引起什么行动"，"可产生什么样的实际效果"。英国哲学家维特根斯坦说："一个词的意义就是它在语言中的使用。"就是说从词句本身不能知道它的意义，必须到语言实际运用中确定它的意义。语句的目的不是求出意义的真假，也不仅仅是用来指称事物，语句的意义在于它们的功用。语言学家施密特说："一个概念的意义是其可能用法之和。"

---

① 王寅. 语义理论与语言教学 [M]. 上海：上海外语教育出版社，2014：47.

但是功用论也存在一些问题：

1. 意义与用法是不同的，词语"百万英镑"的意义不同于"使用百万英镑"；

2. 很多情况下，先知道词语的意义再来使用它。

六、行为论

行为论认为词语的意义就是在实际生活环境中，受其刺激而引发的行为，词语的意义就是一种刺激—反应的过程。美国语言学家布龙菲尔德说："语言形式的意义就是发话人说出它，并对受话人产生反应的情景。"

但是这种观点也受到挑战：

1. 在很多场合人们听了某句话后，不需要做出反应，如当人们听到"地球围绕太阳转"时，只要知道这个信息，而不需要做出反应；

2. 同样的刺激不一定产生相同的反应，读到"妈妈"这个词，不同家庭的孩子会有不同的反应；

3. 不同刺激可以有相同的反应，如让一个人先走，可以说"您请"，也可以说"您先走"。

七、语境论

语境论认为语言有"字面意义"和"情景意义"，而语言的意义就是在具体语境中来确定其字面意义以及所要实际表达的情景意义。语言学家韩礼德认为意义就是语境，他说："意义即语言形式和情景之间的桥梁。"[1]

在不同的语境中，每个词语的具体意义完全不同，如"天道酬勤"从成功者口中与失败者口中说出，意义是不同的。

但如果只把意义局限在语境意义中，也是片面的。众多词语有其变化的语境义，但它们必然有个不变的基本义，这个基本义就是不在任何情景中的概括义。

---

[1] 王寅.语义理论与语言教学[M].上海：上海外语教育出版社，2014：54.

八、意向论

语言学家格赖斯把意义分为"自然意义"与"非自然意义"两类,"自然意义"与说话人的意向没有关系,而"非自然意义"等于说话人的意向。他反对语句作为意义的载体的传统观点,认为说话人的意向才是意义的载体。语言学家奥斯汀说:"讲话时我打算通过让他认识到我所传递内容的意图来理解我向我和受话人所传递的内容。我在受话人身上产生意欲效果是通过让受话人认识到我的意图来取得的。"[①]如"苹果给你。"与"你想要苹果?"两个句子中说话人的意向性非常明显。

在意向论基础上斯珀波和威尔逊创立了"推理交际论",认为交际过程就是意向表达与推理辨别的过程。

意义以意识为基础,但意义与意识不同。看到一片树木,没有任何想法,只是看到了,此时有意识,而没有意义。如果看到一片树木,产生一种繁茂或萧瑟之感就是意义。坐在室内回忆着儿时与小伙伴们洗澡的情景,这种回忆不能算是意义。如果由此产生了一种有趣的感觉,这才是意义。意义是意识的本质,我们说意识对象如此这般,这些如此这般就是意义。如果用符号S表示对象P,P就是意义,结果就是"S是P"。

大海本身没有意义,因为人的意识赋予它如此这般的本质与特征,就是意义。

语言本身具有一定意义,因为被说出或书写出来后,就有着发出者一定的意向。如"故有之以为利,无之以为用"就承载着老子一定的意向。这也说明在认识自然世界与语言时,所产生的意义的性质与结构是不同的。

但是意向论也受到质疑:

1. 意向与"观念"一样模糊不确定;

2. 说话人的意识活动不能完全等同于语言的意义,也不是说话人所有

[①] 王寅.语义理论与语言教学[M].上海:上海外语教育出版社,2014:56.

的语句都一定有意向。

九、关系论

关系论代表人物瑞士语言学家索绪尔认为语言意义不是像"指称论"认为的那样，存在于语言外部，而是存在于语言内部的关系中。他认为只有求助于语言内部关系才能揭示出语言的本真面目，内部关系包括词语间的能指与所指的关系和词语间的横组合和纵聚合的关系。

关系论认为哪个词在语句中并不重要，而重要的是词句之间的关系，就像象棋一样，棋子是什么材料做成的并不重要，用象牙、玉石、木料等都可以，重要的是每个棋子在棋盘中扮演什么角色以及它们相互间的关系，即使少了一个棋子，可以用小石子、小纽扣或其他什么东西代替，它们一旦进入棋盘，就被赋予了自身的关系价值。

这样就不必到系统外部寻找相关的指称对象和语境，也不必将词语与外部世界对应起来，只要在语言系统内部的词语关系中就能确定它们的意义。

这种建立在语言系统与外部世界具有同构关系的分析哲学基础上的观点很有创意，后来的语言学家不断发展索绪尔的观点：美国语言学家奈达认为意义并不是事物本身，而是一组对比性关系；莱昂斯认为语言的意义是一组关系的集合，存在于语言系统内部，词义只有通过比较和对比来确定；克鲁斯认为一个词的意义可描写成与所有其他词汇近似（横组合与纵聚合）或差异的类型，它们构成了一组对比性的意义关系。

但是关系论也受到众多质疑：

1. 颠倒了语言与人的存在之间的关系，马克思主义认为社会存在决定社会意识和语言，社会意识与语言又反作用于社会存在。人在劳动过程中创造了工具，还创造了语言。而关系论把语言当作独立且先验存在于人的言语之外的封闭系统，这显然脱离了语言的根源，不可能找到语言的意义；

2. 语言与言语不可能分离，语言不可能无个体的存在，任何语言都烙上了人的印记。

十、解构主义意义观

关系论意义观认为语词间的关系先验存在，是脱离人的自足系统的。法国哲学家德里达对此进行了严厉批评，他认为语词间的关系纯属无中生有。作者在运用语言时不仅涉及内部结构，而且涉及语境；读者不是仅参照语词间的关系来寻找意义，而是在阅读过程中不断打散结构，重组语词碎片，才能建构意义。因而，不同读者会用不同的解构与重组的方法，同一个语篇的意义也就会因人而异。

解构主义意义观认为文本意义有延异的特征，它随着历史的发展而发展，随着地点的变化而变化，意义是多变的。语言不像关系论所认为的具有"稳定性"，"由系统内部的封闭性关系所决定"，它是不确定的、模糊的。文本只是一种痕迹，文本意义会随之变化，旧的意义消失了，新的意义产生出来，人们只能按照痕迹获得暂时的意义。

文本意义是撒播性的，由能指所对应的所指，也可能再次用作能指来指称其他概念，这样就形成一个"能指—所指链"，意义就不能存在于任何固定的符号中，而只是撒播在一连串的能指之中，使意义一直处在"延异"中。

十一、TG意义观

美国语言学家乔姆斯基提出"转换生成语法"观点，简称"TG"。他认为句法分为"底层结构"和"派生结构"，它们通过"短语转换规则"和"转换规则"来解释意义生成过程。

这种意义观认为句子的意义来源于句法，句法先于意义，意义是深层结构的一部分，意义与深层结构有直接联系，而与表层结构没有直接联系。

而此意义观中另一"生成派语义学"则认为，句法来源于意义。语言的生成过程是首先提供一个句子的意义，然后运用句法和词汇把它表达出来。

乔姆斯基把意义看作纯心智的、与生俱有的，而忽略了外部世界在建构意义中的基础作用。

十二、认知语义观

认知语义观认为语言的意义不仅是一种心理现象，存在于人们头脑之中，而且更主要地是一种基于身体经验的心理现象，源于人与客观世界互动的认知。也就是说意义来源于现实与心理，现实是心理的物质基础，心理是对现实的加工。

他们认为意义就是概念，概念是通过身体、大脑和对世界的体验而形成的，并且只有通过它们才能被理解。人们在自身与世界的互动体验中形成意义，然后用语言留驻与呈现，在语言与现实之间存在认知的中间加工环节。人们基于自己的身体构造而用特殊的、一贯的方法来感知事物、人、空间、时间，以及它们之间的相互关系，从而形成思维、知识和语言。如《周易》所说："近取诸身、远取诸物。"

认知语义观有一句口号是"意义在头脑里"，是说意义存在于人们的心智之中，意义系统犹如一个巨大的网络，有一定的结构性和层级性。这样来说，意义不完全取决于客观世界，而与人们的认知方式和知识系统密切相关，也就不能在语言系统内部的横组合和纵聚合的关系中求得意义。意义不仅仅有真值，也不是仅限于词典上的定义，与人们的主观认识、社会文化、民族心理等因素密切相关。如看到"小汽车"这个词，我们就不会去关注"有轮子和方向盘、会移动、交通工具"等抽象的静态特征，而是会想到"几个座位、耗油量、商标、牌号"，以及主人的社会地位等，这些基于个人体验和社会实践获得。静态特征忽略了语言的运用环境、社会因素、文化信仰等，在现实交际中没有价值，因而语言意义具有百科式，有较大的变动性。

当然，认知语义论还有许多值得思考的地方：未分析人们经验中的差异如何影响人们的理解和交际，影响到什么程度；百科知识式分析带有主观任意性；等等。

认知语义学是在反思和批判传统语义理论的基础上建立起来的，强调身体经验与认知加工结合，认为意义来自"内外结合"，既强调客观外物的重要，又强调身体与大脑的重要，符合辩证唯物主义思想。

因而，我们的意义观与意义生成过程的思考就以认知语义论为基础。意义是概念化的过程和结果，与人们体验感知、认知途径、识解方式、心智框架等密切相关。而概念的形成主要以范畴化为基础，范畴就是认知主体对外界事物属性所做的主观概括，是对事物所做的归类。

以前的语言学只是从语言的外在形式与结构、内部关系的角度对语言进行研究，或只关注语言与现实世界的关系，并没有从认知主体的角度，将主体与客体结合起来深入地理解语言。认知语言学认为意义是心灵对外物进行概念化的结果，立足于认知与语言的关系来分析语言，强调认知是语言的基础，语言是认知的结果，探寻与建构语言中词语、句子和语篇的意义形成的经验基础与认知机制。

第三节　语言意义主客统一性

语言意义的来源问题有三种观点，一是语言意义来自外在世界，二是语言意义来自语言内部，三是语言意义来自语言与主体的合作。

指称论、证实论、真值论认为语言意义来自外在事物，而观念论、行为论、意向论认为语言意义来自人的思想与行为。虽然来源不同，但语言的意义都不是来自语言本身，而是来自外在的事物或人。而关系论、解构主义意义观、TG意义观则认为语言的意义来自语言内部，关系论认为来自词语之间、语段之间的关系，TG意义观认为来自语句的深层结构，而解构主义意义观虽然不认同意义来自静止的结构之中，但还是没有脱离文本来寻找语言意义。

有些理论带有科学主义思维，它们立足于语言来讨论意义，遵循唯理主义按先在规则推断出语言的意义，或按照经验主义从外在经验推断出语言的意义。这两种思维都假定语言世界、各种现象、语言的结构、语言的意义是客观存在的，并且是可知的，只要能遵照正确的方法就能探寻到语言的意义。语言世界、各种现象、语言的结构、语言的意义是与人相对立的、相分离的真实客体。人对他们的理解通过镜像般反映到心智与思维中。语言世界、各种现象、语言结构、语言意义都是结构化的，与人的心智结构、思维结构同构。

　　这些理论被美国语言学家莱考夫称为"客观主义"，客观主义要求语言十分精确地表现世界，人们可以通过语言的意义精确地把握世界，语言是反映世界的工具，只要方法得当，人们都可以精确把握作者表达的意义。但是这些理论"丢弃了人在认识范畴、形成概念、进行推理、建构语义系统中的主观能动性因素，忽视了人的身体经验、生理构造、认知方式、丰富想象力等所起到的重要作用"[①]。人们虽然面对着相同的事物，但由于体验的角度不同，获得的理解与意义也是不同的。如南太平洋塔希提人没有"悲伤"这个概念，如果遇到"悲伤、沮丧"这样的心情，他们就用"病、疲劳、恶魔的进行"来表达"悲伤"的意思。对世界产生理解与意义，与人的生活情境、生命体验分不开。人是语言意义的生成者，世界是人的世界，意义是人的意义，人的身体经验、生理结构、思维习惯、生命体验等是产生意义的重要因素，也是重要前提。

　　认知语言学从认知的视角来理解语言的意义，认为语言是通过人的体验而得到的结果。认知就是依靠人的感知与思维能力，认识世界的过程。认知是语言的基础，语言是认知的结果，先有认知，再有语言。意义是动态的结果，人是意义产生的主体。"昔日的语言研究多重视语言形式、结

---

① 王寅.认知语言学[M].上海：上海外语教育出版社，2007：55.

构、内部关系的描写或解释,或强调语言与现实世界的客观对应,而没有真正从认知角度,并充分考虑认知主体的作用将主观与客观紧密结合起来深入解释语言。"①

美国语言学家莫里斯通过对符号学研究的区分来考察语言学的研究,他认为和符号学一样,语言学有四种典型的类型:

一是句法学,重在处理词语与词语之间的关系,比如词序;

二是外部语义学,重在处理语言与对象的关系;

三是内部语义学,重在处理语言单位意义本身以及语言单位意义之间的相互关系;

四是语用学,重在处理语言和说话人、听话人之间的关系。

文本由好多词句组成,每个词句都有着自己的范畴意义。解读文本的人带着复杂的背景,每个人的解读角度各不相同,因而一个文本意义的生成过程是非常复杂的,可能会涉及莫里斯所说的四个方面,即词语激活对象,词语与词语之间的关系,单位意义与单位意义之间的关系,语言与说话人、听话人之间的关系。我们可以从内部与外部两个方面来看:在文本的内部,要看词语和语篇之间的关系;在文本的外部,要看文本与作者、读者之间的关系。

如在《过秦论》一文中,在文本的内部,我们看秦国历代君王在内政与外交的接续与变更,看秦国与六国之间的对比,看秦国与陈涉、六国与陈涉之间的对比,看述史与议政之间的关系。更为重要的是,在文本的外部,解读"秦国"历史、六国情况、陈涉生平、贾谊生平等信息。我们要看作者贾谊在文本中说了什么,他想借这些内容做什么,他想对阅读此文的对象施加怎样的影响,期待达到怎样的效果。

上述内容都是文本意义生成的重要因素,文本的意义是众多因素的叠

---

① 王寅.认知语言学[M].上海:上海外语教育出版社,2007:12.

加，是主客体合作的结果。当然，我们要想到波兰哲学家英伽登的观点，文学作品是人的主观意向性的结果，当我们在谈文学作品的内部之间，以及文学作品与外在世界的各类关系时，都是建立在我们对文本世界以及外在世界的个人理解基础上的，理解出来的外在世界并不等同于真实世界。

第七章　意义生成的内涵

生成，百度百科解释为"长成、形成、养育等"。生成不是复制和再现，是在原有对象基础上产生、形成新的事物。对于事物的成长，存在两种哲学思维：观念论与生成论。观念论是"本质先定，一切既成"的本质主义，认为现象背后有个永恒不变的本质。本质决定着事物的产生、发展，本质是评判事物的标准，本质也是人的生活理想与价值追求。既然事物有其运行的本质，那么其运行的过程就可以预测，事物只是按照预定的规则在变化，变化来变化去，本身没有发展，也没有被创造。

生成论与观念论有着根本的区别，是反本质主义的。生成论不预先设定事物的本质，认为人与自然相互作用，双双得以生成新的状态，得以创造着自身。马克思说："整个所谓世界历史不外是人通过人的劳动而诞生的过程，是自然界对人来说的生成过程。"尼采说："一切都在生成，永恒的回归。"柏格森说："对有意识的存在者来说，存在就是变易，变易就是成熟，成熟就是无限的自我创造。"萨特说："存在先于本质。"海德格尔认为"此在"就是它尚不是的东西。[1]这些哲学思想都在说明：世

---

[1] 李文阁.生成性思维：现代哲学的思维方式［J］.中国社会科学，2000（6）：48.

界万物均在生成中。

第一节　初期生成论

人类从开始追问宇宙本源时，就生发着原初的生成论思想。哲学之父泰勒斯认为万物源于"水"，万物从"水"中生成出来，这是最早的生成论思想。后来阿那克西曼德认为世界本原不应该是有形的东西，而应该是无形无限的东西，他把这个本原叫作"阿派朗"。阿那克西曼德的学生阿那克西美尼认为"水"不是完全无形的东西，"阿派朗"又太抽象，缺乏质的规定性，他认为"气"能克服两者的缺点。

上述思想认为世界从"水"或"阿派朗"或"气"中生成而来，万物具有了生成性，但是"水""阿派朗""气"本身是不变的，这样就形成了它们既是"原存在"，又是"生成物"，这还不能算是彻底的生成论思想。

后来，古希腊哲学家赫拉克利特取消了米利都学派对"存在物"与"生成物"的二重划分，彻底否定了任何不变的存在。他说："这个世界，对于一切存在物都是一样的，它不是任何神所创造的，也不是任何人所创造的；它过去、现在、未来永远是一团永恒的活火，在一定的分寸上燃烧，在一定的分寸上熄灭。"[1]火可以燃烧，也会熄灭，它本身不像"水""气""阿派朗"，不是永恒的存在，处在永恒的流变之中，赫拉克利特取消了一个原初不动的原存在，认为世上没有不变的东西，形成了万物皆流的彻底的生成论思想。

与上述认为万物在流变的思想不同，巴门尼德认为永恒的、不变的东西才是存在，处在流变之中的事物没有定型，转瞬即逝，这种变化无常的

---
[1] 邓晓芒，赵林.西方哲学史[M].北京：高等教育出版社，2005：19.

东西不能是其所是，当说它们"是什么"的时候，它就不再"是什么"，这些东西只能叫作"非存在"。

他说："存在物是不动的，被巨大的锁链捆着……它是同一的，永远在同一个地方，居留在自身之内。"①如果存在物是恒定不动的，认为万物都是生成的也就不可能了。古希腊的哲学家恩培多克勒接受巴门尼德的"存在与非存在"的划分，他认为不可能从非存在中生出存在，生成必须以存在为基础，而这个基础就像早期原本说的"四根"，即"水火土气"，世界万物从四根的变化中生成。

这个思想先假想有一个本质存在，其他事物由这个本质演化而来，事物没有生成，只会按照原定的轨迹变化，这是典型的"观念论"。

恩培多克勒既承认存在着永恒不变的基础，也承认这四个基础相互作用生成世界万物，作出"生成"与"存在"共同存在的调和。突破本原论的一个元素的基础，认为生成由多个元素相互作用，但还是不彻底的生成论，因为有个不变的东西在生成着众多变化的东西。

阿拉克萨哥拉不赞成由一种本原生成万物的观点，也不同意由几种元素构成万物的观点，而认为世界万物各有自己的本原，这些无限多的本原就是构成各种事物的最小微粒，即"种子"。他还认为使种子生成各种事物的动力是"心灵"，它是安排宇宙秩序的第一推动力，"万物都在混沌中，然后有心灵出现，对万物加以安排"②。

阿拉克萨哥拉思想的创新之处在于，认为万物生成的本原在于各自的"种子"，生成的本原由一个或几个原因扩大为无限。而且，生成中存在着一种心灵的力量。万物皆流，但有一种力量是不变的，不过它不是一个具体的存在。阿拉克萨哥拉认识到事物变化不是由他物造成的，而是来自本身的力量，他把生成论的思想推进了一步。

---

① 邓晓芒，赵林.西方哲学史［M］.北京：高等教育出版社，2005：23.
② 邓晓芒，赵林.西方哲学史［M］.北京：高等教育出版社，2005：37.

与只在探索自然奥秘的其他哲学家不同，苏格拉底认为人首先应该关注自己本身的事情。因为自然界是神创造的，充满了神的智慧，缺乏智慧的人类是无法认清的。他建议人们说："人啊，要认识你自己。"他认为人应该研究正义、美德、勇敢等与人生相关的问题，而不要把目光放在玄奥无边的自然界。对于人生问题，他建议归纳出它们的一般定义，从而探寻出个别事例背后掩藏着的普遍原则。

追寻事物的本质，因为对现实中原初事物的不信任，试图追寻一种永恒不变的东西。这样就呈现出"理念论"的曙光，同时也潜伏着对"生成论"思想的否定。普遍定义必定要借助语言来揭示，而语言一旦说出，只是在说普遍的、概念的东西，与原本那个感性的东西并不是一回事。黑格尔在《精神现象学》中就说出这样的问题："当我们说出感性的东西时，我们也是把它当作一个普遍的东西来说。"①

在老师苏格拉底的普遍定义基础上，柏拉图提出"理念论"思想。他认为具体事物之上有个共相，这个共相就是"理念"。任何事物都是通过分有理念而获得其真实的存在，如木匠在做床时，先在头脑中有个床的理念，他做出真实的床就是分有了床的理念。

他认为万事万物各有自己的理念，因此各种理念就构成了一个等级分明的"理念世界"，这个"理念世界"从低到高可以分成几个等级：（1）自然物的理念；（2）人造物的理念；（3）数学意义上的理念；（4）范畴意义上的理念；（5）道德和审美领域的理念；（6）善的理念。万物分有理念而形成自身，因而万物没有理念那样完美，那么万物也就无法超越它原有的理念，而且理念是真实的存在，万物只是理念分有的不真实的影像。这样，生成论思想在柏拉图这里被彻底加以否定。

亚里士多德用一句名言"吾爱吾师，吾更爱真理"表达了他对老师柏

---

① 黑格尔.精神现象学[M].贺麟，等译.北京：商务印书馆，1979：66-73.

拉图的崇敬之情，同时也不避讳他对老师的批评。柏拉图认为理念先于事物之前存在，而亚里士多德则认为理念作为事物的共相只能存在于具体事物之中，不可能在事物之外独立存在。他还认为理念对于感性事物没有任何意义，它既不能引起事物的运动变化，也不能帮助人们认识事物。真实存在的不是理念，而是个别的、具体的事物，即实体。

亚里士多德认为实体产生的原因为质料因、形式因、动力因和目的因。如建造一所房屋，砖瓦木料是质料因，设计图纸是形式因，工匠是动力因，房屋的用途是目的因。任何个别事物都是由形式和质料构成的。当质料没有获得该事物的一定形式时，它就处于潜在的状态；当它获得了一定形式后，才成为现实的事物。实体的生成过程就是从潜在向现实的转化过程。这里，传承着阿拉克萨哥拉的"生成论"思想。

第二节　中期生成论

法国哲学家笛卡儿提出"我思故我在"的著名思想，这一思想揭示了意义生成的前提条件——自我和意识。

千百年来，哲学上的争论从未停息，彼此观点对立，各执己见。笛卡儿由此产生怀疑的态度，并且想为哲学建立一个规范的体系，而这个体系像他熟悉数学、几何世界一样，先确立一个不证自明的公理，再由此公理演绎出系统的理论。

为了确立公理，笛卡儿从怀疑开始，他怀疑世间一切存在的东西。他先怀疑哲学理论，他认为它们是可怀疑的，因为过去到现在哲学理论从未统一。接着他怀疑人的感官经验，他举例说，远看一座塔是圆的，走近后发现是方的，同一样东西让人产生相互冲突的感觉经验，表明我们的感官会出错。怎么确定哪个正确？只有借助另一种感觉经验，而如果一种感觉经验会出错的话，那么借助的感觉经验也会出错，就必须再次借助一种感觉经验，而后者原则上也会出错，所以，向后无穷推断，原则上所有感觉经验都会出错，都值得人们怀疑，以至人们是醒着与还是在梦中的这件事，也值得怀疑。同样的道理，逻辑知识和数学知识也是值得怀疑的，因为人们没办法找到证明逻辑知识和数学知识正确的证据。

一切都怀疑完了后，有一样东西不可怀疑，那就是"我在怀疑"这件事本身。因为即使对"我在怀疑"进行怀疑，仍然在证明着"我在怀疑"。怀疑就是思想，就是意识，意识必然有一个意识者"我"的存在，我是意识主体，我意识多久，我就存在多久，"我"只要一停止意识，自身也就不复存在。

笛卡儿在此论证了"自我"是哲学的原初基石，思想、意识是存在的基础与本质。根据笛卡儿的推论，"我思故我在"这条原理并不是逻辑推理的结论，而是一种直觉活动的结果，是自我的一种内在反省，所以说，笛卡儿认为直觉活动、直观体验是哲学的绝对起点。笛卡儿揭示了意义生成的原初基石是"自我"，意义生成的本质是意识，意义生成的绝对起点是直观体验。

前期做了扎实的论证，接下来可以研究人的意识，从而揭示意义生成的具体途径，但笛卡儿就此止步，抛下"意识"，转身投入上帝的怀抱。

他回到怀疑的起点，认为"我"为什么会怀疑，因为"我"是不完美的，怀疑本身就是由于认识上的不完满性，不完美的东西不能产生完美的东西，完美的东西只能由完美的东西产生，而这个绝对完美的东西只能是上帝，人是不完美的，人不能产生完美的东西，不能产生完美的观念，完美的观念只能由上帝产生。笛卡儿认为人的观念有三个来源："在这些观念里边，有些我认为是与我俱生的，有些是外来的，来自外界的，有些是由我自己做成的和捏造的。"①第一类观念即"天赋观念",它包括数学、几何学的公理,逻辑学的基本规律;第二类观念是感觉产生的观念,如听到的声音、看到的月亮、闻到的花香等;第三类观念是现实世界中并不存在的人造的观念,如林黛玉、金山银山等。第二类观念虽然不是完全虚假,但是相当不可靠,因为感觉本身不能判断其真伪,只有依靠理性才能获得知识。因而,与生俱来的"天赋观念"才是真正的知识的来源与前提。

这样,在笛卡儿这里,意义生成的起点由人的意识又回到上帝手中。一切的公理、规则由上帝定下来,而人根据上帝定下的公理、规则来进行演绎推理,形成知识体系。

笛卡儿把世界分为两类:物质世界与精神世界。这两类都叫作相对实体,相对实体由绝对实体上帝生成,物质实体的本质属性是广延,即占有空间,遵循自然规律而运动;而精神实体的本质属性是思维,它根据自由意志而行动。物质世界中没有思维,精神世界中没有广延,这两个世界彼此独立,互不干涉,相互平行。物质与精神,存在与思维是分离的,这样主体与客体分离,切断了意义生成的源头,把意义变成一种精神世界里的自说自话,从而窒息了意义的生成。

英国哲学家洛克的"白板说"就是一种意义生成的思想,他认为"知识起源于经验,也就是简单的知觉观念和反省观念,但心灵对这种材料作这样一种能动的运用,以至所产生的知识代表了某种在质上不同于简单观念的东西","人类心灵在知识的形成中发挥了重要作用"②。洛克在说,意义是人对外在世界的知觉与自我的反省两类体验活动,并经过心灵加工而成,这完全否定了笛卡儿的"天赋观念论"。

笛卡儿的"天赋观念论"不能被后人接受,早在洛克之前的英国哲学

---

① 笛卡儿.第一哲学沉思集[M].庞景仁,译.北京:商务印书馆,1986:37.
② 希尔贝克,伊耶.西方哲学史[M].童世骏,刘进,郁振化,译.上海:上海译文出版社,2012:325.

家霍布斯就批判说，至于上帝的观念不过是一种空想，比如一个盲人坐在火边感到温暖，有人给他介绍火的特性，但他还是没法对火的形状、颜色形成正确的观念。再比如，如果存在着"天赋观念"，应该一直呈现在人的心中，但睡眠的人什么观念也没有。

洛克在霍布斯基础上，继续批判笛卡儿的"天赋观念"论，天赋观念论者认为公理、规律受到人们普遍认同并存在于每个人的观念中，洛克认为儿童并不知道。天赋观念论者认为人们一运用理性就知道这些原则，如果运用理性才知道，洛克认为这恰恰说明不是天赋的，是通过推理而得到。

洛克也批判了天赋的实践原则，天赋观念者认为公道、信义、良心、社会契约等道德原则是天生就有的，洛克认为这些并不是天生的，因为以欺骗和抢劫为生的人就不会同意这些原则，人们遵守这些原则，是因为它们对人们是"有利的"，以及人们在长期教化过程中逐渐形成的。

对于上帝的观念也不是天生的，因为有许多民族的人们就没有上帝的观念，上帝的观念只不过是人们对于自然事物运动的第一原因的一种推理的结论。

因而，洛克认为："在理性和知识方面所有的一切材料，都是从哪里来的呢？我可以一句话答复说，它们都是从'经验'来的，我们的一切知识都是建立在经验上的，而且最后是导源于经验的。""凡在理智之中的，无不先在感觉之中。"[①]意义生成于经验活动，经验活动又分为感觉与反省。感觉是一种外在经验，它以外物为对象，是感官对外界物象刺激的感受，人们对于颜色、冷热、软硬、酸辣等观念都来自感觉。反省是一种内在经验，它是以心灵为对象，对某种心理活动的注意而获得的知觉、思维、怀疑、信仰、推理、认知、意愿、情感等观念。

---

① 洛克.人类理解论[M].关文运，译.北京：商务印书馆，1959：68.

感觉观念在先，反省观念在后，而通过感觉和反省得到的只是一些"简单观念"，这些观念是心灵被动接受的，既不能制造，也不能毁灭，如一个物体的颜色、形状、气味等，当人们遇到时不能不看到、闻到，并在心中产生观念。除了"简单观念"外，还有对简单观念组合、比较和抽象得出一些"复杂观念"，是由人的心灵随意生成的。它们可以分为"样式""实体""关系"三类："样式"观念有的由同一种简单观念集合而成，如"长""宽""黑""白"等观念；也有的由不同的简单观念混合而成，如"美"由形状与颜色组合而成，"偷窃"由"物主""所有权""转移"等观念组合而成。"实体"观念有简单的实体的观念，如"牛""羊"；也有集合的实体观念，如羊群、群众等。"关系"观念，是对简单观念加以对照与联系，如"夫妻""大小""多少"等。

洛克把物体中被生成的观念称为"性质"，并认为有三种性质。第一性质，不能与物体相分离的性质，如体积、样子、数量等；第二性质，与物体有关，但不是物体本身所具有的，如色、香、味等；第三性质，是物体功能，如草药治病的能力，蜡烛照明的能力等。

洛克对意义进行了多层面的划分，也对意义的生成给出了不同层面的标准。洛克还把实体分为"物质实体"与"精神实体"，来自感觉所依托的基质叫作物质实体，来自反省所依托的基质叫作精神实体，他认为这两种实体都是主观心灵任意构造出来的复杂观念，这表明他否定实体本质的可知性。

这样，洛克既承认基于物体第一性质的物质实体的存在，又承认基于反省而获得的思维、意愿等精神实体的存在，又回到笛卡儿的二元对立的老路上，违背了经验论的原则，否定了意义生成的物体特征与心灵合作的结论。洛克把真理分成两类：口头的真理和实在的真理。"我们如果只知道各种名词所表示的观念是契合的或相违的，却不管那些观念在自然中是否有实在的存在，则由这些名词所组成的真理，只是口头的真理。如果我们的观念是相契合的，而且它们在自然中又有实在的存在，则由这些标记所组成的真理是实在的真理。"① 而根据他所认为的物体不知论，实在的真理是不存在的。

第三节　后期生成论

苏格兰哲学家大卫·休谟坚守着经验论的基本原则，"凡在理智中的，无不先在感觉之中"，把感觉经验作为意义生成的前提和基础。"思想中的一切材料都是由外部的或内部的感觉来的。人心和意志所能为力的，只是把它们加以混合和配列罢了。"② 他认定"我们的观念超不出我们的经验""存在就是被感知"的观点，对"实体"进行了怀疑，他把感觉中获得的知识分为两类：印象与观念。他认为人们关于实体的观念如果不是从感觉印象获得，就是从反省印象中获得，但从感觉获得的颜色、声音、味道等，不能等同于实体本身，并且从反省中获得的情感和情绪等也不是实体。因而，他认为人们经验的只是印象与观念本身，而不是外物的经验，所以不能肯定外物的存在，也不能否定它们的存在，只能说对它们无人知晓。

休谟也认为"自我"是不可知的，他的理由是，人们在内心反省到的只是内在印象片段，而不是一个完整的独立存在的"自我"，"自我"只能体会到自己的知觉，我的知觉在一些情况下，如睡眠时，我觉察不到自己，因而可以说，对于外物与"自我"的观念不过是心灵对一些感觉和反省印象进行综合的结果，是人的主观上的虚构。

意义生成中常常要借用因果联系，由因人们会联想到果，由果又让人

---

① 洛克.人类理解论［M］.关文运，译.北京：商务印书馆，1959：570.
② 休谟.人类理解研究［M］.关文远，译.北京：商务印书馆，1957：21.

联想到因，但休谟解构了因果关系。他认为因果联系的基础并不是理性，而是人们的经验。人们常常理解的因果联系，实际上只是事物间一种接近或接续关系。人们看到"太阳晒"，又感觉到"石头热"，就把两种现象强加因果联系，但人们没有在"太阳晒"中看到原因，也没有在"石头热"中看到结果，把它们理解成因果关系，但是永远也看不到它们之间有任何纽带。

休谟认为，因果关系的实质是事物的恒常会合，造成人们在心灵的习惯性联想或推断。如太阳天天东升西落，就认为太阳围绕着地球转；再如人们发现荒岛上有一块手表，就认定有人来过岛上。而科学的实验也是这样观察到事物间的恒常会合，而推断结论，但这只是一种假设，不具有"必然性"。对因果关系的解构为意义的生成做了提醒，告诫人们借用因果关系所做的生成，有时是假的。休谟认为人们对外物绝对无知，而只能体验到自己的经验，休谟的怀疑论石破天惊，引发了哲学认识论以及意义生成理论的地震，对外物做如此的怀疑就指引着后来人对意义生成的源头进行追问，也催生出康德的"物自体"和现象学的"现象"。

康德认为事物有两个世界：一是事物本身，即"物自体"，属于超验世界，是人无法认识的；二是现象界，是物自体通过人呈现出来的"样子"，现象界是人可以认识的，但现象却不是事物本身，而是物自体与人合作的产物——只有符合人的认识范式才能显现出来的现象。人只能认识通过人显现出来的现象，即人成了认识的中心。不是认识主体围着被认识对象转，而是认识对象必须符合认识主体的"认知条件"，即感性时空范畴和知性的十二个范畴，它才能显现出来，成为人可以认识的对象，那些没法通过人显现出来的物自体，人是无法认识的。康德认为参与建构现象的理性在每个理性存在者那里是普遍同一的，因此以研究现象界内在规律为目的的科学知识才是普遍有效的。这就为科学研究提供了合法基础。

到了尼采时代，生成论的思想发生了颠覆性变化。尼采以前的哲学认为世界是个有秩序的宇宙，而尼采认为世界没有形式，它是混沌的。人类为了活下去，赋予生存以形式，并添加了意义与目的，人的世界观只是一些虚构，为的是给人类的生存以安定感。

尼采提出著名论断"上帝死了"，在他看来，基督教是"大众的柏拉图主义"。因为基督教认为感性的、尘世的东西是根据理念或上帝来理解的，尘世的东西被贬低为不真实的、虚假的东西。尼采认为："尘世中没有什么永恒的或基础性东西：只有运动、时间、生成，'此外无他'。"①尼采也提出万物永世轮回说，认为万物在一个无穷循环中重复着自己，他更大的发现是从主体性生成转向意义生成。世界原是混沌的状态，人类为了生存，就赋予世界以一定秩序和意义。所以这个世界本身就是人类的生成物，人类所见到现象就是生成的意义。原先哲学认为本质、规律都是人类自己的创造，原来世界只是一个混沌的存在。

尼采为人类解开了生成的实质，意义不等于外在世界，它们只是人类创造出来的对外在世界的认识。意义的生成，是指人们根据自己的认知能力与已有经验，对外界事物进行认知与理解的过程。当我们面对某个事物时，通过观察、感受、联想、辨别、推论等方式，从事物中提取出它们的特征和信息，并联系先前的知识和经验，在内心加工出事物的意义。

---

① 转引自［挪］希尔贝克，伊耶.西方哲学史［M］.童世骏，刘进，郁振化，译.上海：上海译文出版社，2012：570.

第八章 意义生成的实质

第一节 意义生成的基础

"一千个读者眼中,有一千个哈姆雷特。"文本有无限的意义,每个人面对同样的文本以及形象,会产生各自不同的理解。这句话也暗示着一个读者心中,就只有一个哈姆雷特。而事实上,一个人在不同的人生阶段对于哈姆雷特有着不同的理解。

一个朋友说,他小时候读《水浒传》,觉得林冲很懦弱、窝囊,有人欺负他的老婆,他不敢挺身站出来与此人决斗。成人后再读《水浒传》,对林冲有新的认识。林冲在当时的处境,他的行为冷静且理性。因为他是八十万禁军教头,他的顶头上司是高太尉,他不能轻易与高太尉翻脸,否则会为他的前途以及他整个家族引来杀身之祸。在这种情况下,他只能选择隐忍,而不能像鲁智深那样该出手时就出手。

人在小时候感性思维较多,看待事情多凭直觉;而成人后理性思维较多,看待事情会从多个角度来权衡利弊,在阅读人物时能从整体来理解。弗吉尼亚·伍尔夫也曾说,她在少年时读《哈姆雷特》,后来又多次阅读,常读常新。"一千个读者眼中,有一千个哈姆雷特"说明了读者个体之间的阅读差异，而伍尔夫的阅读经验说明同一读者不同人生阶段的阅读的差异，前者属于空间上的差异，后者属于时间上的差异。

  南宋词人蒋捷的词句说："少年听雨歌楼上，红烛昏罗帐。壮年听雨客舟中，江阔云低、断雁叫西风。而今听雨僧庐下，鬓已星星也。悲欢离合总无情，一任阶前、点滴到天明。"少年时，词人爱在歌楼聚会欢闹；壮年时，词人忙于生计，四处漂泊；而老年，词人退隐寺庙，看破人生，悲喜无关紧要。人生的不同阶段，生活状态不同，对人事获取的信息不同，对于事物理解当然就不同。这样就导致"一千个读者眼中，有一千个哈姆雷特"，也导致一个读者对哈姆雷特常读常新。

  清代文学家张潮说："少年读书，如隙中窥月；中年读书，如庭中望月；老年读书，如台上玩月。皆因阅历之浅深，为所得之浅深耳。"人的阅历深浅决定阅读理解的深浅。这种阅历，形成人认识事物的"先在结构"。阅历不断丰富，先在结构不断扩大。先在结构是认识与理解事物的基础，先在结构增大，人的阅读能力不断提高。

  但是，一个人先在结构丰富，是不是说他对事情的理解就准确？面对国家政治与经济的现状，要不要实现变法改革，王安石与司马光的理解完全不同。他们都深谙历史，但一人主张变法，一人坚决反对。先在结构决定着理解的深浅程度，但并不能决定理解的对错。

  "先在结构"来自人的生活体验与学习，被火烫了后就知道火不能靠近，看到汽车冲过来就知道会撞伤人，去电影院走哪条路，去电影院先坐公交再坐地铁最后步行，等等。"先在结构"以知识与思维程序的形式存在着，如，苏轼是四川眉山人，阅读"床前明月光，疑是地上霜"时，先理解喻体"霜"的特征，再根据相应的特征来理解"月光"的特征及内含的诗人的情感。

  "黄金有价药无价"，二者的价格是客观存在的吗？应该不是，对于沙漠中需要水的人，黄金再有价也无用。对于身体健康的人，药品再无价，也是一堆废物。"先在结构"只在人的脑海中，以主观形式存在着。那么，老子的"有无相生，长短相较"思想，为什么能脱离老子而传到相距几千年的今天呢？因为老子的思想以文字的形式表达出来，也借文字保存，文字跨越千年不断传承。那么老子的思想在文字里吗？在，也不在，文字激活阅读者头脑中的认知世界，阅读者在自己的认知世界中，组合这些文字的意义，"有""无""相""生""长""短""相""较"，形成一串意义群，整合起来就是这八个字的意义，也就是老子所要表达的意思了。那么，阅读者组织出来的意义是老子的意义吗？是，也不完全是。或者说，完全不是，因为我们根本就不知道老子是什么意思，只能说老子借用了这八个字，可能想表达这个意思。

"先在结构"源于现实世界，形成后就以主观形式存在，自成一个大脑中的认知世界，人就是依赖这个大脑中的认知世界来理解文本的。如阅读《红楼梦》一书，我们就不需要参观贾府，也不需要看到贾府中的人物，通过文字对我们大脑中的认知世界的激活，就可以想象书中的人物形象，把故事情节加工出来。

"先在结构"是个庞大的世界，阅历丰富的人，读书丰富的人，他的世界更加庞大。阅读理解的成效完全取决于人的大脑中的认知世界，这个大脑中的认知世界就是"先在结构"，它以参考标准的模型左右着我们对事物的理解，提高人的阅读能力也就是扩大他的大脑中的认知世界。鲁迅在《集外集拾遗》中评点《红楼梦》时写道："经学家看见《易》，道学家看到淫，才子看到缠绵，流言家看见宫闱秘事"。经学家，一帮皓首穷经的儒家学者，他们探求经典所包含的天地人伦之道，他们一定看到了贾雨村向冷子兴说的一番阴阳大道理："大仁者，修治天下；大恶者，扰乱天下。""恰恰也是阴阳易学的理论。"道学家信仰"存天理灭人欲"理念，宣扬孔孟的忠孝等礼教，对于男女相悦、私订终身的现象极力反对。

当然，认知世界丰富的人，不一定能准确地理解事物。"纸上谈兵"

的赵括读书很多，认知世界很丰富，但是他在战场上死死依靠认知世界中某些知识而导致失败。三国时的马谡也是如此。所以，理解事物还要看一个人调用大脑中认知世界的能力。

"一千个读者眼中，有一千个哈姆雷特"，也让我们生发出一个思考，一千个读者眼中，产生一千个哈姆雷特，而并没有产生一千个奥菲利亚。不同读者会有自己理解的哈姆雷特，但是不会把哈姆雷特理解成其他人。这说明对事物的理解必须立足于事物本身。蒋捷在不同的人生阶段对听雨有不同理解，但他没有把听雨理解成听雪；伍尔夫读《哈姆雷特》常读常新，但她不会把哈姆雷特读成奥菲利亚。

一个人的"先在结构"会引导他理解出不同的哈姆雷特，但哈姆雷特的形象特征限定着理解的意义域，不同的形象就是一个意义域，自有边界，不会走串角色，与其他形象混同。哈姆雷特形象是个集合，集合中有无数意义，但这些以哈姆雷特为核心原型，统管着一个意义家族，不同的人产生的意义是这个家族中的成员，这些成员均是相似者，但有所不同。而奥菲利亚组织着另一个家族，以她的原型意义形成了自己的家族。

不过，听雨与阅读不同，赏月与阅读不同。听雨、赏月中，听与赏的对象是具体的物，是物质性存在。文字是象征性的符号，它不是认识的目的，而是认识的工具，通过它认识其他事物。《坛经》中记载，无尽藏尼对六祖慧能说："我研读《涅槃经》多年，却仍有许多不解之处，希望能得到指教。"慧能对他说："我不识字，请你把经读给我听，这样我或许可以帮你解决一些问题。"无尽藏尼笑道："你连字都不识，怎谈得上解释经典呢？"慧能对他说："真理是与文字无关的，真理好像天上的月亮，而文字只是指月的手指，手指可以指出明月所在，但手指并不就是明月，看月也不一定必须透过手指，不是这样吗？""真理好比月亮，并不是指月的手指。"这个故事明确地解释了阅读与赏月的区别，阅读能通过文字这个手指看到月这个真理，而赏月不需要中介直接看到真理。阅读时，人们必须透过文字呈现的像，这样人们要经历两次阅读，一次对文字的阅读，一次对文字呈现的像的阅读。文字的特征决定着人们的理解，文字呈现的像也决定着人们的理解。

文字是个符号，它有自己的符号性结构；意象也是个符号，它也有自己的符号性结构。文字呈现出来的意象不是真实世界中的现象，当人们读到"举头望明月"时，想象出来的"明月"形象不同于现实世界中人们仰望的那个真实的月亮，前一个"明月"是人的认知世界中的印象，后一个是人们当下加工出来的现象。文本是个"召唤结构"，它激活阅读者头脑中的认知世界，呈现无数的意象，从而生发出意义。文字的结构方式，与意象的结构方式是引导人们产生意义的关键、理解文本的途径。

因此，阅读文本与其说是像赏月，不如说更像佛家所说的"因指见月"，文本如"指"，更准确地说文字与意象是"指"，发挥了登岸之筏的引渡功能，承载读者抵达意义彼岸。而不管有多少次登岸，都必须乘坐此筏。没有此筏，人们并不能完成此次渡河的任务，但驾驭此次航行的是人的"先在结构"。

第二节　意义生成的中介

我们要感谢我们的心灵，它让我们可以与外在事物进行有效的沟通，它让我们能很好地活在一个陌生的世界中。它识别出感官送来的信息，并把这些信息组织成各种各样的知识，我们靠着这些知识地图在现实世界中快乐地生活。

我们的心灵靠着自己独特的方式处理外在事物和事件，它的处理方式有两种：一是向上思考归类打包，做简单处理；二是向下思考切割成段，做复杂处理。依靠这样的处理，在我们有形的现实世界中，就多了一个无形的意义世界。

现实的世界中万物众多，为了便于记忆与交流，我们把有着相似特征的事物或事件进行归类，把这些相似特征的事物或事件归在一起，组成一个群，进行打包，然后给它们贴上一个标签，赋予一个概念。在现实世界中，我们看到一朵梅花，一株小草，一只猫，一场秋雨，一场冬雪，一阵歌声，一片溪流等，一个无边无际的世界，一片无穷无尽的事物，我们不能给每个事物或事件命名，我们的心灵把一个完整的混沌的世界归类，给能感知的事物或事件赋予一个个概念，我们的心灵能给众多的事物或事件进行打包。

人类本身也被心灵进行归类打包，我们的世界被分为白人、黑人、黄种人，工人、农民、知识分子，春花、秋月、细雨、长空，等等。这样就简化了大量的信息，便于我们识别与交流。如果没有这些包裹，我们就读不懂"处处闻啼鸟""路漫漫其修远兮"的意义。

但是，我们总希望包裹打得越大越好，但是包裹越大离每个真实的人越远，当我们说白人、黑人、黄种人时，我们不知道说的是谁，只能感受着不知道从什么地方听来的每个名词的含义。打包后，一些事物或事件从混沌的整体世界中分离出来，就被心灵贴上标签，也脱离了原先的事物或事件。包裹越大，抽象的级别越高，事物或事件的特征共同性就越少。

心灵这种独特的能力，让我们对心灵顶礼膜拜，相信心灵处理的信息都是正确的，让我们相信概念就等于事物本身。当我们想到"春雨""秋风""蛇"，我们没有怀疑想的那些意义是不是它们本身。

英国人类学家阿什利·蒙塔古认为，"种族"概念是一个荒谬的神话，人类最危险的神话。这就揭示了心灵创造的概念，不是事物本身。

心灵另一个功能是在时空上把一个混沌的整体世界切分为无数片段。心灵创造出秒、分、小时、天、周、季、年、世纪，把流动的事件划分为无数离散的个体；也创造出纳米、毫米、厘米、分米、米、千米、光年，来度量我们周围的空间；也创造出真理、忧郁、幸福，来代表一些看不见的规律以及我们的内心的感受。如果要问时间在哪里，真理是什么，幸福何在，我们无从找寻，实际上这些都在我们的心灵中。

　　心灵创造的这些无数的概念，组成一个无边的知识网格，我们就用这些网格来给混沌的世界归类、分离，这样可以更好地生活。如果擦除这些网格，世界还是那个混沌的、整体的、流变的世界。

　　真想知道世界本身是什么样子，就要擦除这些网格。心灵只是一台仪器，它创造出来的东西——知识产品只是心灵中的概念，而不是事物本身。

第三节　意义生成的条件

一、原初意义生成的条件

　　物理学上对颜色的概念有这样一个科学结论："桌子上放着一个柚子。我们从来没有'看'到柚子。我们看到的是柚子表面反射的光线。反射的光线约六千埃，我们很自然（但不准确）地将其称作光谱中的黄色部分。""光谱中的光线只有不同的波长。颜色是由活着生物的心智所创造出来的，当辐射的各种波长抵达视网膜上的视锥细胞，它们又沿着神经通路，把电子消息传导到大脑中的视觉皮层。只有在那里，大脑才会将不同的波长转换成各种颜色的感受。因此，颜色是大脑的创造。"[1]

　　这个科学结论对我们理解颜色这一概念的生成过程与条件很有启发。颜色本不是客观存在的事物，是人的心灵的产物，因而可以说，颜色不在外物中，而存在于人的心灵。颜色生成需要下列条件："（1）反射光的波

---

[1] 克里斯蒂安. 像哲学家一样思考[M]. 赫忠慧，译. 北京：北京大学出版社，2015：105.

长；（2）光照条件及身体两个方面；（3）视网膜的三种色彩视锥细胞，它们分别吸收长、中、短三种波长的光；（4）这些视锥细胞联结到的复杂神经元回路。"①

我们能够体验到外物的颜色：第一，取决于外物反射光的波长的特性，外物表面的物理特征不同，它们对光的波长吸收与反射能力就不同，反射给身体器官的波长也不同，所以我们能看到绿叶红花的不同色彩；第二，取决于外在环境施加的光照情况，晴天与阴天，或是黎明与黄昏，我们所见到的青山的色彩是不同的，因为不同天气不同时段光照波长不同；第三，取决于视网膜的视锥细胞吸收光的能力，以及大脑神经元处理电信号的能力。

外物反射波长传输到大脑，我们产生了色彩的体验，但还没有产生色彩的概念。色彩概念的形成，还需要对色彩进行分类与语词表达。

可是，不同的语言所产生的基本色彩的词各不相同，如"英语中正好都有这十一个基本色彩词，但有的语言不全有，有的甚至只有两个颜色词：黑与白""在新几内亚达利族中，只使用两个颜色词：mili和mola，前者表示黑色和冷色（黑、绿、蓝），后者表示白色和暖色（白、红、黄、橙、粉红、紫）。"②

不同语言颜色词的数量虽然不同，但对颜色的分类有着共同的特点：（1）在所有语言里都有表示"黑色"和"白色"的词；（2）语言中如果有表示第三个颜色的词一定是"红色"；（3）语言中如果有表示第四个颜色的词，它不是"黄色"，就是"绿色"，或者是"蓝色"，但这三种颜色词不会同时出现。

颜色词相同是因为人类的身体器官与大脑处理信息的能力大致相似，

---

① 莱考夫，约翰逊.肉身哲学：亲身心智及其向西方思想的挑战[M].李葆嘉，等译.北京：世界图书出版公司，2018：22.
② 王寅.语义理论与语言教学[M].上海：上海外语教育出版社，2014：106.

颜色词语的数量不同只是缘于各民族的文化背景不同。各民族所处的地理位置不同、生活习惯不同，创作的词语当然各不相同。在生活中没有出现事物与行为活动就不会创造相关的词，如吃生食的民族就不用煎、炒、炸、煮等词语。同样，在生活中不需要分辨鲜明亮丽的色泽，就不会创造丰富的色彩词语。

当然，在生活中存在的事物与行为活动，就会促成人们创造出相关的词语，新几内亚达利族之所以有"黑"与"白"两个颜色词是因为他们有着白天与黑夜的经验。在生活中存在或不存在的生命体验就形成了人对意义生成的背景，就是背景知识。

直接从外物中生成的意义，我们叫作原初意义。用某个语词标识了外物的颜色，就是生成了颜色这一意义，意义本是一种分类，生成了颜色意义就是对某种颜色进行的分类。

颜色的原初意义生成有四类条件：一是外物吸收与反射波长的特征，即外物特征；二是外在环境施加给外物的光照情况，即施加条件；三是身体器官与大脑接收与处理信息的能力，即自身能力；四是文化背景与生存环境带给人的体验倾向，即心智背景。身体器官与大脑处理信息的能力，在人类中大致相似，可以看作是个恒量，为了有分析意义生成的特征，我们就悬置第三个自身能力的条件。这样，在考察颜色原初意义生成的条件时，我们就关注其他三个变量：外物特征、施加条件、心智背景。

二、符号意义生成的条件

颜色的原初意义生成后，人类在颜色的原初意义上，又施加了更多的意义。如中国人看到红色就想到喜庆、吉祥、幸福、胜利、好运、热情。在生活中总爱用红色来点缀气氛：新婚穿红衣，贴红喜字；春节时，贴红对联；行业开张，挂红灯笼。红的色彩已不仅是颜色的一个种类，还有着丰富的情感、意愿、思想内容。

但是在西方，人们认为红色象征着流血、暴力、灾祸、警告、恐怖、愤怒、困境等。在红色的意义生成中，对红色感知时的外物特征、施加条件中西方相似，而民族历史、道德信仰、地域风情等形成的心智背景有着明显的差异。

这类对颜色施加的意义不同于它的原初意义，但又没有脱离原初意义。由这个原初意义而生成的间接意义，我们叫作颜色的符号意义。颜色的符号意义与原初意义生成一样，必然源于红色的外物特征，此物只能产生红色的颜色；红色的施加条件，要在能产生红色的光照条件下；需要有心智背景，才能生成红色的意义。但是心智背景在红色的意义生成中起着关键作用，文化背景中有喜爱红色的倾向就生成喜庆、吉祥等意义，而文化背景中有着厌恶红色的倾向就生成残暴、灾祸等意义。各民族的民族历史、道德信仰、地域风情等复杂丰富，因而所生成红色的意义也复杂丰富。

红色的意义有着稳定性与差异性，也有着丰富性与融合性。在中国，红色象征着喜庆、吉祥、幸福、胜利、好运、热情，而黄色象征着尊贵、庄严、权势，与红色不可混同。在西方，除红色的意义差异外，黄色象征着腐败堕落、卑怯、懦弱、病态。

在中西方，黄色除了上述意义外，都有着低级趣味、腐败没落、庸俗不堪的意义，如黄色书刊、黄色影像，意义丰富之中，不同意义共同叠加融合在一起。之所以有融合性是因为人类活动复杂丰富带来体验的复杂丰富。

在符号意义中，红色似乎脱离了外物的存在，变成一个抽象的符号象征。无论是红布、红纸、红鞋、红丝带、红房子，物的本身显得并不重要，重要的是红的颜色所寄寓的意义。红色已被符号化，红色就是某种意义的化身。

但是红色的意义不在红色的图形色彩本身，而在人的心智中。认知背景存在于每个人的心里，它们或是最初的生命体验，或是积累的生活经验，或是群体共同承袭的集体无意识等。

在生活中，符号意义处处存在，举例如下：

"他走进房子,发现保险柜的门是开着的,他尖叫了起来。"

"他"之所以发出尖叫,是因为"他"对"保险柜"有一定的生活体验与经验,"保险柜"是用来装贵重物品的器具,比如说金钱、首饰、机密文件等,"门开着"说明里面的东西有可能丢失。"门开着"被他理解为贵重东西的丢失,"尖叫"是由他的理解做出的行为反应。

当我们听到他的尖叫时,需要有些关于保险柜的背景知识,读到这个句子,我们同样需要激活关于保险柜的一些背景知识,这样才能理解这个句子,明白"他"为什么会"尖叫"。

关于保险柜的知识,是"他"理解"门开着"的背景知识,也是我们理解"他"尖叫的背景知识。在认知语言学中,把理解文本的背景知识叫作认知世界。王寅教授把认知世界理解为"人们在体验的基础上经过认知加工形成的各种知识,内化储存于人们的心智之中,它既可以是人们早已获得的共享知识,也可以是在当下语言交际中刚刚建立起来的知识"。[①]生活中的众多事物因它们的特征和用途被人们赋予意义,长期下来意义得以固化,形成文化知识,逐步作为人们的背景知识,成为人们理解事物的前提。

三、语言意义生成的条件

与图形色彩一样,语词(语音与文字)纯粹是一种符号。每个语词都是图形与意义的统一体,它们的意义不是自身,而在人的心智中。

它们的意义生成也遵循着三个条件:外物的特征、施加条件以及背景知识。例如,"大"字,字形就是它的特征,它是"大"字,而不是"小"字。它象征着一个张开手脚顶天立地的人的样子,相对人的周围外物,人是大的,超过它们,因而大的意义与人、人事有关,表示"对人尊称(大人、大夫),超过一般(少有大志),重要、重大(大事、大计),规模大(大会宾客)……"人类活动的复杂丰富也带来"大"字意

---

① 王寅.认知语言学[M].上海:上海外语教育出版社,2007:360.

义的复杂丰富。

"大"的意义有着稳定性与差异性,也有着丰富性与融合性。相对"小"等其他词语意义,"大"的意义较稳定。"大"字就是一个集合,包含着众多意义。

在意义生成的外物特征上,词语"大"体现在形状上,"大"字的字形激活了阅读者头脑中的意义。

对"大"的意义积累不同而形成不同心智背景的人,对"大"的理解完全不同。

在语句中,每个语词所包含的丰富意义不是同时共在,而是在句子的语境中只呈现其某一意义。这一意义与其他的语词的某一意义共同组合,形成一个意义融合体。符号意义只是语词意义的集合,不同于语词的符号意义,符号意义只是语词意义的一种预测。

例如,"大漠孤烟直,长河落日圆","大"呈现出"广大"的意义,与"漠"的意义融合,形成一个"广大无边的沙漠"的景象。再加上"孤烟直",笔直的一缕荒烟,融合成一幅广大无边的沙漠中一缕荒烟笔直地升起的画面,让人感到大漠无边空寂、悠远荒僻。

语句意义生成的外物特征体现在语词的组合与搭配上,如果改成"沙漠孤烟直,黄河落日圆",所能生成的意义完全不同,没有了沙漠的广大与黄河的悠长之感。如果改成"大漠直烟孤,长河圆日落",所能生成的意义也完全不同,更突出了荒烟的孤独与太阳坠落的动态。

在读这个句子时,见过无边的大漠与没有见过、见过九曲黄河与没有见过的人所能生成的意义也会完全不同。见过大漠的人,会生成绝对宁静与生命渺小之感;见过九曲黄河的人,会感到黄河的绵延不绝与生命的悲壮。意义的生成离不开心智背景的参与。

对语句、语篇融合意义的解读,以及语词在语境中意义的解读,是文本解读的主要任务。

意义生成需要哪些条件？一是事物的特征决定着意义生成的内容，红花不会是绿叶，牡丹不可能是菊花，林黛玉不可能是薛宝钗；二是意义生成必须要有背景知识支撑；三是外在世界的辅助条件决定着意义生成的内容，如夜晚看室外的树，与白天看它们，结果不一样，默读一篇文章与听朗读的文章得到的意义不一样。

事物特征是意义生成的基础，没有看到事物，或者没有看到事物的特征，无法生成意义。背景知识是意义生成的重要条件，没有背景知识，我们看到的世界都是一片混沌。外在世界带来的信息方式也会影响意义的生成。总的来说，意义是以物为基础，人、物、事共同合作的结果。

第四节　意义生成的初级形态

面对杂多的事物，人们不能一一记忆，需要赋予它们以标签，也需要对它们进行归类，从而记得它们的共有特征，这样的思维过程叫作范畴化。范畴化，指对杂乱无章的事物通过分析、归纳、归类等方式赋予事物共同性特征，从众多事物中概括出某种规则。范畴化的作用是给混沌的世界建立秩序，赋予事物内在的结构关系，从而减轻人的认知负担。

认知语言学认为人们首先通过感知认识事物，产生了对事物的体验，然后将体验转化为范畴。这个过程叫作范畴化，范畴化就是把通过体验获得的概念用语言形式表达出来的认识过程，或者说是用语言形式把体验变成概念的过程。

范畴化与概念化紧密相连，范畴化是对杂多事物归类的思维过程，而概念化是范畴化的结果，以概念把范畴化的结果进行命名，也是对事物认识的结果。

如前所述，外物反射波长传输到大脑，我们产生了色彩的体验，形成色彩的图像，但还没有产生色彩的概念。要形成色彩的概念，还需要有一个人脑对色彩进行分类与用语词表达的环节。

在生活中有这样一种现象，我们看到一只苍蝇落在天花板上，就说："天花板上有只苍蝇。"看到一只苍蝇落在房间的墙壁上，也会说："墙上有只苍蝇。"如果我们仔细思考一下，在空间位置上，苍蝇本来是在天花板下面，在墙壁旁边。我们认定它在天花板上和在墙壁上，是我们人的投射，把那只苍蝇当作我们自身，它用脚粘着天花板或墙壁，就相当于人用脚站立在大地上。所以，我们都认为它是在天花板上或墙壁上。"上"这个概念是人的一种体验，概念本不存在，它只是源于人的生命体验。

下面我们就概念的意义，即概念与外在事物之间的关系作一探讨。

有思想家认为一个概念的意义就是它所指的对象，例如，人们说的"马""牛"就是指现实存在着的马、牛这些真实事物。持有这类观点的哲学家有古希腊的柏拉图、亚里士多德，以及近代、当代英国哲学家穆勒、维特根斯坦、罗素等。罗素说："一个词的意义就是一个对象，即一个词意指着某客体，也就代表着一个客体。"[①]他的"意义即指称"的观点就是指称论的最好注解，事物的意义就是它所指的对象，而对象有时在生活中真实存在，如"马""牛"等，而有时在生活中却并不存在，如"独角兽""金山"等，这类词语的意义是人们在大脑中的想象物。根据词语与意义有没有联系，出现了两派观点：唯名论与唯实论。唯名论认为词语与所指的事物之间没有什么内在联系，只是约定俗成的结果；唯实论认为词语是人们依据外部事物特征或本质而创造的。无论唯名论还是唯实论都认为"意义即指称"在生活中普遍存在，如大人指着某个事物，让孩子说出它的名称，写出它的词语，让孩子感受说出的概念就是眼前的具体的事物。

但我们仔细想想，一个概念所指称的对象并不是某个具体的事物，而

---

① 王寅.语义理论与语言教学［M］.上海：上海外语教育出版社，2014：33.

是某类事物的一个集合，如"种子"，指所有植物的种子；一个概念的意义与所指的对象不是同等的，如一个人手中拿着一本"书"，就不能理解为他拿着"书的意义"，说"铁匠"死了，是说"铁匠"这个词的指称对象死了，而不能说意义死了；一些形容词、动词、介词、连词等很难找到所指的对象；有些名词，如"灵魂""龙"也很难找到所指的对象；一个词语可能有多个对象，多个词语也可能指称同一对象，如向日葵、土豆就有多个词语来指说它们。

如此说来，概念的意义就是所指对象，存在着很多问题，这是静止地、孤立地、机械地分析概念的意义。对此，有哲学家提出观念论的观点。

概念只是个包，是个变量，一个句子是数个变量之间的结构上的关系，听者或读者要向变量里赋值，也就是填充内容。例如：

"我找你们校长。"

"他回家了。"

"他回家了。"相当于A+B+C+D，A是"他"，需要对方向里填充内容，如果是熟人，他会自动把校长形象填充进来；如果是陌生人，他无法填充校长的形象，也不需要填充校长的形象。B是"回"，C是"家"，D是"了"，同样如此。

"他回家了。"对方只要理解了四个字的关系，他现在不在这里，就明白说话人的意图，达到交流的目的，而不需要弄明白他是怎么回家的，他长什么样子。

"海上生明月，天涯共此时。"我们在读到这句话时，不需要把海上具体的情景加以还原，也无法还原。

德国哲学家弗雷格，以及英国语言学家奥格登、理查兹提出"观念论"，他们认为语言的意义不在于所指的对象，而主要在于人们头脑中的观念。弗雷格认为一个语符（包括语音和书写）有"涵义"与"指称义",语言的意义不仅在于外部世界被指称的对象,而且主要在于人们头脑中的观念,它是指称义的基础,是词语与外物相联系的中间环节,也代表着词句所表达的思想或内容,这是基本的意义。

语言学家格吕克斯贝格和丹科斯说:"任何已知词语潜在意义的集合,就是当一个人听到或加工一个词时可能产生出的情感、意象、观念、概念、思想和推理的集合。"[①]观念意义是个心理中介,它把语言与所指对象连接起来。这样说来,词句的意义不在于符号本身,也不仅在于所指的对象,而主要在于人们大脑中的观念。

这样就可以解释不同词语可以用来表达同一事物的现象,如"马铃薯"和"土豆"指着共同的对象;也可以解释有的词语有意义,而没有明确的实在的所指。

但是,这一观点也存在着无法解答的问题:一是"观念"本身是一个虚空的没有真实形体的东西,怎么靠它确定意义呢?如"鸣叫"一词,人们会想到"马的鸣叫""蛙的鸣叫""蝉的鸣叫""汽笛的鸣叫"等,究竟哪个观念是"鸣叫"的意义?二是人们在接受一个概念时,不一定能在头脑中想象出它的观念,却能完成指令动作。

认知语义观认为语言的意义不仅是一种心理现象,存在于人们头脑之中,而且更主要地是一种基于身体经验的心理现象,源于人与客观世界互动的认知。也就是说意义来源于现实与心理,现实是心理的物质基础,心理是对现实的心理加工。

认知语义观有一句口号是"意义在头脑里"。他们认为意义就是概念,而概念是通过身体、大脑和对世界的体验而形成的,并且只有通过它们才能被理解。人们在自身与世界的互动体验中形成意义,然后用语言留驻与呈现,在语言与现实之间存在认知的中间加工环节。人们基于自己的

---

① 王寅.语义理论与语言教学[M].上海:上海外语教育出版社,2014:36.

身体构造而用特殊的、一贯的方法来感知事物、人、空间、时间，以及它们之间的相互关系，从而形成思维、知识和语言。

因而，我们的意义观与意义生成过程的思考就以认知语义论为基础。意义不是概念化的过程和结果，与人们体验感知、认知途径、识解方式、心智框架等密切相关。而概念的形成主要以范畴化为基础，范畴就是认知主体对外界事物属性所作的主观概括，是对事物所作的归类。

第五节　意义生成的中级形态

从词源角度来看，"知识"的"知"，从矢从口，"矢"指"射箭"，"口"指"说话"。"矢"与"口"联合起来表示"说话像射箭"，说话要有力，并且要能切中靶心，本义就是指话要说准确，表明"知"的准确性，"不知"或"未知"就是指话没有说准，就好像射箭没有击中靶心。

"知识"的"识"，繁体写作"識"字，"从言从戠，戠亦声。""戠"字"从音从戈"，本指古代军队的方阵操练。"音"指教官口令声（包括号令军阵进退的鼓声、军人的喊杀声），"戈"指参加操演军人的武器。随着教官指令，持戈的兵士能够整体前进或后退、左移或右移，"识（識）"的本义指能够辨别、知道教官的口令，从而引申为区别、辨别。

"知""识"合起来，可以解释为清晰辨别、明确表达。

百度百科定义"知识"为"人类对物质世界以及精神世界探索的结果总和，包括经验知识与理论知识"。这个定义说明知识的来源是物质世界与精神世界，知识的形成主体是人类，实质是物质世界与精神世界的规则。

知识产生于它的实用，培根说："知识就是力量。"知识能让人类获得创造新物质的力量。知识的力量体现在从一个人的认识的提升，到行动上的转变。《未来简史》一书认为知识存在着悖论：知识如果不能改变行为，就没有用处；但是知识一旦改变了行为，知识本身就立刻失去意义。这个矛盾，很容易统一起来，知识当然要改变行为，但知识改变了行为后，原先的知识作为基础，在人的行为实践中将产生新的知识，原知识消亡，接下来是新知识的诞生。

柏拉图认为知识必须满足三个条件：被验证过的；正确的；被人们相信的。第一、二个条件是说知识要经过人类理性的批判，在一定的逻辑规则下判断它的正确。第三个条件是说知识具有普遍性、公众性，能被大部分人所接受，并且在实践中广泛使用。

关于知识，我们最要紧的是弄清楚三个问题：知识从何而来？知识有多大的可信度？知识如何产生新的知识？

知识产生于个体，每个个体以"自我"为中心，通过"自我"的内部生成和外部传授来产生各类知识。最基础的知识，是"自我"的感知所得的知识。康德认为知识即判断，一个概念不能称为知识。感知得来的知识，如苹果是红的，果酱很辣，桂花很香，等等。这是感官对外在事物的感知，当然，还有一种感官对"自我"内在身体的感知，如头痛、胃痛、耳鸣等。

感官得来的知识可信吗？有的思想家十分相信感知的知识，如古希腊哲学家伊壁鸠鲁说："永远要以感觉以及感触做根据，因为这样你将会获得最可靠的确凿的根据。"

而另一位古希腊哲学家德谟克里特在晚年为了不受感觉的蒙骗而弄瞎了自己的眼睛。他认为感觉得来的知识不可信，看到筷子在水中的形状我们就知道感官常常骗人。我们也没有办法不用感官接受外界信息，明知感官会骗人，但我们没有办法抛弃感官得来的信息。

有思想家认为，自我推理得来的知识是最可靠的知识。所谓"推理"

就是用已知的事实与公理得出新事实的过程，如我们了解到伦敦大学的学费是多少英镑，通过英镑与人民币的汇率，我们可以推算出伦敦大学的学费是多少人民币。推理的知识有两类：演绎与归纳。推算伦敦大学的学费就是演绎，即从一个或多个前提得出一个事实过程。而归纳就是从众多事实上找出本质规律，如看到一百只天鹅是白色的，就可以归纳说所有天鹅是白色的。演绎法得出的结论是有效的，归纳法得出的结论只是临时的假设，一旦有一天我们看到一只黑天鹅，之前归纳所得的知识就不成立。

自我获得知识还有第三种方法：直觉。直觉是在脑海中一闪而冒出来的洞见，可以说是心灵的微光。比如，我们有时对一个问题百思不得其解，而忽然间灵光一闪就获得答案，像阿基米德洗澡时获得"浮力"时那样。直觉所得的知识，似乎是无来由的，无法说清楚原因，实际上是人们大脑深层中的潜意识累积的结果。

可能在一个人有限的一生中，大部分的知识来自他人传授。他人的知识，就是二手知识，是我们的"道听途说"。因为肉身的时空局限性，对于许多的知识，我们只能依靠这种"道听"的方式获得。如历史知识，我们只能通过史书得到。过去的事件，我们无法经验到，只能依靠那些亲身经历的人来讲述，或者是后来的人对前人记述的事件所作的整理。其他地域中的事件，我们也无法亲身经历，只能依靠生活在那些时空的人来讲述，如"北京人在纽约"，我们只能从阅读中才能获得相关的信息。还有一些特殊的研究领域，如科学知识，我们只能依靠权威来讲述，我们无法亲身参与实验。

无论是自我的知识，还是他人的知识，我们都要复核其真假，检验知识的一致性和相关性。如"水在零下二十摄氏度才能结冰"，我们只要实践一下，就可以检验出结果的真假，把一盆水放入零下五摄氏度的冰柜就可以知道对错。如《史记·高祖本纪》记载："高祖……其先刘媪尝息大泽之陂，梦与神遇。是时雷电晦冥，太公往视，则见蛟龙于其上。已而有身，遂产高祖。"说刘邦的母亲在雷雨的野外，与龙相遇，诞生了刘邦。我们根据世上没有龙的相关事实，就能推断这个故事是假的。

在核验知识时一定要澄清概念，澄清概念就是划定真理之域，如果混淆了真理之域，会让我们对知识的判断进行不下去。如一个物理学家向人们解释宇宙大爆炸的理论，一个听众站起来问："那么，在大爆炸时，上帝到底存在不存在？"上帝与物理学不在一个领域内讨论。

知识有上述这些来源，那么，哪个来源最可靠？这个问题就是史上著名的"唯理论"与"经验论"之争，从古希腊开始，这两派进行着激烈的争论。古希腊德谟克里特就把感觉得来的知识称为"暗昧的知识"，而把通过理性获得的知识称为"真理性的知识"。外在世界在不断变化，人的感觉也因人而异，所以感觉所得的知识不精确，不是真理性知识。

近代哲学家洛克说："我们的一切知识都是建立在经验上的，而且最后导源于经验的。""凡在理智之中的，无不先在感觉之中。"[①]他认为人的心灵就像一张白纸，后来在上面产生的一切观念来自人的经验。也就是说没有经验，就不可能有观念。盲人摸象是这个观点的最好证据。与洛克同时代的霍布斯也举例说，正如一个盲人坐在火边感到温暖，别人告诉他是火的缘故，但他对火的形状、颜色等一无所知。

在经验论的立场上走得最远的是贝克莱，他认为"存在就是感知"，没有被感知到的就不存在，把经验放大到极端的地步。

后来，休谟制造了一个很大的麻烦，他也坚持说："我们的观念超不出我们的经验。"[②]但是休谟接下来的推论是，我们对物体的观念不是从感觉印象获得，就是从自我反省中获得，而感觉只能获得事物的颜色、声音、滋味等，显然它们不能等同于事物本身，而反省中获得的只能是自我的情感与情绪。所以，我们根本没有获得事实本身的知识，那么，我们既

---

① 洛克.人类理解[M].关文运，译.北京：商务印书馆，1959：68.
② 休谟.自然宗教对话录[M].陈修斋，曹棉文，译.北京：商务印书馆，1962：16.

不能肯定它的存在，也不能否定它的存在。所以，一切的知识都是人的虚构，人类所创造的一切知识都是建立在废墟上。一切都是虚无的，彻底让人绝望了。

出来收场的是好心的康德。他认为知识是现实事物能被我们的感性形式与知性范畴所抓取到的东西，知识是现实事物与我们主观能力相结合的结果。我们不能认识到纯粹的现实，只能认识到我们的感官能力所允许的程度。现实可分为物自体世界和现象世界：人的能力不可完全感知到物自体世界，人的能力对物自体世界加工出来的现象就是现象世界。知识，是人的知性能力对感知产生出来的现象世界综合加工的东西。他认为知识以现实为基础。没有现实，就没有现象。不在现象基础上产生的观念，都是虚幻的。这样，就把上帝排除在知识之外。同时，也把休谟的怀疑论进行了纠正。

康德不能解决的问题是知识的普遍性问题，因为产生现象的人的感觉能力以及条件、环境各不相同，而且加工现象的人的知性能力也各不相同，所以知识很难具有普遍性。这是目前没有办法解决的问题。因而，当代哲学家桑塔亚纳说："人类不可能找到绝对真理，因为它是超越于每个人具体的思维的。"人们不可能找到知识的最终和绝对的来源。据此，波普尔认为我们不能证明知识的正确性，只能证明它的错误，在大多数情况下，我们唯一能做的，就是发现知识的错误并清除它们。

知识没有普遍性，不存在绝对知识与真理，每个人都是一个无知者。人，"生有涯，而知无涯"，不过我们也不必悲观而放弃对知识的追求。知识没有绝对性，但理性的思维是公平的，只要每个人放低姿态，虔诚地对待他人的观念，用对话的形式总能获得更多的知识。

第六节　意义生成的高级形态

　　我们看到水中的鱼，生成了一个鱼的样子，又给它一个名称叫作"鱼"，这样，我们从理论上把世界划分为物自体世界、现象世界以及概念世界。文本，原本是杂乱的无数线条组成的自在之物，当它们被我们认成文字、文本时，它们就化身为现象物。所有现象物，都负载着意义，完全不带意义的纯粹事物虽然存在，但不能被我们谈论。文本属于现象，它是主观概念的化身。

　　文本是符号的集合，符号是有意义的概念，文本是概念编织成的意义世界。文本所呈现的意识世界不同于真实的世界，当看着窗外一棵树，说它是"树"时，"树"的概念不是树本身。文本世界与现实世界在内容上没有可比度，但这两个不同的世界不是没有任何关联的，如果这样，文学作品艺术就失去了意义，没有存在的必要了。

　　"许老师在二楼第二间办公室"，不认识许老师，也没有去过他办公室的人，与认识许老师、去过他的办公室的人，在头脑中想象出来的画面是不一样的。前者是概念所激活的抽象的类画面，后者是概念激活了具体的画面。而文本所反映的世界基本上是我们没有经历过的，文本世界是我们在头脑中加工出来的抽象概念。

　　"许老师在二楼第二间办公室。"这句话是有意义的，它可以引导一个陌生人找到许老师，因为这句话所建构的人与物的关系与生活中的人与物的关系是相似的。文本世界不等于真实的生活，我们不能从文本推论出现实生活，但它们存在人与物、人与人、物与物在关系上的相似性。一个文本中某类关系与世界中某类关系的相似度越高，这个文本越有价值。这就是维特根斯坦"图形论"所说的，语言世界与现实世界具有同构性，是因为它们在关系上，而不是在内容上的同构性。

　　有学者读《荷塘月色》时，得出朱自清与妻子情感破裂，朱自清在夫妻关系上是压抑的结论。维特根斯坦说，对不能言说的东西请保持沉默，如果强行言说，就是在"说胡话"。《荷塘月色》中写的"我"与"妻"是艺术形象，是读者根据文字想象出来的抽象形象，不是生活中的朱自清与他的妻子。生活中的人物是自在之物，我们认不清的，也是不能言说的。我们可根据文本来推论作品世界中人物之间的关系，如推出文本中作者与妻子之间的关系，但文本世界不同于现实生活，从文本世界推不出现实世界的情况。况且，在《荷塘月色》中，我们感受到作者非常理解、体贴妻子，他看到妻子在哄着"润儿"，感到妻子操持家务的辛苦；他从荷塘回到家的时候，看到妻子已经睡了，就悄悄地把门带上，明显表现出对妻子的体贴。一位作家把妻子写入作品，内心有种对妻子尊重的情感，从《荷塘月色》中我们能读出作者对妻子的理解与尊重，他们的关系十分和谐。

第九章　文本意义的生成

第一节　词语的意义

　　与物体色彩一样，词语（语音与文字）纯粹是一种符号。每个词语都是图形与意义的统一体。它们的意义生成也遵循着三个条件：外物的特征、施加条件以及知识背景。如"大"字，字形就是它的特征，它是"大"字，而不是"小"字。它像一个张开手脚顶天立地的人的样子，相对于人的周围外物，人是大的，超过它们，因而大的意义与人、人事有关，这是由人的生命体验所致。"大"还表示"对人尊称（大人、大夫），超过一般（少有大志），重要、重大（大事、大计），规模大（大会宾客）……"人类活动的复杂丰富带来"大"字意义的复杂丰富。

　　在意义生成的外物特征上，词语"大"体现在形状上，"大"字的字形激活了阅读者头脑中的意义。对"大"的意义积累不同而形成不同心智背景的人，对"大"的理解完全不同。向人传播信息的方式不同，使人生成的意义也将不同，如看着文字的"大"，与听到"大"的语音，"大"的意义必然不同。

罗兰·巴尔特将索绪尔的观点扩展到了文学和文化领域，他认为语言符号既具有形式性，又具有意义性，它们不仅仅是音响形象，而且还具有内在的结构形态，能够以结构主义的方式表达出它们的意义。在《符号学原理》中，他深入探讨了一些二元对立的概念：语言与表达、指向性与可指性、结构性与系统性，这对我们理解词语的意义很有启发。

一、言语与语言

索绪尔认为，语言由语言结构和言语组成。语言结构是一种复杂的社会性结构，它不仅仅是一种交流的工具，而且也是一种集体的契约，它的存在使得人们在交流过程中能够更好地遵守社会规范，并且能够更好地理解他人的想法，因此，语言结构可以被视为一种社会性的制度，它可以帮助人们更好地理解他人的想法，并且更好地实现他们的目标。

言语是一种独特的表达方式，它通过发音、规则和符号的巧妙结合来表达自己的想法和意图。语言结构与言语共同构成语言，语言结构只能在言语中存在，而人们也只有在语言系统中将言语抽出时才能运用语言。

叶尔姆斯列夫以一种更具形式性的方式重新定义了语言的结构和概念，即图式和用法，从而推动了代码在语言结构和信息之间的转换和替代。

罗兰·巴尔特将"语言结构"和"言语"广泛运用于一切"意指系统"。他认为"语言结构"的符号系统由决策集团制定，但"非语言"的符号系统则分为三个层次："质料层、语言结构层和运用层。"[①]在家具、电器、服装系统中，纯"言语"很少，这些系统的内容更多地涉及物质和质料，因此"语言结构"的符号系统更多地依赖于物质而非语言。

如《诗经》中，字数、韵脚及"风雅颂"的类别和"赋比兴"的手法的规约是语言结构。而《蒹葭》《硕鼠》《采薇》等诗中具体的意象、手法的运用以及情感的抒发，属于个体的言语。

[①] 罗兰·巴尔特.符号学原理[M].李幼蒸，译.北京：中国人民大学出版社，2008：21.

二、词语意义的多重结构

罗兰·巴特尔认为,在符号系统中,每一种物品都具有独特的内在特征,可以直接表达它们的本意,人们看到它们就能理解。但是,由于社会习惯和长期的文化积累,一些日常用品被用来表达这种或那种文化意义。这种表达方式最初只是基于物品的功能性,但随着将它们的功能性符号化,人们对它们的使用也发生了改变,转向了对替代功能符号的使用。一旦符号被创造出来,社会就可以将其视为一种可以被使用的物品,而这种重复的功能化需要一种第二语言的支持,它的功能性比起最初的功能性更加强大,而且它的功能性也更加符合隐藏的第二语言的含义。当人们使用符号时,它们不再仅仅具有功能性的含义,而是被赋予了更深层次的含义,这些含义需要通过第二种语言来表达,而且它们又深藏在第一层含义之下,这正是"涵指意义"所指的。

索绪尔认为,一个概念可以指代多个实体,它们之间的关系可以是任何形式的,甚至可以是一个抽象的概念,它们之间的联系可以是具有明确的逻辑的,甚至可以没有明确的逻辑,比如一些抽象的概念,它们可以具备某些特定的逻辑结构。从一定程度来说,语言符号既具有预定的可变特征,也具有不可改变的特征。

索绪尔提出,语言可以看作是一个复杂的符号体系,它包含了两个主要部分:一个是可以用来传达信息的声音、图像;另一个则是用来传达抽象的思想、情感,即能指与所指。这就像一张纸的正反两面,区别分明,且不可分离。罗兰·巴特尔从表达面与内容面来考察词语意义的结构,表达面的形成需要一种特定的质料,而一个词语是提供了一种将表达面与内容面结合在一起的方式,从而产生一种特定的记号。

表达面有形式与内容,内容面也有形式与内容,这样就要从四个层面来分析词语:表达面的形式和内容,内容面的形式和内容。如"青天"这个词,能指即表达面的内容是它的发音"qīng tiān"和写法"青—天",

形式是它们的字母与汉字的呈现方式；所指即它的内容面的内容就是它表达"蓝色的天空"的感受和意义，而形式是它们表达的表面意与内涵意之间的联结。

按照叶姆斯列夫的理论，它的发音、写法、感受和意义，都是外在的，也就是它的实质部分，这一部分可分为表达的实质和内容的实质。而与表达的实质和内容的实质相对应，但却被它们掩盖着的，也是我们平时理解词语的意义时往往忽视的——它们意义生成的形式。"青天"的语言特征可以通过"qīng tiān"的拼读来描述，因此，"qīng tiān"可以作为"青天"的一个独特的拼读形式。形式是不变的，却是内在的，我们只能通过外在的实质来得知内在的形式，这就是表达的实质表现表达的形式。"青天"的内容的实质是它带来的"蓝色的天空的清澈、干净"的意义和感受。"青天"的内容的形式是"青色+天空"这两部分意义的连接方式即规则，这种特殊的组合关系的排列方式，生成了它的意义。

由此可见，"青天"的内容的实质就是它的多层意义，是外在的。而其形式则是使这一切得以出现的规则，是内在的，是它的意义生成的关键，却往往不被注意，往往是通过内容的实质来寻找内容的形式。罗兰·巴尔特说："形式可按语言学方法加以完全、简明和一贯的描述，无须依赖于任何语言以外的前提；内质则是这样一些语言现象特点的总和，它必须依赖于语言以外的前提才能加以描述。""1. 表达的内质：例如发声的而非功能的声音内质，语言学而非音位学的研究对象；2. 表达的形式：它是由聚合规则和组合规则构成的；3. 内容的内质：例如所指之情绪的、意识形态的或概念的特点，即其'肯定的'意义；4. 内容的形式：其所指之间的形式关系组织，它是按某一语义标记的有无而成立的。"①

---

① 巴尔特.符号学原理［M］.李幼蒸，译.北京：中国人民大学出版社，2008：26.

文学文本中的词语是种特殊的符号，它们不直接指向词语所隐含的思想、情感，属于"二级符号"，而说明文或论述文等中的词语直接指向语言对象，它们是"一级符号"。阅读文本作品是解读"二级符号"的言语活动。再如，"青天"一词在"包青天"中，是以初级符号"青天"的意义（蓝色的天空）和感受做能指，与一个新的所指（"清官"的概念）结合而成的一个二级符号。新符号的内容的形式，就是将初级符号的内容的实质借助于联想转换成二级符号的内容的实质的替代规则，而其内容的实质则是"光明、磊落"的意义和感受。在新符号中，内容的实质与其表达的实质几乎没有什么区别，因为清澈、洁净、光明和磊落可能被视为处于同一个聚合体中的不同词项，它们可以有层次和程度上的差别，但根本意义是一致的，甚至具有相同的价值。它们可以彼此取代，而这种取代必须在同一个位置上实现。所以，在文学中，两种实质之间有着一种偶合性。

　　能指与所指的联系，即一种意指过程，有的是无理据性的，是任何个体不可随意改变的，是在长年累月之中形成的一种遗产，已被"自然化"了，有的意指过程则是理据性的。

三、词语意义的生成路径

　　语言表达是以语篇呈现的，而语篇是由众多的词语组合而成。我们一般只注意到词语组合时表现出线形样的排布。索绪尔认为语句按照两个方向展开，第一个是横向的组合，像线一样，不断向右延展，这种延展是直线性和不可逆转的，称为言语链；"在话语中，各个词，由于它们是连接在一起的，彼此结成了以语言线条特性为基础的关系，排除同时具有这两个要素的可能性。这些要素一个挨着一个排列在言语的链条上面。这些长度为支柱的结合可以称为句段关系"[①]。句段为组合关系，意义在组合中生成。

---

① 索绪尔.普通语言学教程[M].高名凯，译.北京：商务印书馆，1980：170.

第二个是纵向平面，是由具有相似性的词语，跳出原来的线形排布重新聚合的形式。它构成一个潜在的意义系统，巴尔特将此平面称为"聚合面"或"系统面"。纵向平面非常接近"语言结构"，而组合面更接近言语。"在语言之外，各个有某种共同点的词会在人们的记忆中联合起来，构成具有各种关系的集合。这些集合不是以长度为支柱的，它们的所在地是在人们的脑子里。它们是属于每个人的语言内部宝藏的一部分。我们管它们叫作联想关系。"①

组合和系统是符号学分析的两个重要维度，例如，"床—衣橱—桌子"描述的是一个空间内多种家具的组合，"一张床"则描述的是一种家具的多种风格的综合体。

钱钟书先生在《通感》一文说了两件事。一是宋祁《玉楼春》名句："红杏枝头春意闹。"李渔提出看法，加以嘲笑："此语殊难著解。争斗有声之谓'闹'；桃李'争春'则有之，红杏'闹春'，余实未之见也。'闹'字可用，则'炒'字、'斗'字、'打'字皆可用矣！"二是苏轼《夜行观星》有一句："小星闹若沸。"纪昀在《评点苏轼》中批注："似流星。"②这两个典故中，李渔和纪昀的理解都是拘泥于语言的横向组织。他们依据横向上的词语之间的搭配，"闹"只能出自句子中的那株红杏，"闹若沸"只能出自句子中的"小星"，从语法上，从"闹"的"争吵""声响"的特征上来看，前后搭配不是太贴切。如果从纵向聚合上来看，两处"闹"字意蕴丰富，相似事物虽然不在场，但可以通过联想，使它们纵向聚合，"红杏"应该是无数枝，"小星"应该是无数个，它们在春天里、在星空中拼命闹腾，意趣盎然，再作反身性思考，表现了诗人此时内心的轻松欢愉。而李渔和纪昀只是受制于语言的横向排布，思维狭隘，曲解了美妙的诗意。

---

① 索绪尔. 普通语言学教程 [M]. 高名凯, 译. 北京：商务印书馆, 1980：171.
② 钱锺书. 七缀集 [M]. 上海：上海古籍出版社, 1994：63.

横向上，词语就像一条射线，沿着一个方向持续前进，无法回到起点；而纵向上，一个词语作为基础，其背后可能隐藏着许多相关的词语，这些词语不能同时出现，但它们之间又有着相互替换的关系。这种交换关系可能不仅仅是意义上的替换，而且可能是同一类型的替换。

第二节　文本的意义

一、文本的界定

"文本"一词来自英文"text"，还有"本文""正文""语篇""课文"等多种译法。这个词广泛应用于语言学、文学理论与文学批评中，但它含义丰富而不易界定。

罗伯特·司格勒斯将文本定义为"以一种代码或一套代码通过某种媒介从发话人传递到接受者那里的一套记号。这样一套记号的接受者，把它们作为一个本文来领会，并根据这种和这套可以获得的和适合的代码着手解释它们。"[1]司格勒斯认为文本指一个语言符号或非语言符号，按照一定的规则组合而成具有多层次结构的能指系统。他把文本还理解为非语言符号，一首歌曲是个文本，一台晚会是个文本。那么，现实世界都可视为文本，文本不仅仅是书本上的内容，还包括人类的思想、行为、潜意识以及自然界中被赋予的意义。

保罗·利科认为文本是"由书写而确定了的话语"[2]，语言文字书写下来的才能算是文本。

结合上述观点，可以把文本理解为两类：广义的文本，即"大文

---

[1] 转引自康序.当代"文学文本"观及其评价［J］.吕梁高等专科学校学报，2001（6）：3-5.
[2] 保罗·利科.诠释学与人文科学［M］.孔明安，等译.北京：中国人民大学出版社，2012：107.

本"；狭义的文本，即"文字语篇"。我们要讨论的只是狭义的文本。

我国古典文论辞名繁多，内涵丰富，恰恰没有"文本"一词。在古代有"文章""作品"的说法，大致相当于当今所说的"文本"，但含义有着很大区别。

之所以说"文字语篇"为"文本"，而不说"作品"，是因为"作品"较为庄重，有神圣感，读者不可更改原文的原义。视文本为经典，对于普通人只能从命，被教育，一味接受。在西方文艺批评的语境下，称为"文本"就消解了所有经典的神圣感，去除了作者权威，不承受原义的神秘性，大众都可以通过文本与作者进行对话，可以有自己独特的理解，作出自己个性化的解释。

文本的意义来自词语的意义，但不是词语意义的简单叠加。在语句中，每个语词所包含的丰富意义不是同时共在，而是在句子的语境中只呈现其某一意义。这一意义与其他语词的某一意义共同组合，形成一个意义融合体。

如"大漠孤烟直，长河落日圆"，"大"呈现出"广大"的意义，与"漠"的意义融合，形成一幅"广大无边的沙漠"的景象，再加上"孤烟直"，笔直的一缕荒烟，融合成一幅广大无边的沙漠中一缕荒烟笔直地升起的画面，让人感到大漠无边空寂、悠远荒僻。

语句意义生成的外物特征体现在语词的组合与搭配上，如果改成"沙漠孤烟直，黄河落日圆"，所能生成的意义完全不同，没有了沙漠的广大与黄河的悠长之感。如果改成"大漠直烟孤，长河圆日落"，所能生成的意义也完全不同，更突出了荒烟的孤独与太阳坠落的动态。

在读这个句子时，见过无边的大漠与没有见过，见过九曲黄河与没有见过的人所能生成的意义也会是完全不同的。见过大漠的人，会生成绝对宁静与生命渺小之感；见过九曲黄河的人，会感到黄河的绵延不绝与生命的悲壮。

保罗·利科说文本是"通过文字固定下来的话语"。①他从常人的生活视角对文本作出通俗的解释，揭示了文本与话语、生活的关系。他在《从文本到行动》一书中从三者之间的关系深入研究了文本特征与价值，我们沿着他的思想对文本相关的一系列问题作一探寻。

二、话语的四重特征

文字来自言说活动，言说活动是一个事件：当一个人说话时，某件事情就发生了。话语作为言说的载体，在言说事件中呈现了自己，言说作为事件，就具有一些特征，也是话语成为话语的原因。保罗·利科认为话语有四个特征：

首先，言说发生在当前，在时间上实现自己，但语言系统却是一种抽象的结构，超越了时间的限制。因为话语现时呈现，所以为一个事件。

其次，某人在说话时，表达了自己。事件存在着某个说话者，是人在指涉自己，澄明自己。

再次，语言没有时间和主体，而话语总是关于某事情，它指向一个被试图描绘、传达的形象化的世界，即通过语言将其转化为现实的世界。

最后，话语不仅拥有一个世界，而且还拥有他者，一个别的人，一个它指向的交谈者。

这些特征共同构成了一个充满活力的话题。言说事件的目的，在于超越事件活动的本身。言说有内容，但言说的目的不是停留在内容上。话语的本质特征在于它能够超越事件，从而把我们引向一个全新的世界，一个意义深刻的领地。言说是短暂的、即时的事件，我们想要理解的并不是事件本身，而是事件所带来的广泛的意义。

意义是语言的意向性存在，而话语是意向的外在化。话语行为有三个附属行为：一是词语行为或命题行为，就是言说的本身；二是非词语行

---

① 保罗·利科.从文本到行动[M].夏小燕，译.上海：华东师范大学出版社，2015：148.

为，在言说的同时我们所做的事情，说一件事时带着的语气、态度、情感；三是过词语行为，可以引起的某些效果。命题行为、非词语力量和过词语行为以一定的顺序在意向中呈现。

三、文本的双重缺席

文字是一种用来表达思想和情感的工具，它们构成了我们所熟知的文本。从话语到文字还是话语本身吗？文字不仅是一种外在的和物质的固定，它还将话语事件推向了毁灭。正是由于这种毁灭，文字使得文本能够脱离作者的有限的意图，从而使文本的世界与作者的世界产生隔绝。但文字使文本得以独立存在，从而给我们的解读带来无限自由的空间。

在交流过程中，双方都会参与其中，但同时也会受到环境、气氛和情绪的影响。在鲜活的言说环境下，话语可以变得更加丰富多彩。言谈者与对话者均在现场，语言直指话语对象。在生动的表达中，所传达的信息可以更好地反映出真实的情况，从而使人们能够更好地讨论某件事，交流一定的思想。

当文字取代话语时，情况发生了巨大的变化。当文字取代对话时，所有与表达有关的活动都会中断。在中断后，我们将会远离现实的对话世界，言谈者与对话者从那个现实的世界走向虚拟的对话世界。在指涉对象被推延的悬置中，文本被悬在空中，在世界之外或者没有世界。凭着对世界关系的注销，每一个文本都可以自由地与所有其他试图参与对话的人产生关系。原先现实的进行交谈的世界被忘却时，产生了文本的准世界。

当现实交谈中原先的语词从指涉到显示的活动被中断时，语音形式的话语被消解，而话语中的内容，即原有的话语意义将不会再被抹去，而是以一种新的形式呈现，它们成了一种独立的文字，被长久地留存。

那个原先的真实的情境世界被后来的文本的准世界彻底遮蔽，导致那个原本真实的世界拒绝成为人们谈论中呈现的东西，而是化为文本所展开的灵晕。

由于文本与现实世界的差异，作者和读者之间的联系变得模糊不清。言谈的主体就是那个在说出"我"之时指称自己的人。当文本取代话语时，已经没有那个指向明确的言说主体。反而，可以认为作者与文本之间的复杂关系使得作者由文本创建的、作者自身在被文字描绘和记录的意义空间里得以澄清，文本是作者降临的地方。作者与他自己的文本拉开距离，他以第一读者的身份降临于文本。

保罗·利科从文本与话语之间的关系推演出文本让原先的言谈者与对话者双双缺席的结论。在书写过程中，读者可能会被忽略；而在阅读过程中，作者却可能会被遗忘。文本在两者之间构成了一道屏障。

四、文本世界的价值

文本呈现了一个新的独特的世界，即文本世界。

语言描述事物，如现实一般展示世界。而话语变成文本时原先话语的指涉变成了什么？文字中没有作者和读者可以分享的情景，而且，描述行为的细节也不复存在。文本在很大程度上起着毁坏世界的作用，不光在虚构文学中，还在诗歌中，语言为了彰显自己而牺牲日常话语的指涉功能。由于第一等级的限制被彻底抹去，这种抹去主要体现在以虚拟的形式表达出来的诗句中，从而使得第二等级的可能性得到释放。第一等级是现实的世界，第二等级是建立在胡塞尔生活世界和海德格尔在世基础上的世界。保罗·利科说："如果我们不再能通过寻求隐藏在文本之后的他者和他的心理意向来界定诠释学，而且如果我们不想把诠释归结为拆卸结构，那么剩下什么东西用以诠释呢？我会回答说：诠释，就是解释那种在文本面前展开的在世。""在文本里要诠释的东西，就是一个世界命题，关于一个我可以居住的世界，以便把我诸多最本己的可能性中的一个投身在那里。这就是我所谓的文本世界，只属于这个文本的世界。"[①]

---

① 保罗·利科.从文本到行动[M].夏小燕，译.上海：华东师范大学出版社，2015：120.

文本世界与日常交往的世界有着本质的不同，它们之间存在着一种全新的差异，使得我们无法直接感知。就是因为存在这样的距离，虚构世界吸引着我们对现实的体验。通过虚构和诗歌，我们可以打开一个全新的世界，让我们的生活更加丰富多彩。这些作品不仅关注存在，而且关注如何将真实的事物变成想象中的样子。文学的力量使得我们的日常生活发生了巨大的改变。虚构是重新描述现实的优先途径，诗歌语言，特别是亚里士多德在思考悲剧时所说模仿现实进行操作的语言。悲剧模仿现实只是因为它通过故事重新创造现实，而故事却更加便捷地触及了现实最深层的本质。

文本可以为我们提供一个更深入的认识，让我们更好地理解作品。与对话不同，文本并非直接向读者展示，而是通过读者自己的创造、建构和构成来呈现。通过阅读，我们可以进入一个充满想象力的文本世界，并从中获得更多的知识。因为文字带来距离，读者不再有任何与作者在情感、思想上的直接沟通，读者通过文本获得的理解，是远程的理解。读者并不回应作者，只回应意义。只有当我们深入探索文本中的符号意义，而不是仅仅依靠现实中的直觉，我们才能大迂回地真正理解文本，从而理解自身的本质。作者在写作时的情感、心理等，如果它们没有在语言中得到承载，也没有通过文学得到表达，我们可能无所觉察，也无从理解。

理解文本是一种超越自我的活动，它不受文本的局限，以一种敞开的心境去接纳和探索，从中获得一种新的视角、新的体悟。这种理解完全是主体掌控的构建自我的过程，自我在阅读中由文本之物构建，主体依据自己新的理解再进行新的发现和新的认识。

文本是真实的，但它们所负载的内容是虚构的，它们在真实与虚构之间。当读者的生活被搁置时，读者的思想嵌入文本，激活文本，文本才能在读者身上降临。虚构是文本的根本维度，也是读者主体性的根本体现。阅读让读者进入了一个充满主观创造的想象的世界，文本世界的产生造就了自己的蜕变。理解就是一人去己有，又是化为己有的过程。

五、文本的特征

保罗·利科阐述了话语的四个特征：现时发生、自我澄明、指向世界和拥有对话者。这四个特征集合在一起就使话语变成了事件，从而，在对应的四个方面，保罗·利科推演出文本的四个特征。

一是含义的固定。在鲜活的言语交际中，话语交流是现时的、暂时的，交流的事件活动会转瞬即逝。因而我们就要固定住将要消失的东西。文字被赋予人类，就是为了解救话语的这个弱点。"文字是一种错误补救，因为它用物质性的保存替代了真正的回忆，用知识的拟象替代了真正的智慧。"①

文字不仅仅是一种表达方式，它更多的是一种内在的概念，它将一个事件的本质和意图外化，从而使得它成为一种可以被人们理解和接受的存在。文字固定了什么？不是言说这个事件，而是在言语中被说出来的东西。我们写下的，我们所记录的，就是言说的意向相关项，即含义。

二是文本的独立。在话语中，句子通过主体性指示界定它的言说者。口头交流中，话语的指向性表达出一种明确的特征，即说话者的主观意图和其所传达的信息之间存在着紧密的联系，因此，理解说话者的意图和理解其所传达的信息是完全一致的。

而文本的内容和作者的意图已经发生了变化，它们的字面意义与内心的想法已经完全分开，作者的意向与文本的意向不再一致。文本所说的比作者想要说的更重要，含义已经剪断它与其作者心理相连的脐带。没有了交往的语境，所有有助于理解口头话语的方式（语调、手势和姿势）都不能支援文字话语，在外在标记里进行的记录似乎首先异化了话语。因而，只有含义才能解救含义，而不需要作者在身体上和心理上的在场的协助。

---

① 保罗·利科.从文本到行动［M］.夏小燕，译.上海：华东师范大学出版社，2015：201.

只有诠释才是话语先天弱点的补救，而它的作者不再能够拯救它。

三是间接指涉。话语指涉世界，指涉着某个意义世界。交谈在最大程度上所指涉的是交谈者共同的处境，是一种直接指涉。而文本把含义从心理意向的监管中解放了，同样，它把它的指涉对象从直接指涉的局限中解放了。世界就是由文本打开的指涉对象形成的整体，正如我们谈论的秦汉、唐宋世界，并不是为了界定就经历过那时处境的人而言的处境，而是为了界定非处境性的指涉对象：这些指涉对象从处境的磨灭中幸存了下来，而且从今以后它们显现为可能的存在方式，显现为我们的在世的象征。这就是整个文学的指涉对象，不再是交谈中那些直接指涉形成的周围世界，而是非直接指涉的世界。

解读一个文本，不仅仅是要解读它所描述的情况，还要深入探究它所包含的意义，以及它所暗示的价值观。正是这些含义从我们的周围世界创造了一个世界，正是这种从周围世界向世界维度的扩展使得我们可以谈论由文本打开的指涉对象。甚至可以更好地说，是这些指涉对象打开了世界。通过文字，话语的精神性得以表达，它不仅解放了我们，而且还为我们带来了一个全新的视角，让我们能够更好地理解自己的存在。

在话语中我们首先理解的不是另一个人格而是一个筹划，也就是说对于一种新的在世的映射。只有文字，它不仅是从其作者，也是从对话处境的狭缝里释放出来的，揭示了话语走向那个被投射出的世界。语言存在的理由就是建立人与世界之间的关系。

四是读者的非唯一性。在话语中，必须面对某人，这也是交流的根基。而书写出来的文本，面向任何一个会阅读的人，也是它依赖自身创造出它的听众，并非唯独面向某个指定的对象。这表明文本的特殊品质，与它从话语处延置出自身的物质性和异化相对应。文字作品的对面就是任何会阅读的人，当话语摆脱了事件的暂时性特征，作者所受的限制和直接指涉的狭隘时，它也摆脱了面对面的时空局限。它不再有可见的听众，而是陌生且不可见的读者。

第三节 文本意义生成的途径

伽达默尔不赞成诠释学能为读者带来解读的策略，他说："我的探究目的决不是提供一种解释的一般理论和一种关于解释方法的独特学说，犹如E.贝蒂卓越地做过的那样，而是要探寻一切理解方式的共同点，并要表明理解从来就不是一种对于某个被给定的'对象'的主观行为，而是属于效果历史，这就是说，理解是属于被理解东西的存在。"①他认为诠释学，以及其他的理论都不可能给出一种有效的文本解读策略，原因是"我们一般所探究的不仅是科学及其经验的方式的问题——我们所探究的是人的世界经验和生活实践的问题"②。在科学领域有探究的策略，而对于人文领域伽达默尔认为在此探究的是人类的世界经验和生活实践的问题，任何人都是活在有限的历史时空中，总是带着历史视野来理解经验与生命的意义，就不可能存在一种通用的有效的策略。我们认为伽达默尔的观点是片面的，只要是人类的行为，就有可供人们探寻的方略，他的理论本身就揭示了解读文本的规则。

保罗·利科认为文本具有客观性，因而就有说明和理解的可能。理解文本并不是重现作者的意图，文本意义和作者意图的分离为说明与理解文本提供了条件。

途径一：从理解到说明。

理解文本何以可能，以及有何必要。因为大部分语言是由人的隐喻思维建构而成，隐喻有原始域与目标域双重要素，从而构成语言的多层、多

---

① 伽达默尔.真理与方法[M].洪汉鼎，译.上海：上海译文出版社，1999：8.
② 伽达默尔.真理与方法[M].洪汉鼎，译.上海：上海译文出版社，1999：6.

元的含义。解读时就要深入人的隐喻思维中,顺着人的隐喻思维来分析文本,推论文本的意义。

文本是多层的建构,它并不是由一种可以理解的句子的简单连续组成的。一个文本是一个整体,整体是由部分组成。一个文本是一个多个成分和因素构成的层级系统,整体与部分之间的关系需要一种特别鉴别、判断。由于对某种整体的意义就蕴含在对部分的辨认中,因此,把文本作为整体生成意义是一种不可一次完结的循环过程。

文本也是一个事物,可以从不同的角度来观察,对于文本的理解是综合了观察到的各个侧面后所获得的意义。文本是一种立方体,它的各种不同因素并不处在相同的高度上。文本的意义应该大于句子意义的叠加,这是一个持续不断的、综合的过程。文本的这个特殊结构并不能从句子的结构中派生出来。文本的多义性不同于单个词语的一词多义,也不同于日常语言中的单个句子。多义性是一种重要的文本特征,它为我们提供了更广阔的阅读空间和更多样的解读方式。

保罗·利科还认为,文本是一个蕴含着多种可能的有限世界,人的行动也是一个具有多种可能的有限世界。人的行动里有一个特点,可以在文本的多层意义与人行动的多层意义之间提供一种联系。我可以理解你做事情的意图,你可以向我说明你为何这样做。但是理解与说明哪一个更接近事件的真实?如果你回答我,你做这事或者那事是出于嫉妒或者一种复仇,那么你就让我明白你的行动是为了某种情感或情绪。同样,你认为你的行动是为了某种价值。你断定你的行动无论对于别人还是对于你自己都是可理解的。它们并不光显示了行动的原因,它们还被赋予了意义。

这样通过指明行动动机的方法来说明行动的意义,本身是一个论证的过程。与通过其动机对行动进行的说明相关论证过程正好展示出与文本相似的多义性。在论证行动的含义同时,我与我的意图拉开了距离,与我的行动拉开了距离,以便说明我自己的动机,开辟了一条通向道路。

说明就是指出文本的静止的内在结构，也就是各要素之间的关系。然后，遵照先在的道理，对内在结构加以分析。

对文本的有效说明，相当于司法推理的过程，即按照司法程序把行动归属于法律条文，从而作出判决。而司法推理不是把一般法律运用于个别案例作出一次性的裁决，而是在于每次在唯一的犯罪对象上作出多种裁定，这些裁定是在对辩解的细致反驳和可以回避投诉或指控的各种辩护方法之间作出的。司法推理是一种回避投诉或指控声明的推论过程，这样呈现出使有效的各个程序都具有论战的特征。面对法庭，法律条文和行为之间共有的多义性通过各种诠释得以澄清，而且最终的诠释显现为一种要能支持判决。如同各种合法判决，文学批评领域和社会科学领域中的所有诠释都是可以被质疑的，为什么可以否决一次性的断定？其是由论证的所有处境所决定，只要能提供更多的信息就给出新的解释，从而作出新的判决。但是，只有在法庭上，申诉程序被穷尽的这样一个时刻才会发生，这是因为法官的裁定是通过公共权力的力量被强加的，不论在文学批评中还是在社会科学中都不存在最后的定夺，理解与解释永远在继续。

途径二：从说明到理解。

保罗·利科认为，人们对于文本有两种不同的阅读态度：一种是把它放入一种无形的框架中被动地观察它，另一种则是主动探索它的意义。

第一种认为，文本是一种无形的存在，它不受外部环境的影响，因此，只能从它的内部联系及其组成部分出发，去理解它。第二种方式，我们提出了一种全新的方式来理解和表达文字，从而打破了原有的思维定式，使得文字得以更加生动地呈现出来，并且通过有效的沟通来传达和理解。此种阅读也是一种双向的过程，它将思想和感受融合到一起，形成一种辩证的关系。

在第一种阅读方式中，我们将自己置于一个被文本所支配的空间，这个空间与现实世界隔绝开来。文本的形成以及文学的形成都再次证明了文学的物质性转变，使它成为一种语言的编织物。文本没有外部，只有内部。它也没有那种超验的目标，仿佛人们就某事面向某人说出言语似的，就文本而作出的说明。

保罗·利科以法国哲学家列维·斯特劳斯的结构主义为例阐释了说明与理解的关系。对希腊神话作了结构分析，这种结构分析不仅仅是解释神话，而且是深入探究它们背后的逻辑关系，以及它们如何将关系联系起来，从而形成一个完整的神话结构。

如果我们忽略了文本的意义，忽略了当下的实践，那么文本就只是一种表达形式，而阅读也仅仅停留在表面上。就是这种结构模式为我们对文本作出说明提供了典范，斯特劳斯认为，神话是由一系列具有特定结构的元素组成的，这些元素包括音节、词汇、句子等，它们在语言中发挥着重要的作用。因此，他提出了一个假设来解释神话的存在。只有在这样一组组关系组合的文本里，结构系统才能获得一种意蕴，而意蕴不是神话想要说的东西，也不是神话的哲学与人生的隐喻。而只是对神话元素的一种组织，从而形成了某种神话结构。

斯特劳斯又借用民间故事的叙事结构对说明加以阐释。民间故事的叙事的意义就在于对元素的编排，在于把亚元素合并成整体的能力，反过来，某一元素的意义就在于它与其他元素以及与作品整体产生关系的能力。对文本作结构分析的任务就在于进行分割，然后在整体中建立由各个部分组合起来的各种层次。

人物的行动逻辑就包含在各个行动的连贯中，这些行动在一起构建了叙事在结构上的连续。这种技术的应用导致了对叙事的非线性时间化，从而展示了隐藏在叙述时间之下的叙述逻辑。最终，叙事也许可以归结为几个戏剧性元素的组拼——承诺、背叛、阻碍、帮助等——它们便是行动的范式。这说明叙事就是要领会这种错综复杂，这种从嵌套的行动过程中流露出来的结构。人物相似性对应于行动之间的这种链接与嵌套。这些人物根本就不是具有自己的存在的、心理上的主体，而是与本身就被形式化了的行动相应的角色。结构分析就这样呈现了与行动结构相对应的人物结构。

结构分析可以被看作在概略诠释和透彻诠释之间、在表面诠释和深层诠释之间的一个阶段，一个必然的阶段，说明和理解就是诠释的两个不同阶段。

通过阅读，我们可以更深入地理解悬念，因为它会影响文本的内容、与读者交流的氛围以及表达的态度。也可以解除这种悬念，而通过现时言语完成文本。

第二种态度就是阅读的真正的目的，它提示了悬念的真正性质，而悬念深深影响着从文本到意义的转变。阅读是将语言与文字联系起来的过程。这种联系在文本中体现出来，它提供了一种开放性的复述能力，而解释则是这种联系的结果。

理解就是在结构分析基础上，对生命作出的体验与感悟，理解就是化为己有。将文本转化为自身的诠释，将使主体能够更加深刻地认识人类，认识自身，并以不同的方式去探索自身，甚至开始探索自身。通过对自身的理解，可以实现对文本的深刻领悟。通过对文化符号的理解，人们可以获取有价值的信息，从而形成自我；然而，文本理解本身并非最终目标，它只能让人们在直接反思的途径中无法发现自身生活的意义，从而使人们之间的联系变得更加间接。若没有符号和作品的媒介，反思就无从谈起；此外，若没有将其融入自我的理解中，它就毫无价值。因此，自我的建构与意义的建构是相互联系的。

文本的深层含义不仅仅是指向作者的意图，更是指向一个可能的世界。这个世界可以通过文本的非直接指涉来揭示，它不仅仅是一个话语的起点，更是一个可能的结果。理解一个文本不仅仅是要了解作者的处境，更要深入探究它所描述的世界，从而把握其中的意义，以及它如何表达自己的想法。只有这样，才能真正把握文本中的精髓。在这个过程中，结构分析扮演的中介角色同时也构建了对客观研究的辩护和主观研究的修正。最终我们避免了把理解等同于对隐藏在文本底下的意向进行的某种直觉领会。

当我们把话语投射到文本中时，我们的理解不再局限于对陌生的心理状态的直接了解，也不再局限于某种情感上的共鸣。理解是由多种说明性方法组成的，它们比说明性方法更早出现，并且伴随着它们。个体的行为和思想不仅是一种可以被感知的实体，而且是一种充满活力的表达，它们的内涵与文字所描述的客观事物相一致，具有深刻的洞察力和解读世界的能力。

第十章　文本意义的类型

词语组成句子，句子组成语篇，受到"整体—部分"思维的影响，当我们面对一个文本时，会不由自主考虑它的结构层次以及各个层面上语言的意义。

英国语言学家利奇把词义分为七个类型：概念意义、隐含意义、社会意义、情感意义、反映意义、搭配意义、主题意义。这些意义类型，有利于我们多层面去生成词语意义，但这只限于词语层面，七个类型不在一个逻辑层次上。概念意义、社会意义、情感意义、主题意义是从意义的内容进行划分，隐含意义、反映意义、搭配意义是从意义的形式进行划分。

我国语言学教授王寅对此作了更加详细的划分，兼顾到了宏观层的意义和微观层的意义，如下图[①]：

[①] 王寅.语义理论与语言教学[M].上海：上海外语教育出版社，2014：359.

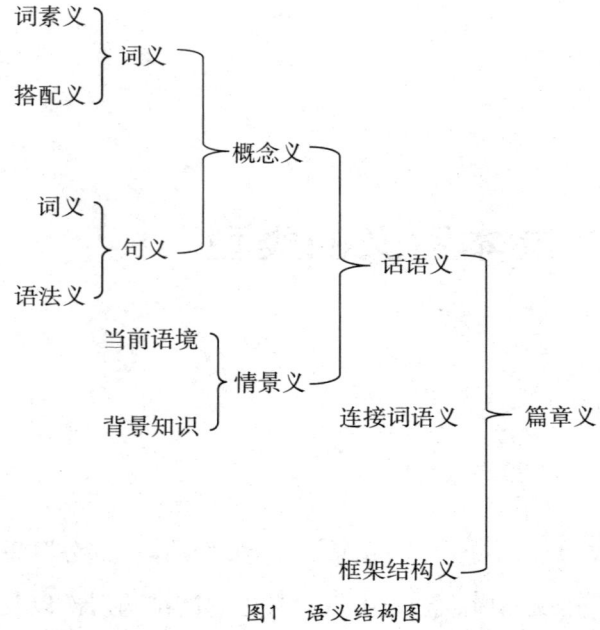

图1 语义结构图

这样的分法更加细化,涵盖了词语义、句子义、语篇义,关注到搭配义、连接词语义、框架结构义,比较符合文本解读的需要,对于我们全面地理解语言意义很有启发。但这样的分法其内在逻辑也不太严密,如"当前语境"和"背景知识"只是情景义生成的条件而不是情景义的内容。词义可以算是概念义,而句义不能算是概念义,话语义应该约等于句义,框架结构义应该归属于文本结构上的意义,与话语义不属同一类。连接词语义可以划归到词义中,语法义在汉语中可以分解到词义与句义中。因此,如图所示的排列在逻辑上显得有点儿混乱。

当然,两位语言学家对于文本意义的细化,对于我们阅读文本很有借鉴意义。结合我们在阅读教学中常涉及的一些学习任务,我们从横向与纵向两个角度来探讨文本的意义。在横向上,按线性从小到大来划分,有语音义、词语义、句义、语篇义;在纵向上,按范畴聚合角度,有概念义、文化义、情感义、表现手法义、框架义、逻辑义等。

第一节　横向文本意义

如果从结构上对文本进行理解，最为著名的是当代波兰现象学哲学家和美学家英伽登（又译英加登）关于文学作品结构的思想，我们借鉴他的思想从语音层、词语层、句子层、语篇层对文本的意义进行分析。

英伽登师从现象学哲学家胡塞尔，他的思想深受现象学哲学方法影响，但他不能接受老师胡塞尔的激进观念论立场。胡塞尔传承着"物自体与现象"的康德思想，康德认为外在世界经过人的认知能力被人感知，从而被加工成现象。而人有限的感知能力，并不能把事物本身全部感知出来。胡塞尔以此为基础，认为我们所认为的外在世界并不是它们本身，只是人头脑中意识的生成物。外在世界本身不能被完全认识，就把它们悬置起来存而不论。意识加工出来的现象就是事物的本质。因而，外在世界的所有对象就等同于意识的内容，研究头脑中的现象及意识活动就可以理解外在事物。那么，理解外在世界就是人与自己的大脑作交往，而外在他人与事物就被胡塞尔忽略掉了。这种纯粹的观念论，英伽登不能同意，他说："形而上学的考察虽然能够把握一个实事的实际本质，但如果没有一种存在学的预先研究，它就不可能认知本质—实际的实情的必然性。"[1] 英伽登不同意老师抛弃外在世界，只研究人的意识的主张，他坚守着康德"思维无内容是空"的教诲，把目光落在外在事物上，他选择文学艺术作品作为自己的研究对象。

胡塞尔与英伽登思想的矛盾是"观念论"与"实在论"的矛盾，也就是承认"事物的存在"和"先验的意识"哪个先哪个后的问题。胡塞尔强调在

---

[1] 张旭曙. 英伽登的文学作品存在论与现象学之关系新探 [J]. 云梦学刊, 2004（5）: 64-67.

认知事物过程中人的作用，人的先验意识对于理解世界起着重要作用。而英伽登不同意老师把独立存在的实在世界进行"悬置"的做法，他主张进行实在论的研究，不能把外在世界加以"先验还原"而忽略它们，而应该回到认识世界，从事物本身出发，回到思想对象本身的研究上来。在理解文学作品时，应该将我们的注意力直接放在文学作品上，对其进行分析。

但英伽登没有放弃老师意识性的思想，即任何意识要有对象，事物是意识活动的结果。他只是不同意老师只研究人的意识而抛弃外在世界的做法，他以外在世界是人的意识活动的结果的方式来看待外在世界。因而，他认为文学作品有自在的物理存在，也有人的意识的自为存在。文学作品不是纯粹的实在对象，也不是纯粹的人的观念，而是非实在的、非观念的、纯粹意向性的存在。他没有否认文学作品有自身的物理状态，如一幅画、一件雕塑、一首诗歌由画布、大理石、书本的物理材料构成。但是，物理材料只是构成艺术作品存在的基础，纸张油墨不是文学作品本身。当一本书、一首诗没有人来阅读时，它们不叫书，也不叫诗，只是一个物件，有人来阅读时，它们才被赋予意义，此时现身为文学作品。英伽登说："文学的艺术作品（一般地指每一部文学作品）必须同它的具体化相区别，后者产生于个别的阅读（或者打个比方说，产生于一出戏剧的演出和观众对它的理解）。""文学艺术作品只有在它通过一种具体化而表现出来时才构成审美客体。"[①]艺术作品本身还不是审美对象，文学作品只有通过读者的阅读才能成为文学作品，读者的阅读使得文学作品"具体化"成为审美对象。

文学作品是非客体性的，它不是纯粹的一个客观事物，而是人的意识对象。文学作品没有自主性，它的性质不是由自身决定，而是由人的加工决定。文学作品不同于自然界的事物，如白云、泥土等；也不同于人类制造的事物，如桌椅、自行车等；文学作品是人类创造的艺术，非观念，也

---

① 英加登. 对文学的艺术作品的认识［M］. 陈燕谷，晓未，译. 北京：中国文联出版公司，1988：12.

非实在。它既不是物质的实体，也不是观念的客体，而是一种"意向性客体"，它是凭借作者意识的意向性创造，把主观意识转借给文字，而读者面对这些文字进行意向性重构。

因为文学作品的特征性质，所以理解它们时，要用特殊的视角。英伽登把文学作品分为四层结构，这对于我们理解文学作品的意义很有启发，我们就照此从四层结构来理解文本："语音层""意义层""再现客体层""图式框架层"。

一、语音层

语音，指字音和以字音为基础的相关的语音现象，如节奏、节拍、音调、韵律等。语音不只是一种形式的存在，而且是携带着意义。英伽登认为意义就是"所有和语词发音有联系并且和它一起创造了'语词'的东西"[①]。语音层是意义构成的质料基础，是文学作品最基础的层次。

任何一部文学作品都由词语、句子和语篇组成，句子和语篇由前后相连的词语发音组成，词语是被赋予意义的、具体化的发音，词语的意义的载体是语音而不是具体的声音材料。但语音材料的意义不是固定的，在每一次语音活动中都不相同。英伽登认为："同一个字，意义相同，在不同的场合会有不同的用法，因此尽管存在着词义的同一性，但其变化都是难免的。"[②]因为文学作品是意向性的客体，所以语音的意义会由作者或读者的主观意向而改变，如李煜的"春花秋月何时了"、李白的"一夜飞度镜湖月"、曹操的"月明星稀，乌鹊南飞"三句中都有一个字音"月"，但它在每个句子中被朗读时，呈现出来的意义是不同的。

古人把汉字分为四声，即平、上、去、入，他们发现四声不但有节奏感，还含有不同的意义。僧人真空的《玉钥匙歌》就说："平声平道莫低昂，上声高呼猛烈强，去声分明哀远道，入声短促急收藏。"就是说每个

[①] 英加登.论文学作品[M].张振辉，译.开封：河南大学出版社，2008：85.
[②] 孔波.英伽登四层次理论对阅读教学的启示[J].学科教育，2001（10）：4-6.

声调的特征与它所表达的意义紧密相连，有学者对此作了切实的研究，对我们阅读教学很有启发，现作一详细摘录：

"1. 阴平名词主要表现质轻量微的事物，事物具有较大高度或平、宽、长的特征。如，表现事物质地轻微的特征，光线类的'光、晖、辉'，气息类的'芬、芳、香、风、烟'，颗粒类的'灰、埃、渣、晶'。年龄幼小或处于初期的生命或状态，如幼小动物类的'彪、羔、驹'，事物初期类的'胚、胎、基、因'等。

"另一部分阴平词语都体现高这一特征，如自然类的'天、霄、山、峰'，家庭社会类的'宗、翁、夫、兄、君、官、仙、师'；表示长的意义的名词，如河流类的'川、江、沟'等；另一部分阴平词表现出平、宽的空间意义，如行政区划类的'邦、州、区、乡、村'，建筑场所类的'屋、宫、仓、舱、厅'等。

"2. 阳平名词也表现事物的形体、高度和质感，但阳平所表现的事物大多具有较小的尺度或相对中等的高度，在表现质感时主要表现事物的弹性或实而脆的特性。表现事物形体'短、小、浅、低'的特征，如虫类的'虫、蚜、蚊、蝇、蝶'，植物器官类的'苗、壳、芒、核、芽、毛'，人体部位类的'鼻、唇、额、舌、脖'。还有一部分相对形体稍大的事物，但都体现出事物大小、面积、年龄等尺度的有限性，如器具类的'箩、篮、囊、盒、匣、笼、格、膜'，年龄类的'童、孩、娃、孺'等，人群类的'朋、排、连、营、团、群'等。

"阳平词还可表示有限的高度与程度，绝大多数的建筑物就如此，如建筑场所类的'楼、台、亭、阁、墙、门'，从相对高度的意义延伸，阳平词也可表示长辈或具有一定地位职位的人，如家庭社会类的'皇、神、佛、王、僚、酋、伯、爷'。这相对的高度延伸到抽象的事物，表示人一定程度的才能、知识、名位、情感等，如才智情感类的'才、杰、能、德、哲'等。在质感方面，阳平词表现弹性或事物实脆硬的特征，如器物类的'柴、煤、瓷、石'等。

"3. 上声名词也表现事物的形体与质地。在形体方面，上声词所指的事物较多体现圆、扁等形体特征。表示圆或接近圆的事物，如器物类的'桶、筒、碌、管'，建筑类的'堡、垒、础'等。表示宽平扁的特征，如器物类的'版、板、榜、饼'等。

"上声词还侧重突显事物更小的尺度，如动物类的'蛹、蚤、蚁鼠'，植物类的'种、籽、蕾'等。另一部分上声词表现出事物长的特征，如器物类的'轨、索、缆、缕'，田地类的'埂、垄'等；或体现事物复杂的意义，如语言文字类的'理、法、礼、谱、曲、史'等。上声词表示长的特征也可以延伸到表示抽象的意义，如家庭社会类的'祖、姥、奶'，人群类的'侣、旅、友'等。在质感方面，上声词所指事物有表示软、虚的特征。软的特征，如自然事物类的'土、壤、粉'，植物器官类的'蕊、蕾'，家庭社会类的'姥、奶、母、女'等。含有虚的意义，如影像印记类的'景、影'以及'幌、谎'等。

"4. 去声名词也体现事物质感和形体，但去声词体现事物结实、牢固、真实、重要和较强的程度和用力的特征。在形态尺度上，去声首先体现事物牢固、结实的特征，如动物类的'蛋、壳（qiào）'，自然事物类的'地、陆'，器物类的'棒、杠、棍、杖、链、镣、盾'，建筑场所类的'柱、架、塞、寨、库'等。

"另一部分去声词则表现事物真实存在的状态或切实有用的意义，如气体类的'气、味、汽'，界线类的'界、限、畔、境、域'，实物代表类的'币、费、价、票、券、证'等。从结实、牢固的意义延伸，大量表示人、社会与自然事物属性的抽象名词中，去声强调事物的固有属性或强调重要的社会意义或社会活动。表达个人属性的词语，如思想信念类的'信、孝、义、志、梦、幻'，才华成就类的'技、艺、术、绩'，个性特质类的'兴、趣、欲、命、寿'等。表达社会属性的名词，有社会属性类的'律、令、宪、政、案、狱、秩、序'等。

"绝大多数的语言文字活动和语言文字记录也都用去声表示，表现这些活动真实、可靠的意义，如语言文字类的'叙、赋、述、报、传、议、记、录'等。表达自然事物属性特征的词，如事物属性类的'道、律、质、量、率、效、度'等。"①

张立昌教授的研究表明声调的外在形态与意义紧密相关，这种现象源于人的发声器官的生理构造、人适应世界的需要以及对生命的理解与体验。阴平轻微用力，可以用来模拟事物的轻盈的特征；阳平用力较强，表示实、脆的特征；上声婉转，用来还原事物柔软的特征；去声用力较重，就来表现事物结实、牢固的特征。人们的发声与外在世界的特征相呼应，足以证明意义与人的身体与生命相关联。

再如，岑参《白雪歌送武判官归京》中的几句诗："北风卷地白草折，胡天八月即飞雪。忽如一夜春风来，千树万树梨花开。"童庆炳指出，如果用客家方言来读这四句诗，那么"折"和"雪"都应该读急促的摩擦的入声，而"来"和"开"则是流畅浩荡的平声。在这首诗里，由入声转入平声，象征着由封闭到开放，由寒冷局促的冬天到百花盛开的春天的转换。②

节奏、节拍、韵律等语音现象与其自身的意义同样紧密相连，什么样的节奏就有什么样意义。正如朱光潜先生说："音律的技巧就在于选择富于暗示性或象征性的调质。比如，形容马跑时宜多用铿锵急促的字音，形容水流，宜多用圆滑轻快的字音。表示哀感时宜多用阴暗低沉的字音，表示乐感时宜用响亮清脆的字音。"③老舍也说："我们若要传达悲情，我们

---

① 张立昌.声调意义的疆域：汉语普通话单音名词声调理据研究[J].齐鲁学刊，2014（1）：155-160.
② 童庆炳.维纳斯的腰带[M].上海：上海文艺出版社，2001：95.
③ 朱光潜.诗论[C]//朱光潜.朱光潜美学文集：第2卷.上海：上海文艺出版社，1982：156.

就须选择些色彩不太强烈的字,声音不太响亮的字,造成稍长的句子,使大家读了,因语调的缓慢,文字的暗淡而感到悲哀。反之,我们若要传达慷慨激昂的情感,我们就须用明快强烈的语言。"①两个前辈都认为语言的节奏与韵律与所承载的情感、思想相关。

如郑愁予的"我达达的马蹄是美丽的错误"一句诗,"达达"两字再现马蹄声,节奏清脆、突出,给人一种陌生的、奇异的美感,巧妙地应和了女主人公等待中的心跳,从而产生了更丰富的意味。

二、意义层

意义层是文学作品结构中的核心层次,词语、句子和语篇的意义构成了文学作品的一个层级,支撑着整个作品的框架,其他层次都是由意义层来制约。词语、句子、语篇都有意义,意义源于人的主观意识活动。"这个意义能够意向性地确认一个客体,不是在物质和形式上确认它,就是它对已经意向性地创造了的一个客体(或者对只是和它有关系的客体)发挥某种特定的意向的功能。"②意义是人受到词语的激活在意识中确立的一个客体,这个客体是人的主观世界里的,不同于客体世界里的真实事件。如"这几天心里颇不宁静",不能把它当作客观事件,而是作者把自己的意识内容给予相应的词语,相当于把自己的思想转借给词语,再组织这些词语传达他的思想。词语和语篇都是通过这种意义授予活动被赋予"假借的意向性"。

这样就形成了两层意向性,一层是作者这头的意向性,一层是读者这头的意向性。英伽登对此叫作"原始的纯粹意向性客体"和"派生的纯粹意向性客体",前者是表达者完成的具体的意识活动,是作家、艺术家在词语中置入意识的那一刻的纯粹意识客体。后者是以读者和听众的意识活动为基础,面对词语激活自己头脑中的意识对象,以词语为中介,还原作

---

① 老舍.我怎样学习语言[C]//老舍.老舍论创作.上海:上海文艺出版社,1982:219.
② 英加登.论文学作品[M].张振辉,译.开封:河南大学出版社,2008:125.

者的意识对象。

在两层意向性的循环中，词语是固定的，用以保证言说与阅读之间的有效沟通。但词语由"形""所指"与"意义"组成，而"形"决定了所指，所指的特征延伸出其他丰富的意义。对所指特征的理解，取决于人的视角，不同视角得出不同的特征，因而意义也就相应不同。所以创造者在假借某个词时，因其所处的情境和他的先验意识，其所赋予词语的意义不会完全相同，正如前面所述，李煜的"春花秋月何时了"、李白的"一夜飞度镜湖月"、曹操的"月明星稀，乌鹊南飞"三句中都有一个字音"月"，但被选择那一刻其所承载的意义是不同的。

词语承载着人的意识对象，所以不同类的词语所表达的意义是不同的。英伽登研究了称谓表达，如"桌子""红色""黑的"；限定动词，如"眺望""打扫""冥想"；功能词，如"和""或者""被""到""是"的结构与意义。他认为称谓表达的功能是确立一个意向性对象，限定动词是在句子中与其他句子成分一道确立相应的事件。功能词在意向性上不确立任何对象，仅仅表现着名称所确立的对象性之间的关系，或者表现着在句子和句群中的关系。

语句与语篇不像字那样有某种声音，在文本中只有字音而没有句音与篇音，语句、语篇的意义由词语意义组合而成。字有字形，而句则没有"句形"，只有字的组合。考察句子、语篇的意义是建立在词的意义基础上的，也即从人的主观意向性来进行。

三、再现客体层

文学作品的第三层是再现客体层，它是指作品所要表现的事物、人物，以及由它们形成的文本世界。"再现"既有"描述"又有"模仿"的意思，说"客体"不是现实的东西，而是人对现实的模拟物。"客体"指"再现客体"，包括所有再现的东西，"不仅涉及事物，也涉及人物，涉及一切可能产生的过程、事件、状况和人物采取的行动等。这个再现层次也包括非名称意向,特别是纯动词所创造出来的东西"[1]。词语呈现出来纯意向性的客体之间可能有各种各样的联系,它们自成网络,从而形成一个存在区域,表现成一个确定的世界。文学作品再现的事物与世界,具有实在性,但它们并不真正存在于现实的生活中,并没有确实的时空,也没有具体可感的实体,它们是主体的意向性的内容。它们由作者"假借",再经过读者意向性的重建,也就是英伽登所说的"具体化"的活动,才能在现实中展现自身。

文学作品是作者意向性活动的结果,词语是作者假借来表达意识内容的工具,词语的符号特性不能完全承载作者的意识内容。由词语编织成的文学作品不可能把作者主观的意愿充分表现出来,作者的意识也无法穷尽客体对象的无限的丰富的特征,文学作品中存在着无数个"未定区域"。这个"未定区域"就是再现客体中没有被词语特别加以确立的不在场的却与文本意义相关的一些事物或人物,这种留白式的"未定区域"是文学作品的特征,也是多重解读的源泉。如《赤壁赋》中的曹操"固一世之雄"的形象与赤壁之战失败的结局相冲突,作者为何把一位失败者当作英雄?这个矛盾点,也就是"陌生化"区域需要读者来补充。如"廉颇老矣,尚能饭否",英雄老了,问他还能不能吃饭,是何用意?这个空白点就是这个典故的内涵,打开这个空白点才能弄明白这首词的意义。

文学作品的客体,不是抽象的纯粹的东西,而是有意义的东西,凝聚着作者或读者的情感、思想,也携带着作者或读者的理解。人是生命性的动物,任何言行、任何活动都生发着个体的生命体验,这种体验潜藏着对生命的理解与期待。英伽登把这种生命体验叫作"形而上学质","文学的艺术作品只有在形而上学质的显示中,才达到了它的顶点"[2]。这样的生

---

[1] 英加登.论文学作品[M].张振辉,译.开封:河南大学出版社,2008:221.
[2] 英加登.论文学作品[M].张振辉,译.开封:河南大学出版社,2008:283-286.

命体验，一般来自生命直观，无法从理性推论中获得，也很难在功利性的日常生活中显现。我们只能悬置功利性的目的，以平静的心态来体悟。如作者说"曹操"、说"廉颇"不是目的，说自己才是他真实的用意。

有人即有物，即有世界。在多重的文本世界中，我们才能体悟文本深刻的意义。如《荷塘月色》中有"月下荷塘""采莲赋""西洲曲"三重世界，在现实与联想的世界，完整地表达着作者对幸福生活的渴望，对故乡的思念等复杂情感。如《我与地坛》中有"地坛"和"母亲"两重世界，物的世界与人的世界相映照，共同引发着作者对世界、对母亲、对人生的理解。

四、图式框架层

文学作品的第四个层次是图式框架层，这是在再现客体与世界的第三层基础上，进一步抽象、简化出来的框架，就好比一幅提纲挈领的简笔画。英伽登说："'纯粹的文学作品只是一个构架，是在各方面都是图式化的构架。它包含有空白、未确定点和图式化方面。'"[①]他理解的"图式"就是事物外观，是实在事物向主体显示出来的轮廓，在文学作品中，它潜藏在语句展示的再现对象中，是再现对象被呈现出来的基础。图式框架就是一部文学作品整体上的大致构图，它源于文本世界，又比文本世界较为抽象。因为文本世界是多重的，所以一部文学作品的图式框架也是多重的。如杜甫《登高》一诗，从诗句中我们能提取出诗人登高的图式框架，以及中国传统节日重阳节习俗的图式框架。再如李白《梦游天姥吟留别》一诗，从诗句我们能提取出梦的图式框架。

图式框架的形成往往取决于读者，读者先有的知识背景与认知习惯，决定其阅读的特征，甚至影响其关注文本的角度。"在这个过程中，他经常联系到他以往的经验并且按照他在生活过程中为自己构成的世界

[①] 转引自：吴子林．罗曼·英伽登的文学作品结构理论新解[J]．温州大学学报（社会科学版），2011（24）：40–48．

形象的图式化外观来想象作品所描绘的世界。当他在作品中遇到一个他在生活中从未见过的再现客体时，不知道它'看起来'是什么样子，他就试图以自己的方式想象它。有时候作品富于暗示性，读者在它的影响下成功地构成同它近似的图式化外观。然而有时候，他不是根据作品而是根据自己的幻想不自觉地构成捏造的虚构的图式化外观。有时候他完全失败了，不能唤起任何图式。他根本'看'不到再现的客体，只能以纯粹意义的方式把握它，从而失去与再现世界的半直接的联系。"[1]对于一部《红楼梦》有青春少男少女的图式，有朝廷内外的官场图式，有贾府上上下下的图式，有贾府里里外外的亲戚图式，有贾府建筑图式，有医药图式，有饮食图式，有诗歌艺术图式，有服饰图式等，一个读者不可能关注到整部作品的所有图式，不同知识储备的人会倾向于生成自己的图式。

  图式框架既是作品的简图，又是理解作品的背景，透过背景可以打开解读作品的路径。如李白的《梦游天姥吟留别》中的"梦"就是解读这首诗的路径，梦的零乱、碎片化、无理性，就决定着诗人对意象的选择，一些生活中没有的、无理性的、奇幻的、怪异的意象决定着诗歌的语言风格，表现着诗人追求自由、不受旧势力束缚的豪放个性。再如杜甫的《蜀相》，诗人勾勒出诸葛亮的图式：未出山规划三分天下，尽心尽力辅佐两代君王，可北向伐魏时病死军中。他拥有文韬武略，忠心耿耿，但功败垂成，令后来的英雄们叹息，感慨他背后没有贤明的君王鼎力支持。

  英伽登从意向性的角度给了文学作品一个独特的定位，从四个层面来分析文学作品的结构，每个层面内涵不同，有各自的意义，各个层面又相互关联，形成一体，给我们教学解读带来了全新的视角。

---

[1] 英加登. 对文学的艺术作品的认识 [M]. 陈燕谷，晓未，译. 北京：中国文联出版公司，1988：55-58.

第二节　纵向文本意义

人类思维的最大习惯就是喜欢归类，对同类事物进行范畴化，从而用一个概念把它们打包。传统的观念认为，能够归为一类的事物，一定有共同的本质特征。而认知语言学理论认为范畴遵从着家庭相似性的原理，只要有相似之处就可归为一类。美国语言学家莱考夫以迪尔巴尔语言把"女人、火与危险事物"归为一类的事例，来说明人类的范畴化的模糊性和复杂性。我们就大致从纵向对文本划分出一些意义类型，它们也只是一些集合，不一定有严格的共同本性。

一、概念义

概念是对事物范畴化的结果，范畴就是对有相同特性的事物进行归类而形成的意义。概念义是从生活或语言情景中提炼和概括出来的，但又脱离语境而存在，且具有相对稳定性。如"鸟"这个词的概念义是"脊椎动物，卵生，全身有羽毛，会飞"。概念是语言最基本的单位，是语言交际的核心基础，没有概念意义就不可能生成情景意义。

概念源于人们对事物的抽象分类，是一类事物的集合，如把麻雀、八哥、孔雀等归类为"鸟"。概念不是对事物直接指称，概念不是以意象图式存在于人脑中，而是以抽象的关系图式存在于人脑中。概念的意义源于人的生命体验，如"苍蝇在天花板上"的"上"说法很奇怪，明明是"苍蝇在天花板"的下面，而人却把这种状态叫作"上"，因为人看事物，把物当作自己来体验，是人的心理投射，苍蝇在天花板上，就像人站在大地上。

概念意义也源于人的隐喻思维，如《荷塘月色》"月光如流水一般，静静地泻在这一片叶子和花上"中的"泻"字，是三点水旁，与水有关，水透明、柔和、流得快，可见此时的月光透明、柔和、有动感。

概念义不是固定的，它的意义会随着句子语境、词语的搭配而变化。人们习惯用隐喻思维来生成概念的意义，一般用简单的常见的事物来映射复杂的抽象的事物，如"问君能有几多愁，恰似一江春水向东流"，"一江春水"的气势汹涌、奔流不息的特征，都映射给"愁"。如"床前明月光，疑是地上霜"中的"霜"的意义是"附着在地面或植物上面的微细冰粒，白色，深秋季节，水蒸气冷至零摄氏度以下凝结而成"，在诗句中，"霜"的"白色、深秋季节、冷"的特征来隐喻月光的特征"白色、深秋季节、冷"的特征，从而产生了"霜"的特别的意义。这样就生成了诗句的意义：诗人在深秋时节，凝视井栏前的月光，仰望明月，油然而生一种长期漂泊他乡的孤单寂寞、凄凉无奈之情。

概念义是意义生成的前在心智背景，在阅读中，人们因眼前的词语符号激活了先前储备的概念义，以此为基础生成新的意义。传统文学理论中十分强调物象，实际上，物象不可能是某个具体的事物，而是抽象的概念。因而，概念义的先前储备在生成新的意义时，尤为重要。

二、文化义

文化义不同于概念义，它是一个词语中除概念义之外而附着的一些意义，相当于利奇所说的"隐含意义"，如"母亲"有着"慈爱、贤惠、勤劳、善良"等意义。象征意义源于典型事物的原初意义，人们在事物原初的某个特征上进行体验获得某个意义，长期固化、流传，就形成了文化意义，如"梅""月""火""长江水"等。当然，历史中的人物典故，也是文化意义。

文化符号在文本阅读中随时可见，它渗透着丰富的历史意义，凝聚着人类的精神内涵，是文本的重要内容，也是人们表情达意的重要手段。在阅读中激活词语文化意义有利于生成新的意义，如《林教头风雪山神庙》一文中写到林冲在山神庙里处决了仇人，"山神庙"有一定的文化意义，庙中的塑像——"判官"，代表着奖善惩恶、公正裁决的力量。林冲在山神庙里，得到心灵暗示与力量的支持。他因而改变了以往委曲求全、忍气吞声的性格，在山神庙的背景中，坚决果敢地处决了恶人。

文化义与概念义一样也是先前存在的，因而，文化义的先前储备尤为重要。

三、情感义

在一定情境影响下，人总有种主观体验。情感是人类最重要的内心体验，也是最复杂、最隐微、最难表达的东西。花好月圆，人们就会产生喜悦之情；而花落月缺，人们则会有种伤感之情。朋友相聚，人们产生愉悦之情；而亲朋离别，人们又会产生失落的感觉。古人说："气之动物，物之感人。"天地运转，自然万物不断流转，人事活动不断变化，都会催生出人的不同情感。

情感与人相伴，显得复杂而隐幽，我们常用"喜、怒、忧、惧、爱、憎、欲"等概念来表达。但有时，借用概念并不能把情感说得清，道得明，我们就会借用一些具体的事物来表达它们。

我们常说：

（1）今儿个真高兴。（2）这令我伤透了心。（3）一种无名惆怅油然而生。（4）他心花怒放。

这些话表达了不同的情感，都很抽象，仔细分析会发现这些情感有着共同的成分，无论高兴还是伤心，都是一个事物。"高兴"连起来看显得抽象，拆开来是"高"与"兴"的叠加，"高"是在空间上的一种上升，而"兴"是兴致，像一个具体的物体。"伤心"，是"心"这个事物被损坏了，"惆怅"这个事物产生出来。从这些分析，我们可以把某种情感理解看成一个事物、一个实体。人们在表达某种情感时，总是会借助生活中某个事物结合心理体验来类比。

从感觉来体验，情感就是液体或气体。

（1）他的情绪很高。（2）他兴致越来越高。（3）他的心中注入一股暖流。（4）他洋溢在快乐之中。（5）他满心喜欢。（6）他一直消沉。（7）他情绪低落。（8）这个消息让他跌到谷底。（9）他沉浸在无边的悲痛中。（10）他心里充满了悲伤。

第（1）（2）句把情感当作液体，在积聚中不断上升。第（3）（4）句把情感当作水流，流入心中或迷漫全身。

从触觉来体验，情感就是温度。从感觉来体验，情感就是一种力量。

（1）巨大的狂喜攫住了他的心。（2）他被喜悦冲昏了头脑。（3）她被悲伤折磨得日渐消瘦。（4）她无法摆脱失去亲人的伤痛。

从感觉来体验，情感就是一种私有物。

（1）请大家分享我的喜悦。（2）成功者品尝到了收获的快乐。（3）我想分担他的痛苦。（4）她是自饮了苦果。

从视觉来体验，情感就是一种天气。

（1）她的心情突然放晴。（2）他的脸上带着灿烂的笑。（3）这些天，人们的心情灰蒙蒙的。（4）入冬以来，她的心情一直阴郁。

从触觉来体验，情感就是一团火或冰。

（1）他的一席话温暖了我的心。（2）他满怀热情。（3）她的心情一下跌入冰窖。

从味觉来体验，情感就是一种甜物或苦味。

（1）心里甜丝丝的。（2）他感到一阵苦寒。

认知机制就是自我投射，人类在认识世界时有个本能的机制，把周围无边的现象世界进行切割，让它们各自独立，像每个人一样，每个物体有着人为的边界，独立存在，因为每个人是独立存在的个体，所以人类认识事物时也就将自我投射到物体上，把它们理解成一个个独立存在的实体。

人是个独立的实体，存活在一定空间中，也就有种空间感。人的身体有上下，人也是站立在大地上，因而就有高低的体验。人的直立的姿势与情感的状态相映射：昂首挺胸常常是快乐、兴奋的情感体现；低垂的姿势、双肩下垂、脑袋耷拉常常是悲伤、痛苦的消极情感体验。这就有了上下情感体验。

人体是有温度的，而且温度保持在一定的恒常状态，温度过低或过高都影响身体的健康，所以人对外界的温度非常敏感。人体就像一台运转的机器，当血液循环过快，血流量增多，身体的热度增加，体内温度升高，人的情绪就随之高涨；当血液循环过慢，血流量减少，身体的温度下降，体内温度降低，人的情绪也会随之低落。这就有了火与冰的情感体验。

在认知机制上，从自然角度，人希望自己的生命永恒，看到自然界的勃勃生机就会喜悦与快乐，看到自然界的凋零、衰败就会伤心、悲痛；从人事角度，人要维持存活就要满足种类的欲求，如果欲求被满足，就会喜悦与快乐，如果不能被满足就会失望、痛苦。

情感意义就是语词或语篇所反映的说话人或作者感情和态度的意义。情感义一般通过景物描写、事件叙述和直接抒情三类形式来表达。

直接抒情，凭借语言的所指意义与语气直接表达。而景物描写与事件叙述的心智背景相对复杂，隐藏着一种人与物以及人际关系的离合的隐喻关系。

人与物，以及人与人之间分离时情感趋向悲伤、痛苦、忧愤等，而会合时情感趋向愉悦、快乐。以杜甫的《登高》为例，"风急天高猿啸哀"一句，"风"急速吹着，是说"风"在急速离人而去，"天高"也是说"天"离人很远。"猿"在哀鸣，也是说人与"猿"的疏远而陌生。"渚清沙白鸟飞回"一句，"渚清""沙白"是说沙洲上作物不生，它们离人而去，"鸟"飞回去了，也远离而去。"无边落木萧萧下"，树叶飘下，也是一种离去。"不尽长江滚滚来"，也是说长江水滚滚向东，离别而去。

事物与人分离，不是人所期望的，因而产生一种悲伤、忧痛的感情。人所期望的是和煦的风留驻在脸上，"猿"与"鸟"与人亲近，沙洲上、山上的草木葱郁茂盛，但现实的一切与人的愿望完全相反，悲与喜的情感也就完全不同。

除了与物的背离外，还有与他人、自我的背离。"作客"与亲人分离，"多病""霜鬓""潦倒"与自我旺盛的生命相背离，这双重分离在人与景物的分离的痛苦上又生发更重的痛苦。

愉悦、快乐之情同样源于人与人之间的会合，杜甫的《闻官军收河南河北》是生平第一快诗，"却看妻子愁何在，漫卷诗书喜欲狂"，是因为他将要"好还乡"，他可以回到家乡与亲人会合，见到想念的人，万分激动、快乐。当然，人与人、人与物既不存在分离也不存在会合时，情感则表现为闲适、安宁。如"山气日夕佳，飞鸟相与还"，"山"之物不见少，也不见多，"飞鸟"归来，它们不是离人而去，因为人就在山中，它们只是回到自己的住处，人与鸟同在山中。

作者在写作时，把人与人、人与物的趋向关系表达出来，而读者借用这种关系可以生成语句的意义。人类有着共通的意象图式，是因为人类有着相似的身体结构，而且在观察与理解世界时，身体对世界的体验是相似的。如在生活中，容器的体验处处存在，人的身体就是一个立体的、密闭的、有界限的容器，人所处的时空中就是一个容器，如房间、水杯、冰箱等。

因而人类就不知不觉地在大脑中形成一个容器的意识模型，并参照它的特征来理解世界，表达思想。在诗歌的创作中也是如此。如"天似穹庐，笼盖四野"，直接把天地理解成一个大的容器。王维的诗歌："独坐幽篁里，弹琴复长啸。深林人不知，明月来相照。"诗人独自闲坐在幽静的竹林里，时而弹琴时而长啸，这个竹林就是一个大的容器。

诗人在表达思想和情感时，不知不觉地遵守着容器的模型，先呈现一个时空容器，然后在时空容器中添置其他物件与人。在读诗歌时，我们可以根据容器中物与人的增减来把握诗人的情感。当事物与人进入容器时，就会增添喜庆；事物与人退出容器时，就会带来悲愁与痛苦之情。"深林人不知,明月来相照",无人相伴,略显孤单,但明月过来,带来温馨,去除诗人孤独失落之感,月光的澄明突显出诗人高雅、淡定、通透的形象。

李白的诗句"霓为衣兮风为马,云之君兮纷纷而来下。虎鼓瑟兮鸾回车,仙之人兮列如麻",杜甫的《客至》中"群鸥日日来",辛弃疾的词句"众里寻他千百度,蓦然回首,那人却在,灯火阑珊处"。这些句子中有一个共同的词"来",物品的增添、朋友的到来一定会给原有的生活带来喜悦,这十分切合人们好聚恶散的心理体验。

当然,人与事物从原本的世界中离去,人的情感就倾向于失落、寂寥、悲愁、痛苦。如李白的"孤帆远影碧空尽,唯见长江天际流",以诗人的视野为一个容器,朋友孟浩然从此处乘着船离别而去,就产生一种不舍、眷恋、伤感之情。

不过,如果从一个自己不喜欢的世界中逃离出来,则是别样的感受。如陶渊明的《归园田居·其一》写道:"少无适俗韵,性本爱丘山。误落尘网中,一去三十年。羁鸟恋旧林,池鱼思故渊。开荒南野际,守拙归园田。""户庭无尘杂,虚室有余闲。久在樊笼里,复得返自然。"诗人从官场樊笼中逃离出来,进入故园世界,开荒种地,就没有被迫离去的伤感、悲愤,反而感到悠闲、自在。

黄庭坚的诗句"痴儿了却公家事,快阁东西倚晚晴",同样是从一个厌恶的容器进入一个自在阔大的容器,他的心情变得愉悦、兴奋。

容器的意象图式较为常见,有时直接影响思想情感的表达,有时会间接地影响思想情感的表达。

四、主题义

主题意义就是语言所表达的说话人或作者的意图。语言符号是说话人或作者借用表达意图的工具,它们本身不代表着意图。就好比设置红绿灯,行人看到它们就理解了"停"与"行"的意义,红绿灯本身并没有意义，它们的颜色特征激活了人们心中约定的意义。也就是说红绿灯的设置者掌握着它们的意义，行人也掌握着它们的意义。红绿灯在设置者与行人之间传递着关于"停"与"行"的意义，语言符号也扮演着这样的功能。

因而，语言材料的选择与顺序设置以及阅读者对材料原始意义的先在掌握对于主题的意义生成至关重要。英国语言学家利奇把词语意义分为七种类型，他认为其中之一的"主题意义"是"指语言用于组织信息的方式（如语序、强调、语调等手段）所传递的意义"[①]，就是强调了语言材料的选择、顺序安排、强调突出等手段在意义生成中的作用。

如课本中节选的《复活》一文，描写了聂赫留朵夫第一次去监狱探望玛斯洛娃的过程。聂赫留朵夫带着忏悔与决意拯救玛斯洛娃的心情，向她坦白心声，但她并没有相信聂赫留朵夫，只是怀着质疑与利用他的心理与他交谈了一番。这充分表明玛斯洛娃受到的伤害之深，以及对生活彻底的绝望。

而作者托尔斯泰原来的稿子情节与此完全不同，原稿的情节是玛斯洛娃听了聂赫留朵夫真诚的忏悔后，充分相信了他，原谅了他，而且立即答应了他的求婚。

情节内容不同，生成的主题意义必然不同。这两处情节，一个是玛斯洛娃未能原谅聂赫留朵夫，一个是她立即原谅了聂赫留朵夫。在第一次探监时，聂赫留朵夫得到了原谅，他救赎的目的达到，这样不能区分出他的救赎是因为受到宗教信仰的压力，还是出自良心的压力。而在第一次探监时聂赫留朵夫未得到玛斯洛娃的原谅，他面临着新的选择：继续还是放弃？他必然经历内心矛盾的过程，经受内心深层的自省与挣扎，如果迫于宗教信仰的压力，他的拯救行为是为了求得上帝的原谅，但他看不到玛斯洛娃回头的希望，他是不可能求得上帝的原谅的，他只能放弃拯救行动。

---

① 王寅.语义理论与语言教学[M].上海：上海外语教育出版社，2014：153.

如果他不是为了上帝而拯救玛斯洛娃，无论能不能求得上帝的原谅，他都要拯救玛斯洛娃，他的救赎行为不带有任何外在目的，只是为了她。这样一种复活是纯粹良心的复活，是俄国贵族阶级彻底的忏悔。修改后的情节安排，生成的意义与之前完全不同，使主题变得更加深刻。

虽然两种情节安排所生成的主题意义不同，但主题意义生成的实质都是对一类人与物作范畴化的概念归类，也就是对语篇所描写的对象作抽象分类。聂赫留朵夫所经历的种种事件，最终在表明他所代表的一个贵族阶层的概念定义，对贵族阶层作内涵与外延上的界定。《复活》的主题意义就是一个贵族青年自我的精神解脱的完成。

五、表现手法义

表现手法与情感、主题一样依托着语言，不可能独立存在。它们外在特征不同，因而它们的种类不同，有比喻、拟人等修辞手法，也有象征、想象等表现手法。

它们基本上是"用生活中简单、熟知的物象来解释情景中抽象、复杂、深刻的意义"形式，而且截取了熟知事物的部分特征来表现抽象事物，使表达更加形象生动，易于理解与体味。

如《荷塘月色》中的句子"微风过处，送来缕缕清香，仿佛远处高楼上渺茫的歌声似的"，运用了通感与想象的手法，用"歌声"来映射"清香"，达到表达效果。"清香"与"歌声"，人们都很熟悉，但是用"淡淡""似有似无"等概念性的词语好像不能完全切中荷花清香的特征，甚至说借用这些词语对其抽象时，偏离了它的特征。如果借用"远处高楼上渺茫的歌声"可以达到特殊的表达效果，"远处高楼"说明距离遥远，歌声能够传得过来必有一定的声量，而且从高处传来不受地面声响的阻碍与干扰，声音很纯净。"渺茫"又显得模糊不清，声音很细微，因此表达出的荷香是随着风的吹动时有时无、轻淡纯净、细微但沁人心脾的。

再如《荷塘月色》中的句子"月光如流水一般，静静地泻在这一片片叶子和花上",运用了比喻的手法,借用"流水"的部分特征来描绘月光。"水"是透明的、柔和的,又是流动的,是说月光透明柔和,照在荷叶和荷花上不是一种静态,而是如流水般不断流动着,甚至在冲洗着荷叶与荷花,让荷叶与荷花保持着洁净滋润,等等。这些特征用抽象的概括性的语言无法表达,艺术手法使原有的事物意义大大增多,这是艺术手法本身的意义所在。

六、框架结构义

框架结构义是就语篇而言,每一篇文章都是一个整体,所以必然有个框架。就像人一样,每篇文章的框架有大致相似的地方,开头段、承接段、过渡段、主体段和结尾段。当然也有着不同的框架组合,有连续并列,也有持续推进,等等。

如朱自清的《荷塘月色》是前后照应的圆环式结构,史铁生的《合欢树》是"母亲"与"合欢树"的两个线索并列结构,柳宗元的《始得西山宴游记》是两次游山的前后推进结构,等等。

课文结构与艺术手法一样,不会独立存在,它是对课文的整体样态作形式化呈现,它自身生成意义并指引着课文情感与主题意义的生成。《荷塘月色》的圆环式结构,隐喻着回归与循环,从起点出发转了一圈又回到起点,这对情感与主题义的生成起到引导作用。原先的情感是淡淡烦忧,走出家门,来到荷塘得到精神的开脱,但回到家里,那种淡淡烦忧又回来了。其主题是揭示了那个时代知识分子面对特殊的社会问题,看不到希望、找不到出路的苦闷与烦忧。

《合欢树》的并列结构则是"母亲"与"合欢树"相互独立,又相互统一。母亲活着时种下合欢树,母亲去世后它则是母亲的化身。对树的爱就是对母亲的爱,看到树就追念母亲,一种情感两处叠加,母亲像树一样永远活着。

《始得西山宴游记》第一次游西山,只是借酒、借景消愁,但没有从心底消除被贬的痛苦。第二次游西山，感悟到西山特立，不与众小山同类，明白自己同样不与世俗小人同类，自己应该与天地精神合一，这样就不再有被贬的痛苦心情。结构的推进隐喻着精神境界的提升，结构就是主题，就是意义。

七、逻辑义

如果说框架结构相当于人的总体形体特征，那么逻辑就是筋骨相连的样式。在文学作品中，人们多在关注艺术形象，而往往忽略语意的内在推动逻辑。作者书写作品时一定有某种内在的逻辑，这个逻辑就是意脉，如果不去梳理作品中的内在逻辑，就会失去意义生成的一条路径。

梳理语言中的逻辑特征，可以提升对作品中人物形象的认知，进而生成情感义与主题义。如李清照《如梦令·昨夜雨疏风骤》中最后的句子"应是绿肥红瘦"，诗人之所以有这样的结论，是因为有着严密的推理：

如果海棠花受到风雨打击，那就必然是红花少了，绿叶显得多了。

（昨夜）海棠花受到了风雨打击。

所以，海棠花必然是红花少了，绿叶显得多了。

诗人在昨夜看到雨狂风大，因为酒后浓睡，没有看到窗外就知道海棠"绿肥红瘦"。她惦念着窗外的海棠花，同情它们在风雨中的遭遇。她能严密推理是因为她观察着自然的变化，关注着窗外的生命。这些都在表现诗人心灵细腻，思维敏锐，对自然之物有着怜惜之情。

而侍女的回答"海棠依旧"，足以反衬女主人的细腻、敏锐。侍女不关心窗外的生命，也不懂它们，根本不懂自然变化与生命之间的关联。侍女与主人，一个笨拙憨实，一个细腻敏感，对比鲜明。这首小词巧妙而有趣。

按照逻辑线来梳理，重要的是能发掘出语篇间的隐含信息，从而生成更加丰富的意义。

如苏轼的《石苍舒醉墨堂》一诗，"人生识字忧患始，姓名粗记可以休"中的"识字"与"忧患"存在矛盾，经过一连串的推理就可以解决矛盾。

如果不识字，就不会写诗作文。

如果不写诗作文，就不会引发事端和遭来祸患。

所以不识字，就不会引发事端和遭来祸患。

某人引发事端和遭来祸患。

某人识字。

这两个都是假言推理，推理正确需要添加一个隐含条件，识字就能写诗作文，而写诗作文必然在表达观点，观点不合他人心意就会引来祸患，而且一些小人也会歪曲诗文陷害写诗作文的人。诗人苏轼一生多次因为诗文而遭人诬陷，他说这句话，就是抒发自己内心的愤慨。

文学作品中的内在逻辑，开始引起了理论界的重视，但是对文学作品的逻辑意义的研讨与发掘成果还比较少，这可能是文本解读较有价值的领域。

第三节　课文意义的生成

意义生成需要三个条件：外物特征、施加条件以及背景知识。下面从这三个条件对课文意义的生成加以梳理。

课文是用于课堂中进行师生教学的文章或语篇，它们虽然与一般的阅读作品有所不同，但是课文与作品同属于意义生成的阅读对象，有着一些共同点。

首先，从外物特征上来看，两者的阅读都不可凭空想象，都是建立在课文或作品基础上的。而且，课文与作品的内容的主体部分完全相同，如选入教材作为课文的《老人与海》（节选）与一般读者所阅读到的小说《老人与海》的相关章节完全相同，读者都面对着相同的文字、相同的章节。课文或作品都在向读者呈现着思想内容与艺术特色，呈现着人物性格、情节变化、环境描写。读者会对人物性格产生不同角度的理解，但主人都是老人桑提亚哥；读者会对情节、环境安排的作用有不同的理解，但情节安排、环境描写的内容都是相同的。

其次，从施加条件上来看，两者都是以白底黑字的方式进行呈现。

最后，从背景知识上来看，两者的阅读者都要调用语言的积累，通过文字激活大海、小船、鲨鱼、鱼叉、船桨，以及划船、击打等直接与间接经验，激活大脑中已有的意义。二者都是通过文本生成新的意义，形成新的背景知识。

相对于一般性的阅读，课文意义生成存在着众多不同。

首先，从外物特征来看，课文不再是单个语篇，而是在选文的基础上，增加了附着编者意图的语篇，成了数篇文章的组合。相对于原来的作品，课文增加了信息源，外延增大，促使其内涵缩小，从而影响到意义的生成；语篇之间具有相互阐释性，选文前后的语篇总会有意无意地相互指向，从而促成意义的生成；编者增加的语篇带着他们的指令，给教师的教与学生的学作出指导，从而引导意义的生成。

如教材中《老人与海》（节选）前面的单元导语说："《老人与海》和《百年孤独》属于现代小说，在题材内容、创作手法等方面有诸多创新，极大地拓展了小说的天地。""要了解小说多样化的风格样式，从主题内容、叙事手法、语言风格等多方面入手把握作品独特的艺术成就。"这就给出了解读小说及解读《老人与海》（节选）的重点与切口，引导老师与学生解读，消解了一般阅读的无目的性，提高了阅读的效率。

而在学习提示中，引导性的语意更加具体。"'一个人可以被毁灭，但不能被打败。'……体会小说所赞颂的'人的灵魂的尊严'"明确提示了《老人与海》（节选）的主旨在于表现一种永不言败的精神。"他的小说语言凝练而又精当……文章还有大量的内心独白……"明确提示了艺术上的特征。这些都帮助意义的生成，同时也限定了意义的生成，提高了阅读的效率，也失去了意义生成的空间。

其次，从施加条件与感官方式来看，一般阅读只是面对着文字，通过视觉获得文字信息，不会为了理解文字内容而观看相关影视或聆听作品朗读。而课文阅读时，教师或学生会有目的地去观看相关影视和聆听作品朗读，既用视觉，又用听觉，甚至用触觉与味觉。施加条件与感官方式不同，生成的意义必然不同。事物的特征是多层面的，利用不同感官，就能多层次多角度获得它们的特征，最终生成意义。

如在阅读《老人与海》之前，教师播放俄罗斯动画大师亚历山大·彼德洛夫制作的同名动画片《老人与海》。动画片极致的唯美画面给学生留下了深刻的印象，对老人、大海生成了一定的意义，以此作为一定的意义背景，再来阅读文字生成新的意义，前后意义融合而形成的新意义的丰富性远远超过了一般阅读。

最后，从背景知识来看，一般阅读时，只存在着阅读者一个人的背景知识，由这个唯一的背景知识而生成了一个人的意义。在课文阅读中，是一个群体共存的阅读，一个老师加上几十个学生同时进行阅读。虽然最终生成的存在于每个个体大脑中的意义也各不相同，但是建构新的意义时，各个个体的背景知识都会拿出共享。

如在阅读《老人与海》时，有的同学分享了作者海明威的个性特征，有的同学分享了《老人与海》的写作背景，有的同学分享了海明威的写作特点。分享有重叠、强化，有矛盾、争议，这些分享有助于形成对课文解读的意义。

在课堂上背景知识的分享有时是共时性的，有时是延时性的，如在老师的组织下建立微信的"共读伙伴群"，每个成员把自己先前的知识与阅读后的体会与感悟分享在微信群里，共读伙伴们可以随时分享其他人提供的信息。

第十一章　文本意义生成的误区

第一节　现象的物化

现象世界，原本是我们内心体验出来的东西，却被我们认为是物自体世界中事物本身的特征，这种混淆主要体现在"客体化""物化""人格化"三个思维形式上。

客体化，就是我们把感官体验到的结果当作事物本身的特征。如桌子上有一个苹果，我们认为它是红色的，有香味。物理学知识告诉我们，物体没有颜色，颜色是由我们的心灵所创造出来的，当物体表面反射的各种波长抵达视网膜上的视锥细胞，它们又沿着神经通路把电子消息传导到大脑中的视觉皮层。大脑将不同的波长转换成各种颜色的感受。同样的道理，天空不是蓝色的，枫叶不是红色的，香蕉不是黄色的。我们的心灵将颜色进行物化并投射到原本没有颜色的现实世界的物体上，我们就认定物体本身有这样、那样的颜色。相同的方式，我们也会客体化我们的感官所体验到的听觉、味觉、嗅觉和触觉的结果。

物化，就是指我们把头脑中的概念与理念当作现实世界中真实的存在，如儒家推崇的"仁、义、礼、智、信"的信条，我们认为它们存在于真实世界中。同样，自由女神、善良、邪恶，等等，我们也认为它们在现实世界中存在着。我们不光物化了无数概念，也物化了各类判断，如"人之初，性本善""善有善报，恶有恶报""情人眼里出西施""将来会有无数智能汽车"。我们也物化了各种价值，如"黄金有价，真情无价""石油比水贵"。价值只是一种评价，它与物体的实用性紧密相连。否则，即使黄金、钻石，也没有价值。在干燥的沙漠里，一杯水比一斤黄金贵。水没有价值，阳光没有价值，食品没有价值，诗歌没有价值，音乐没有价值，书籍没有价值，爱情、友情、亲情也没有价值。事物都没有价值，价值只是人根据它的实用性作出的评价。

我们也物化了各类符号，十字架、国旗、和平鸽、橄榄枝，这些符号本身都没有意义，只是人赋予了它们意义。我们物化了自己的体验，我们体验到爱、恨、愁、怨，我们就认为世界上有着爱、恨、愁、怨；我们体验到美，我们就认为世界上有着美。因而，我们错误地认为爱与恨存在于某人中，美存在于某个事物中。我们不能体会某人的爱与恨，某物的美，我们的情感与审美就是有缺陷的。这些观点误导了多少人，冤枉了多少人。明白爱与恨、美与丑发生在我们的情感与思想中，我们就可以正确地找寻它们，也不会被各种谎言所迷惑。

人格化，就是把无生命的或抽象的物体视为一个活生生的人，它们拥有自己的情感与想法。如我们常说，"语言是有温度的""星星眨着眼睛"。

人类的文化就是把人们的想法物化的结果，在社会的发展中，人们之间不断互动，逐渐强化着这些想法。春花秋月就是美好的光景，残荷败柳就是凋零的人生，这些假设的文化，会被我们不假思索地接受为真实的事物。意义与价值只是一些人创造出来的，白人、黑人、黄种人只是一些想法；任何词语也不代表一些真正的东西；十字架、明月，它们的意义不是这些符号所固有的，而只是存在于赋予这些意义的使用者头脑里。看透这些符号的真正面纱，我们就真正理解了这个世界。

第二节　自我中心主义的困境

　　每个人以物质肉身存活在世界中，肉身中有着各种感知器官和信息处理设备，依靠它们每个人才能感知世界，才能从外在的世界中产生意义，才能改造世界使自己存活下来。同样，人也是依靠这些器官与他人进行交流，共同战胜困难，在严酷的自然界中生活的。

　　每个人依靠意识开启了自己的生命与外在世界。

　　当一个人处于植物人状态或是在睡觉时，他对外界没有任何反应，也没有自主行动。此刻，他活着，但没有了知觉，也就是没有了意识。意识是人对外在世界与自己的认识，这种认识本质上是再现。

　　有意识才能算是真正的存在，植物人或睡觉中的人不是真正的人。我坐在房间的椅子上，可以肯定我存在着。如果在睡觉中，我就不能确定自己是否存在，我是否存在，只能靠别人的意识来确定。

　　没有意识主体，同时也没有意识对象，就没有意识。我坐在房间里，我存在着，我感知到桌子、椅子、地板等。当有意识时，我真实存在，桌子、椅子、地板等也真实存在。一枝梅花在"驿外断桥边"，而且"寂寞开无主"。因为诗人陆游意识到它，它才存在。陆游没有意识到它，别人或者会意识到它。

　　意识联结着我与外在世界，这就引发出更多的思考。

　　外在世界，包括自然界与他人，成了我的意识内容，确立我的存在。如果没有内容，就没有意识，也就没有我的存在。真空中不可能有我，我也不可能在真空中存在。

　　一个人的意识是流动的，而且呈现序列式的更新。昨天，我在学校里经历了很多事件，脑中摄入一系列的所见所闻所想，今天又继续摄入新的内容。在意识中，新的印象强行摄入，旧的不知不觉沉沦，直至模糊。这一长串的意识流就是时间河，上游的水滚滚而来，下游的水滔滔而去。因此，意识诞生了时间。

无法阻止外在世界进入一个人的意识，"对潇潇暮雨洒江天，一番洗清秋"，抬望眼，不能不让漫江暮雨进入诗人的意识。也无法阻止一个人的意识活动，意识的不可控制，给人以自由，让人崇尚自由。"不自由，毋宁死"，自由之歌是人类永恒的主题。想要消除一个人的自由，除非消灭他的意识，让他不存在。

人的意识不断流变，"苟日新，日日新"，意识不会停止在某一刻。所见所闻不断更新，所思所想也不断更新，意识无法固定，人的本质就无法固定。"人生若只如初见，何事秋风悲画扇。"如果现在的他还是初次见面的他，那么就不用在秋风中生起悲伤。人因意识变化而没有本质，如果词人明白了这个道理，就不会有如此的感伤。我不是我，我也不止于我。萨特那句著名的话——"存在先于本质"，颠覆了中国一句古语——"从小看大"，存在才有本质，小的时候是一种本质，大的时候是另一种本质。

人没有本质，那么我还是我吗？孔子说："吾十五而志于学。三十而立，四十而不惑，五十而知天命，六十而耳顺，七十而从心所欲，不逾矩。"七十岁的孔子，还是十五岁时的孔子吗？外在世界在变，孔子的身体和思想意识都在变，七十岁的孔子当然不是以前的他。一个人的本质在流变，而他的社会身份与他的某些特质没有变化。孔子活着时，之所以叫"孔子"，因为他永远是颜回、子路的老师，子思的爷爷。他试图用"仁""义""礼"来重构世界的愿望，一生未变。

意识再现外在世界，实质上是化解外在世界为己所有。"我见青山多妩媚，料青山，见我应如是。"青山由词人的意识显现出来，说青山"妩媚多姿"，不合常人所见。在常人意识中，青山巍峨苍翠，峰峦叠嶂。在意识中呈现的外在世界是被意识加工后的景象，原先的那个青山本是一个混沌物。

每个人的意识总给所见所闻的外物一个概念，"多妩媚"是词人的意识给当前青山的一个概念。当一个人把眼前的混沌物说成青山时，实际上，他的意识在刹那间把这个混沌物进行了转码，瞬间作以解释。文本呈现的世界是作者的解释，妩媚的青山只属于词人，青山就是他，他就是青山。

如果一个人多次在意识中，或者很多人在意识中都认为青山是妩媚的，那么可以说世上的青山就是妩媚的，这就是知识。知识就是对反复出现的现象作因果解释的一种猜测，它是一个人的意识生发出来的概念与命题，这个概念恰好暂时符合了外物变化的规律。当看到苹果落向地面，牛顿猜想地球有引力，他拿很多事物检验，很多人拿很多事物检验，都符合这个猜想。推而广之，就成了知识。早、中、晚，以及春、夏、秋、冬，就是人们对混沌世界作的一种划分。

文本是一个人的意识外显，是对原本的混沌世界的理解。原本的世界是什么样子，不得而知，但意识显现常会不同。苏轼常借月抒怀，"酒贱常愁客少，月明多被云妨。中秋谁与共孤光，把盏凄然北望"。这是他被贬黄州时，写的诗句。月色无光，客人稀少，他黯然神伤。而后来，同样在黄州，他又写出不同的关于月的句子："亭下如积水空明，水中藻荇交横，盖竹柏影也。"月色空灵澄澈，不带他的愁绪，也不附着他对功名、年华的思考。此时的苏轼已无功名心，意识如文字般空明。在流变的意识中，可以想见苏轼的人生境界的变化。

当人意识外在世界时，他有了存在。当他向内意识自己时，他开始了真正的思想。"料青山，见我应如是。"意识由青山回转向自己，词人回想自己的一生，历经风雨，忠贞报国，如青山一样妩媚多姿。他自信活出了自己，问心无愧，至于国事如此，非他之力能够挽回。"青山见我妩媚"要比"我见青山妩媚"有意义得多。

意识到自己的存在时，这个人就会肯定自己的意识，而否定别人的意识，从而努力确立自己的存在。秦桧协同皇帝谋害岳飞，是惧怕岳飞建立功业，拥兵自重，危害他们的小政权。除利用人事上的彼此消长外，人会利用艺术来呈现自己，如同一群孩子玩小片石打水漂的游戏一样，改变外物或创造出世间所没有的东西，来显现自己的存在。

人渴望得到别人的认同，认同他对世界的理解。当意识相同时，就会视对方为知己。宝玉与黛玉情投意合，因为他们对功名与人生有相同的意识。

总之，意识使人成为人，也使人与世界密不可分。

但是，每个人一生中都是锁定在自己的肉身时在，无从逃脱，人们总是想办法脱离自己的肉身成为一个他者，最终没有人能做到这一点。"自我"只能感知到自己的信息，而无从得知他人那头感知的信息；只能加工出自己的意义，而无从加工出别人的意义。因而每个人都会相信自己感知的信息以及加工出来的意义的正确，这也许是人类的无奈之处。桑塔亚纳说："人类不可能找到绝对真理，因为它是超越于每个人具体的思维的，因为它根本不构成一个视角。"[①]人们总是想找到事物的真相，但人们可能永远无法观察到事物的真实样貌，因为它们可能存在于人们对它们的看法之外。

所以每个人都局限在"自我中心"里，每个人都是以自己的肉身为中心来观察世界，都生发出自己是世界中心的意识。无论每个人走到哪里，他永远是他的世界的中心，整个外在世界都是围绕着他所处的时空点旋转。人们的理性思维告诉他，世界没有什么中心，而他无法排除这种"自我"中心的意识。

---

① 萨瓦特尔.哲学的邀请[M].林经纬，译.北京：北京大学出版社，2007：11.

一名精神病医生洛基奇在他的《伊普西兰蒂的三位基督》一书中，记载有三名精神病男子都宣称自己是上帝，而其他人都精神错乱，可见，"自我中心"的意识在每个人身上多么强烈。因而，罗素说："如果可能的话，每个人都希望自己是上帝；有些人觉得很难承认这一不可能性。"

社会学家保罗霍顿和切斯特亨特认为："所有的社会和所有的群体都认为他们自己的文化更优越……我们身上都有种族中心主义，因为：（1）我们都如此习惯于我们的文化模式，其他模式无法让我们感到满意；（2）我们不明白陌生的特质对它的使用者来说意味着什么，因而我们会错误地归咎于对方；（3）我们从小就被培训成种族中心主义；（4）我们发现，面对我们自身的不足之处，种族中心主义是一种令人舒服的防御方式。""种族中心主义（1）促进了群体团结，忠诚和士气，从而加强了民族主义和爱国主义；（2）保护文化不受社会变迁的影响，包括那些需要保护的文化；（3）强化了偏执，让群体看不清关于他们自身和其他群体的真实事实，有时则会阻止他们成功地调适自身适应其他群体和文化。"[①] "自我中心主义"是个错觉，无数个"自我中心"，就会形成一个大的"自我中心"，即民族中心主义，这似乎是人类一个无法摆脱的文化心理，在每个民族中都存在着，这种心理有着自我保护和历史文化保护的价值，但会导致民族的故步自封，严重的时候演化成对犹太民族的大清洗。

---

① 克里斯蒂安. 像哲学家一样思考［M］. 赫忠慧，译. 北京：北京大学出版社，2015：100.

第十二章　文本的符号特征与解读

第一节　对符号的理解

人是意义动物，人创造着意义，也活在意义世界里。也可以说人是符号性动物，人创造着符号，也活在符号世界里。卡西尔说："符号化的思维和符号化的行为是人类生活中最富于代表性的特征，并且人类文化的全部发展都依赖于这些条件，这一点是无可争辩的。"[①]意义与符号紧密相连，意义是人对世界与自我的认识与理解。意义是人的思想的结果，符号是意义的外在形式，符号必然含有意义，否则不能算是符号。

赵毅衡教授说："符号是被认为携带意义的感知。"[②]这句话包含着两层意思：其一，符号是一种"感知"。感知对象是外在世界和自我，如通过"视觉、听觉、嗅觉、味觉和触觉"五种感官获得外在信息，看山高水长，听街谈巷议，闻松桂飘香……也可通过感官，探觅自我的内心世界，感受头痛胃灼，感受平衡失重，感受方向迷失……也可通过主观意识，回忆往事，想象未来景象……无论是对外在感知，还是内在感知，所获得的

---

① 卡西尔.人论［M］.甘阳,译.上海：上海译文出版社，1985：35.
② 赵毅衡.符号学原理与推演［M］.南京：南京大学出版社，2016：1.

结果都要以符号的形式表现出来。其二，感知生成意义。我们通过外在感官与内在感官来感知对象时，所获得的信息总是以一定的形式被我们留意或表现出来，总是已经带上我们的理解，总是赋予一定的意义。看到蓝天、白云、花朵等，感到胃痛，感知到它们，把它们辨别出来，给它们某个概念就是给它们某种意义。符号就是意义，意义也算是一种符号。

事物有很多类型，相应地，符号也有很多类型。事物有自然物或自然现象，如花鸟虫鱼、梅兰竹菊；有人造物，如亭台楼阁；有人的身体器官，如五脏六腑；有人造的纯符号，如旗帜、语言。语言是最重要的符号，亚里士多德认为，人在本质上是个语言存在物。人一旦有了语言符号，就彻底从动物界分离出来。语言加快了人的类化，让人超越了个体百年的时间，也超越了个体有限的生活空间。语言把历史带给了人类，人类可以与千百年之前的人对话，也可以与千里之外的人对话，人类不是只活在某个狭小的村落里，而是活在厚重的历史文化里。前人的思想在语言中得以传承，不断滋养着后人。在千百年的历史中，人类共同寻找人的本质，探寻人的真正属性，使人更像人。语言推动了人类思维的发展。语言不光积淀着前人的知识与思想，更以符号的形式加速人的思维的运转，让人的思维变得更加便捷。语言描绘着人类的生活世界，丰富的语言世界不断刺激着人的思维，使人的思维不断变异，变得越来越灵活。

第二节　符号与文本解读的作用

语言是特殊的符号，符号的属性也是语言所具有的。索绪尔说："我们把概念和音响形象的结合叫作符号。""我们如果能够在各门科学中第一次为语言学指定一个地位，那是因为我们已把它归属于符号学。"[1]索绪

---

[1] 索绪尔. 普通语言学教程[M]. 高名凯, 译. 北京：商务印书馆, 1980：107.

尔直接把语言当作符号，符号携带意义，那么语言也携带意义，研究语言就是研究符号，思考符号意义的生成，就是思考语言意义的生成。

那么，语文教学就与符号学有着解不开的联系。"语文课程是一门学习祖国语言文字运用的综合性、实践性课程。"[①] "语言的建构与运用"是语文学科核心素养的重要方面。语言作为符号，它的符号性特征对理解语言意义有着重要启发，可以丰富文本解读的内容，提供语文教学解读的实施策略。

文本解读是以语言为媒介，师生在一个共同的阅读空间中，对文本开展有意义的解读。文本是语言的编织物，语言是文本的构成基质。文本的意义由语言整合而成，思考文本先得理解语言。而我们对语言的理解较为笼统，我们常把口头言谈叫作语言，也把文字叫作语言，把语法现象也叫作语言。我们常说文学作品是个性化的语言表达，而维特根斯坦认为语言是公共的，不存在私人的语言。索绪尔把语言分为语言结构和言语两部分，语言结构是社会性，它潜藏于人们的意识之中，是社会产物，不从属于某一个人，个人无法改变它。而言语是个体借助语言规则表达个人思想、感情的言语行为的结果，但言语的基本意义与语言系统难以分离。

文本解读中，我们解读的文本是个体的言说成品，是个性化的表达。在解读中首先是探寻文本所寄寓的作者独特的情感、思想，以及他的独特的言说方式。在体悟作者的情感、思想以及言说方式后，确立我们自己的言说方式，来抒发个人的情愫与思考。作者的表达之所以能够得到他人的理解，因为他遵循着语言的社会公共内涵。我们理解、体悟作者个性化的思想、情感，同时透过作者的言语，积累语言的规则与用法，并将其化为自己的言语基础。索绪尔在结构上对语言符号作两层分析，使我们明确教学解读的任务在于言语能力的培养与训练。

---

① 中华人民共和国教育部. 普通高中语文课程标准（2017年版2020年修订）[M]. 北京：人民教育出版社，2020：1.

符号学丰富了我们的语言观，也丰富了我们的文本观。语言由语言结构与言语组成，语言结构受制于社会规约，任一文本从属于某一文体，一定受制于此文体的规约。作者是社会性的人，他的言说一定携带着某个社会现象。所以文本的意义有的显现于文本之中，有的隐含在与此文本相关的其他文本之中。赵毅衡教授说："在解释中，不仅文本本身有意义，文本所携带的大量附加的因素也有意义，甚至可能比文本有更多的意义。应当说，所有的符号文本，都是文本与伴随文本的结合体。这种结合，使文本不仅是符号组合，而且是一个浸透了社会文化因素的复杂构造。"[1]每个人不可能横空出世，每个文本也不可能横空出世，文本的意义由众多社会因素凝聚而成，要想尽可能理解文本的意义，需要联系伴随文本的内容，来探寻文本的意义。赵毅衡教授对伴随文本作出梳理：一是副文本、型文本等显性伴随文本，二是前文本、同时文本等生成性文本，三是评论文本、链文本、先后文本等解释性伴随文本。如此丰富的文本，完全更新了我们的文本观，使我们明白文本不是一个单一的存在，而是一组文本的集合，丰富了解读的教学内容，也为教学增添了解读路径。

符号学的价值与意义最重要的在于解读方法，"符号学首先是一个方法论问题，符号学之所以是一门独立的学科，就是因为它具有独特的研究符号的方法"[2]。语言有着丰富的意义，因而，从符号学作出解释的角度也是多样丰富的。除上面伴随文本角度外，还有"组合和聚合"的二维思想、符号学三分法原理等角度。

"组合和聚合"的二维思想，最先由索绪尔提出关于语言的两个结构关系的概念，后来罗兰·巴尔特对此加以阐释，并用此来理解服装、宴席、照片等社会现象的意义。组合是从横向来理解语言，顺着语言自然的从左到右的线形排列次序来考察语言，从整体与部分来探寻它的意义。这与日常思

---

[1] 赵毅衡.符号学原理与推演［M］.南京：南京大学出版社，2016：139.
[2] 严志军，张杰.西方符号学理论在中国［J］.外语学刊，2010（6）：138-141.

维一致,可以很好地理解文本意义,如梳理文本的写作思路,分析起承转合的结构,先写景后抒情的表达次序,等等,都是从组合角度来分析文本。

聚合的思维是对语言一种突破性的理解,聚合指在纵向上把有某种共同性的语言符号联系在一起,从而获得意义。有文本内的聚合,也有文本外聚合。文本内聚合可以把同一词性的词语聚合在一起,如解读《师说》一文,我们把老师聚合在一起,"郯子、苌弘、师襄、老聃、韩愈、巫医、乐师、百工之人",从中可以看出韩愈心目中的老师,他们有的是古代圣贤,有的是艺人,足以说明韩愈认为老师的标准是"传道、授业、解惑","无贵无贱,无长无少",只要能传道、授业、解惑都可以算是老师,反映了韩愈思想的先进性。聚合的思维为教学解读带来新策略,为探寻文本意义带来新的视角。

皮尔士提出了语言符号三要素的思想,他认为符号有符号本身、符号所关联的对象物以及关联物所引发的多重意义。此思想为文本解读带来一些启发:理解文本要立足符号本身,符号所关联的对象是约定的,对象的特征是启动意义的基础,意义不是毫无根据的,源于关联物的特征。关联物的特征是多重的,从不同的视角就可以获得它的不同特征,每一视角获得的特征,则会生成相应的意义。多重意义具有家庭相似性,不会完全一样,也有着千丝万缕的联系。这个思维是文本解读的基础,理解文本的框架意义、情感意义、主题意义、概念意义、表现手法意义等均可以遵照这个思维来探索。

第三节　符号理论视角下文本解读策略

下面,我们以郁达夫的散文《故都的秋》为例来探讨罗兰·巴尔特倡导的五类符码在文本中的意义。《故都的秋》一直是高中语文教材必选的名篇，但写作背景久远，作者表达含蓄，因而读者很难体会出作者深沉的情感，以及国难中一代知识分子"忧国伤时"的情怀。哲学符号学理论揭开了语言内涵与文本世界中的意蕴，我们就从五类符码的角度由点到面地探寻文本的意义。

法国思想家罗兰·巴尔特在他的专著《S/Z》中提出了五种符码：行动符码、象征符码、文化符码、意素符码和阐释符码。行动符码指人物的行动及其遵循的内在的逻辑；象征符码指人与物之间的内在联系，人与人以及物与物之间的对照，展开着语言的张力；文化符码指涉及物理学、生物学、医学、心理学、文学及历史学等，人类传统经验的集体而无个性特征的语言，文中所引及的诸多知识和智慧符号；意素符码，用一个词来构成含蓄意指较大的信息，提供人物性格、环境等；阐释符码指从文中发现问题，再回答问题，它使一个谜被指向、提出、阐明，继而拖延，最终解开。

罗兰·巴尔特认为文本由多重符码编织，沿着多重符码解读文本，才能最大可能体悟到文本的意蕴。我们一读散文标题"故都的秋"就会停下，"故都"在此指哪个地方？从后文我们知道指"北平"，利用词语聚合功能，我们很容易联想到相对立的"南国""江南"等词，因为"江南"是郁达夫的故乡。按常理，他应该写有关故乡的文章，就像老舍先生的《想北平》。由此，我们就产生了一个疑问：郁达夫为什么不写"江南之秋"，而写"故都之秋"？"秋"一词，又产生众多聚合词——春、夏、冬，我们不得不问：作者为什么不写故都的春、夏或冬，而写秋呢？两处疑问，即阐释符码。构成解读此篇文本的指向，解开这个疑问，对本文可以透彻理解。

行动符码在叙事文本中占比多，在抒情文本中较少，因而容易被忽略。但这类符码在呈现人物性格、渲染意境、构成叙述线索等方面有着重要作用。

"我的不远千里，要从杭州赶上青岛，更要从青岛赶上北平来的理由，也不过想饱尝一尝这'秋'，这故都的秋味。"两个"赶上"，一个"饱尝"，写出了"我"赶去北平的急切心理，表达了对故都的秋的向往与热爱。"尝"字，总领全文，下文均在写作者对"故都的秋味"的品尝。

"在北平即使不出门去吧……自然而然地也能够感觉到十分的秋意。""租""住""起来""泡""看""听"等词语写出了作者沉醉秋景的情形，描绘出故都秋日的安宁与寂静，对故都的秋的热爱之情跃然纸上。

象征符码不同于传统所说的象征手法，而是一种对比。作者在本文第二段与倒数第二段都拿"江南的秋"与"故都的秋"来对比，以淡来反衬浓，以"尝不透"来反衬"在北方""才感受得到底"。象征符码也指人与物的对照，本文多数描写"故都的秋"的残败与悲凉，"破屋""破壁""秋蝉的衰弱的残声""秋雨"的"凉"，等等。作者喜爱故都的秋，而这种"感受到底"的秋，是深沉、悲凉、落寞、萧瑟的。

文化符码体现在中国诗文和外国诗文对秋的歌颂与悲啼上，特别是中国文人对秋的特别的喜爱上。文人爱秋是因为有着一种"秋士"情结，人生到了暮年仍不得志的文人，从秋中看到了自己，残败与悲凉的秋就是中国落魄文人的象征。作者从文化符码、从文化角度解读了秋的意义，也解释了自己"爱秋"的原因，从秋中能看透中国文人的人生，也明白自己的失落的人生。作者反观自己的人生现况，他热爱秋，而最有秋的深味，在北国。

所以，他爱北国的秋，而不是南国的秋。他爱秋，而不爱"春、夏、冬"，因为"春"太繁茂，"夏"太热烈，"冬"太严酷，并且"冬"来了，"春"还会远吗？他看不到生的希望，他远离了"冬"。

如果到此，作者可以结束本文了。可他却又抛出一句："秋天，这北国的秋天，若留得住的话，我愿把寿命的三分之二折去，换得一个三分之一的零头。"这算是意素符码，"若留得住"，我们从语言区分功能看出

"留不住",但作者还是希望要"留得住",甚至"折"去寿命,"换"来北国的秋。"三分之二"的生命与"三分之一"秋的"零头"的巨大对比,说明北国的秋远远高于他的生命,足见北国的秋的重要。最后这句意蕴丰厚,最让我们搞不清楚。爱秋,爱自然,完全可以,但是为何用生命来换取?而且,自然季节,是无法阻挡的。四季轮回,下次再见就可以了。

作者想说什么?这么重要的北国的秋,即将消逝,而且一去不返了,再也没有机会见了,这与第一节写他急切来"饱尝"相照应。本文写于1934年8月,是"九一八""一二·八"事变之后,北平已袒露于日本侵略者之口。北平危亡,消亡的不只是北国的秋,而是故都,是故国。作者决心用生命来换取,来捍卫这北国的秋,这故都、故国。在国难前,一位知识分子甘愿为国赴难。

文之悲慨,人之豪壮,澄明于我们面前。这样,前面两个疑问也就解决了。人生如秋,所以文人爱秋;秋之深味在北国,而故都将被灭亡,故都无处寻,故秋无法寻,作者愿用生命来保卫故国。作者内心的悲凉,为国流血的激情,流淌于文字间,一位刚硬的中国知识分子挺立在文篇中。作者的一生如此文,此文书写着作者的人生。

阐释符码,引领阅读;行动符码,提携全文;象征符码,铺展画面;文化符码,披露深层情感;意素符码,揭示主旨,彰显人物。五类符码,编织着本文丰厚的意蕴。

第十三章　文本的多重世界特征与解读

《普通高中语文课程标准（2017年版2020年修订）》提出四个方面的学科核心素养，"语言的建构与运用"排在第一位，足以说明言语素养的积累与建构是语文教学中的重要任务。语言是人与人交往的媒介，言语能力是人的重要素养，"语言的建构与运用"是语文教学的重要任务，同时也是其他学科核心素养达成的基础。思维、审美、文化与语言紧密相连，它们的活动不能离开语言。因而，对于语言的特点与运用规律，以及语言与思维、审美和文化之间内在关系的探讨与梳理至关重要，此项研究成果对于语文教学作用重大。我们特借用认知语言学文本世界理论，从认知语言学的视角来解读课文，追寻语文教学解读的策略，以期提升语文教学的效率。

第一节　对文本世界的理解

我们先从"世界"谈起，关于"世界"，百度百科说："世界也可解释由可感知的、不可感知的客观存在的总和以及用于描述客观存在及其相互关系的概念总和，客观存在是不以人或其他物的意志转移而存在的。世界由概念世界和物质世界组成,概念世界包含所有生命对客观世界的认知以及为记录认知而存在的事物的总和。"此定义把世界分为物质世界和概念世界,物质世界包括人类靠自身感官能力能感知到的,也包括不能感知到的客观存在的物质总和。概念世界包含着"对客观世界的认知"和"记录认知而存在的事物"两类,前者指人类的思想与知识的总和,后者指语言(包括文字与语音)与科学等有意义的符号的总和。可是,"记录认知而存在的事物"是客观存在物,应该归入物质世界,这样把世界分为两类就行了,那么怎么看待"记录认知而存在的事物"呢?

法国哲学家波普尔把世界划分为三类:实在世界、主观世界以及文本世界。这种理解与百度百科说法看上去很相似,实在世界指客观物质世界,主观世界指概念世界中"对客观世界的认知",文本世界就是"记录认知而存在的事物"。所谓文本,一般指文字符号系统,赵毅衡教授认为"符号组成一个合一的表意单元"。那么,口耳相传的史诗是不是文本?当然也算是文本,赵毅衡认为文本"指任何符号表意组合,不管是印刷的、写作的、编辑出来的文化产品,从手稿档案,到唱片、绘画、乐谱、电影、化学公式,等等"。"因此,任何携带意义等待解释的都是文本。"[①]文本是人类的创造,符号也是人类的创造,狭义上理解文本是符号的一个类别,广义上理解文本就是符号。从而,可以说文本世界就是符号世界。

但是,"文本世界"到底是个什么世界?如果把文本世界看作符号的总和,它们不就是实在世界吗?那么,波普尔为何认为有个独立的文本世界存在呢?

认知语言学文本世界理论认为,文本是用来交流的符号,其中蕴含着三个相互关联的层次:语篇世界、文本世界和次文本世界。语篇世界指"人们进行交际时的直接情景,其中包括交际的时间、地点等,但更为重

[①] 赵毅衡. 符号学原理与推演[M]. 南京:南京大学出版社,2016:42-43.

要的是语篇世界必须具有两个以上的参与者,譬如说话者和听话者、作者和读者等"。①这是把文本视为符号的集合,用它们来交际的现实世界,读者借用语篇与作者交流的过程。

此理论认为,在交际过程中,读者通过文字符号建立一个心理世界,即文本世界。文本世界指"从语篇中产生,是人们构建和解读文本时在大脑中建立起来的关于文本内容的心理表征,记忆和想象在其中扮演着重要的角色,文本世界类似于心理空间,和现实世界有很好的相似性"。②相对于语篇世界的现实性,文本世界是虚拟的,读者通过想象,在头脑中加工出来心理世界,它们与现实世界不同,但两者具有一定的相似性。

文本世界往往不是单一的,而是多重的,这样就从起始的文本世界中分离出来很多其他的"次文本世界","次级世界是因为文本世界的时空维度发生变化而产生的新世界,是存在于文本世界内部的心理世界"③。有点儿像套娃,一层里再分一层,在文本世界中再产生新的世界。

认知语言学家沃斯认为次文本世界是"初始文本世界在空间、时间等参数上出现变化所产生的结果","次级世界有三种类型,分别是指示次级世界、态度次级世界和认知次级世界"④。沃斯认为指示次文本世界包括直接引语、倒叙、未来闪影以及任何离开当前情景的场景,原文本世界到指示次文本世界的转换主要涉及时间和地点的变化。态度次文本世界主要涉及作者或主人公的愿望、信念和意向,而不是他们的行为,可以再分为愿望世界、信念世界和意向世界,愿望世界由"想""希望""愿望""梦想"等词语来开启,如"但愿人长久,千里共婵娟";信念世界由"知道""相信"等词语来开启;意向世界一般表达作者或主人公的意

---

① 邹智勇,薛睿.中国经典诗词认知诗学研究[M].武汉:武汉大学出版社,2014:4.
② 邹智勇,薛睿.中国经典诗词认知诗学研究[M].武汉:武汉大学出版社,2014:1.
③ 邹智勇,薛睿.中国经典诗词认知诗学研究[M].武汉:武汉大学出版社,2014:5.
④ 邹智勇,薛睿.中国经典诗词认知诗学研究[M].武汉:武汉大学出版社,2014:11.

向，通常由"请求""命令""证明"来构建。认知次文本世界一般指假设、条件、情态和认识的表达，如"假如""我觉得""或许""由此可见""根据图片"，表达"可能性"或"或然性"的意思。

如苏轼的《江城子·乙卯正月二十日夜记梦》就包含着语篇世界、文本世界和次文本世界三个层次。当我们阅读这首词时，就是在与词人进行交流，听他言说，感受他悲痛的心情，这构成了语篇世界。"尘满面，鬓如霜""明月夜，短松冈"，我们在心中想象诗人的样子和月明荒山的景象，还原诗歌所描述的情景，这属于文本世界。而"夜来幽梦忽还乡，小轩窗，正梳妆。相顾无言，惟有泪千行"，讲述的是诗人的梦境，是从文本世界分离出来的次文本世界，我们在还原诗人生活世界时，又产生出一个梦境的情景。

三个世界是从实到虚、从现实交流情景到想象出文本所描写的时空，这样有利于对文本结构的把握，以及更好地理解作者的情感与思想。

但是仔细分析，三个世界实际上是两个世界即现实世界与想象世界，前者是读者正在阅读时的真实情形，而后者是读者在头脑中想象文本所揭示的世界。认知语言学家加文斯认为"文本世界是听话人或说话人记忆中或想象中对事物状况的概念化"[①]。次文本世界与文本世界一样也是读者在头脑中想象出来的概念世界，这样不用把次文本世界从文本世界中分离出来，文本世界应该是个总的世界，它再划分为原文本世界和次文本世界，原文本世界指文本的主人公在当时的行动的世界，而作者或主人公回忆、意愿等内容形成的世界为次文本世界。这样，我们就把与阅读有关的世界分为交往世界和文本世界两层，文本世界再分为原文本世界和次文本世界。

所以说，波普尔所说的"文本世界"应该指认知语言学所认为的人的心理空间，一个依据文本所生成的想象世界。那么，文本世界与实在世

---

① 梁晓晖，刘世生.关于文本世界的界定标准[J].中国外语，2009（32）：17-24.

界、主观世界是什么关系？文本是符号的集合，符号是意义的载体，所以说符号世界承载着主观世界，主观世界寄居在符号世界中。

文本所呈现的世界不同于真实的生活。比如，我们看着窗外一棵树，说它是"树"，但"树"的概念不是树的本身。又比如，听到"许老师在二楼第二间办公室"这句话时，不认识许老师也没有去过他办公室的人，与认识许老师、去过他的办公室的人，在头脑中想象出来的画面是不一样的。前者是概念所激活的抽象的类画面，后者是概念激活了具体的画面。文本所激活的世界基本上是我们没有经历过的，它们是我们在头脑中加工出来的抽象的类画面。

"许老师在二楼第二间办公室"这句话是有实在意义的，它可以引导一个陌生人找到许老师，因为这句话所建构的人与物的关系与生活中的人与物的关系是相似的。陌生人对许老师是没有印象的，对第二间办公室也没有印象，但这句话建构了许老师与第二间办公室之间的关系，这与真实生活中两者的关系是相似的，陌生人可依靠这种关系找到许老师。文本世界不等于真实的生活，我们不能从文本推论出现实生活，但它们的人与物、人与人或物与物等要素之间的关系是相似的。文本世界的价值在于还原真实世界的要素之间的关系，两个世界的要素之间的关系越相似，文本的价值越高。

第二节　文本世界的生成条件与机制

文本是符号的集合，一串符号能让读者在头脑中生成世界需要的两个条件："一是人们对世界的认识，也就是人们的背景知识，譬如人们要构建一个有关坐动车的文本世界，那么他们必须坐过动车或者看过坐动车的画面，对坐动车有一定的认识、了解和背景知识，否则他们很难构建准确的有关坐动车的文本世界；二是构建文本世界所需的指示信息和指称信息，指示信息确立文本世界的时间和地点等，指称信息确定出现在文本世界里的实体，包括人物、物体、抽象概念及其属性、相互关系等。"①第一个条件是说读者对于文本所指内容，在类的层面上是熟知的，如《梦游天姥吟留别》中的"梦"，《登高》中"登高"的习俗，读者要了解；第二个条件是说文本世界中时间、地点、人物、事物等背景内容要提取出来，《赤壁赋》中的"赤壁""苏轼"，其相应知识要了解。第一个条件是基础，第二个条件是重点，这些人物、事物以及一些作为事件的框架式的背景概念，是文本世界生成的驱动因子。没有对于时间、地点、人物、事物以及一些抽象概念的知识准备，也无法提取它们。

当提取出文本世界中的时间、地点、人物、事物，就生成了文本世界的静态背景，好像舞台有个布景，道具与人物都到场，但人物还处在静止状态，没有行动起来，还缺少文本世界中人物与事物的动态发展。人物与事物的动态发展在认知语言学上叫作"功能推进命题"，指"引入新信息，推动文本世界中的叙述向前发展，它们以状态、行为、事件、过程以及论据或断言的形式体现出来，这些形式都与文本世界中的人物和事物有关联"②。"命题"指"一个简单情景的表征，所有的情景要么是路径表达，要么是修饰表达。路径表达指的是一个实体与另一个实体或情景连接起来，而修饰表达则是指一个实体与某种特性连接起来"③。

如杜甫《蜀相》一诗前两联中，静态背景为：

地点：丞相祠堂

事物：柏树、台阶、碧草、树叶、黄鹂

人物：丞相

---

① 邹智勇，薛睿. 中国经典诗词认知诗学研究［M］. 武汉：武汉大学出版社，2014：7.
② 邹智勇，薛睿. 中国经典诗词认知诗学研究［M］. 武汉：武汉大学出版社，2014：17.
③ 邹智勇，薛睿. 中国经典诗词认知诗学研究［M］. 武汉：武汉大学出版社，2014：17-18.

动态推进是：

丞相祠堂　→　位于成都城外柏树茂密的地方
　碧草　　　　黄鹂
　　↓　　　　　↓
映照台阶　隔着树叶鸣叫

阅读此诗，读者先激活参观景点的背景知识，再提取祠堂、诸葛丞相等指示与指称信息，从而形成静态背景，在此基础上进行动态推进，形成丞相祠堂位于成都城外的柏树茂密的地方，祠堂内青草映照着台阶，黄鹂鸟在树叶下自在鸣叫。

在两个条件下，读者在头脑中产生了静态背景，然后进行动态推进，从而生成整个丞相祠堂的文本世界。

第三节　文本世界理论对文本解读的作用

一、丰富课文解读的结构模型

任何事物都是由内容与形式组成的，课文也是如此。课文的形式体现在结构上，一般来说，课文的结构包括标题、开头、过渡、段落、总结等部分，或者包括起承转合等层次。各部分充当着各自的角色，相互联系，有着内在的承接与照应的关系，对课文结构划分便于理解课文。但是这样的思路，只是对课文进行静态划分，强调各部分外在形式上的作用，相对抽象，不能深入理解作者思想与情感的转承变化。

文本世界理论从时空场景的角度来看，突显文本世界的层次与动态流动感，注重作者与主人公在文本世界中的涉及度，对课本内容理解得更加深入细密。

如杨万里《插秧歌》一诗描写出农忙季节一家人在田地里劳作的情

景,首联写一家四口劳作的分工,农夫抛秧苗、农妇接秧苗,小儿子拔秧苗,大儿子插秧。颔联从空间落笔写大雨滂沱的恶劣天气。颈联从时间落笔写农夫招呼农妇吃早饭,休息一会儿,农妇没有回答。尾联却写出农妇对农夫的嘱咐。

前三联看成起承转结构,而最后一联算不上合,尾联只是对颈联作出一个话不对题的回应,不能算作对全诗的回应,只能算是个意外的收尾。这个回应像个话外音,从空中传来。从文本世界角度把它看成由原初文本世界生发出来的次文本世界。前三联为原初文本世界,写农夫一家四口在农忙中分工,遇到大雨天气,农夫招呼妻子吃早饭,妻子没有回答的情景。最后一联态度类次文本世界,有两层意义:一是低头弯腰在插秧,心里还想着不要让鹅儿鸭儿把新插好的秧苗破坏了;二是没有正面回答农夫的话,表示赶着插秧顾不上吃饭。这个态度次级世界补充了诗歌的内容,也丰富了人物形象,更加突出农民的不畏艰辛、吃苦耐劳的品质。

二、揭示课文主客交合的实质

传统认识论认为外在事物是个客观存在,它们的属性也是不以人的意志为转移的,是客观的,主体与客体是分离、对立的,即人与外在事物是二元分离、对立的。客观事物刺激了人,人对它们产生了认识,作为主体的人通过感知与推理才能认识它们。在阅读中,人是主体,教材与课文是客体,教材与课文的思想、情感客观存在,人通过各种努力才能认识到它们的思想与情感,人与教材、课文之间是分离、对立的。

现代新兴的体验哲学认同外在事物的客观存在,没有客观事物,人就不会产生认识,但是体验哲学不承认外在事物属性的客观性。如传统认识论认为青红相间、香脆是苹果的本质,体验哲学认为青红相间、香脆是人赋予苹果的,它们是苹果的属性,不是苹果的本质。

当我们阅读课文,在认识到这是一篇文章时,在理解着一个文字的意义时,已经带上主观成分。没有文字的存在就没有阅读,没有主观意识也没有阅读，当阅读刚开始时，就进入主客观交融的状态。在读者没有阅读前，主体是主体，客体是客体；当阅读开始时，主体与客体就进入合作的状态。课文原本没有任何思想与情感，是人根据它们的特征加工出来的，课文的思想与情感是人与课文合作的结果。

基于体验哲学的文本世界理论认为"文本世界既源于文本或语篇的内在属性，也是参与者在理解文本或语篇时的心智表征"[1]，文本是符号的集合，阅读是符号的人化，符号是作者心中的概念的物化，读者面对文本，在头脑中通过想象加工出世界图景。文本世界由文本本身所确立，由文本所驱动，由读者建构生成。文本世界是文本的内在属性和外部因素合作的结果。文本与读者不可分离，没有语言符号就没有文本世界，没有读者想象也没有文本世界，符号只是物理存在，还不能叫作符号，主客融合才能生成课文的意义。

如阅读张籍的《节妇吟·寄东平李司空师道》一诗，读者容易理解诗句的字面意思，一位已婚女子收到其他男子赠送的双明珠，此女子内心充满着矛盾的感情，既感谢此男子对她的缠绵之意、爱慕之情，又表达相见恨晚，自己已为人妇的无奈，最终表示自己誓与丈夫同生死的决心，塑造了一位遇到其他男子追求而忠贞于丈夫的妇女的形象。这是一首描写男女爱情的诗歌，读者借用诗歌的语言，通过主观想象，还原诗歌的文本世界，获得了对诗歌主题的理解。

但是对这首诗理解到这个层面是不够的，读者还要进一步充实知识背景，加深对诗歌的理解。从题目"节妇吟寄东平李司空师道"来看，一位坚守自己贞洁的女子写诗拒绝东平李师道的求爱，这样理解没有什么问题。但张籍是唐代一位大诗人，进士，官至水部员外郎、国子司业。而李师道是中唐时期平卢淄青节度使，朝廷命官，藩镇高官。两个男性的封建

---

[1] 邹智勇，薛睿．中国经典诗词认知诗学研究［M］．武汉：武汉大学出版社，2014：29．

官吏怎么可能产生爱情的话题？显然是诗人借爱情的话题来说事，言在此而意在彼。诗人为什么要假托一位女子给李师道写一首情诗？因为李师道表面上对朝廷恭顺，私下里操练兵马，拉拢文人学士和朝廷官员，他也拉拢诗人张籍。在这样的背景下，诗人写下这首情诗，来拒绝李师道的收买。用语委婉，构图巧妙，诗人不愿过分得罪李师道，也明确表示自己的态度，含蓄地批评李师道对朝廷不忠的心思。

诗中"节妇""妾""君""夫""双明珠""良人""同生死""双泪垂""恨"等词语，呈现出一个女人拒绝外来男子求爱的情景，在读者主观想象基础上，抓住节度使和诗人张籍的身份与诗歌内容的矛盾，进一步推断诗人的写作意图。没有诗歌的语言，读者无法想象它的内容；读者自身没有一定的背景知识参与，也无法理解诗歌的本意，语言的意义源于主客体的共同努力。

三、突出文本解读中学生主体性地位

体验哲学认为，事物没有意义，它们的意义都是人赋予的。事物特征无限丰富，符合人的认知条件的那部分才能被加工出来。同样，课文的特征也是无限丰富的，符合人的认知条件才能被生成意义。而课文是客观存在的，所以要丰富人的认知背景知识来切合课文的特征。

文本世界理论认为，文本世界既是文本本身所确立的，也是读者所创建的。读者的主观想象与知识背景的积累同样影响对文本的理解。所以，可以说解读的问题归根结底是人的问题。文本解读的目的，在于学生的认知背景的建构。解读从学生的认知背景出发，又回归到学生的认知背景。整个解读过程中，学生是主体，离开了学生的认知背景，解读就是一场空对空的滑行。

文本世界理论突出了读者认识背景的作用，在文本解读中，学生的认识背景至关重要。学生不能理解文本，因为他们的知识背景缺失。教学解读是为了学生的解读，教师理解得再透彻、深刻也不能算是学生的解读。

教师掌握再多的知识背景，如果不能转化为学生的背景知识，学生依然不能理解文本。

如陆游的《临安春雨初霁》一诗描写诗人客居京城，听了一夜春雨，清晨又听到小巷深处一阵阵叫卖杏花的声音。白天诗人一直写着草书沏茶、品茶。最后自述不用担心白色的衣服被尘弄脏，因为在清明节前可以离开京城，回到家里。诗人表面上写自己客居京华这段时间过着悠闲、散淡的生活，实际上抒发自己内心的郁闷、惆怅、忧愤。

首联"世味年来薄似纱"为认知次文本世界，诗人认识到世间人情淡薄如纱。"谁令骑马客京华"为初始文本世界，自己来京城做客。颔联、颈联是初始世界，诗人夜间听雨，清晨听闻叫卖杏花的声音，白天闲写草书，沏茶观沫的情景。尾联为态度次文本世界，诗人希望不会被京城的风尘弄脏了衣服，因为会赶在清明节之前离开京城回到家乡。

初始文本世界，表现诗人自在、闲适、恬静、高雅。而在两个次文本世界里，诗人在悲叹疑虑、自我安慰。初始文本世界与两个次级世界不相吻合，令人感到不解。如果不带领学生构建"世味薄""客京华""素衣风尘"的知识背景，无法解决上述困惑，更无法理解诗歌寄寓的思想情感。

诗人当时六十一岁，在家乡山阴闲居五年。淳熙十三年（1186年）春，诗人奉诏入京，被授予严州知州的职务，赴任之前，先到临安觐见皇帝，住在西湖边上的客栈里等待召见。诗人一直怀着收复失地的雄心壮志，但随着年事渐高，他看清了南宋朝廷的无能，对时局完全失望，所以说出"世味年来薄似纱"，又不知道谁的建言让他被朝廷启用为南方一个无关收复失地大业的职位。在认识与怀疑中，诗人含蓄地流露出内心的无奈、失望。

尾联这个态度类的次文本世界表达作者的愿望：但愿不会被京城风尘弄脏了衣服，赶在清明节前就会回到家乡。这句话来源于陆机的诗句"京洛多风尘，素衣化为缁"，说洛阳城里，经常刮风，尘土飞扬，穿的一身白衣服早已变成黑色的了。陆机的诗句说洛阳风尘大，而陆游所在京城临安，本无北方那样的风尘，这里喻指政治环境的险恶。作者在这一联是说他厌弃京城的政治环境，想早点儿逃离京城。

教师对本诗的写作背景与"风尘叹"诗句意义的讲解转化为学生的知识背景后，才能帮助学生理解这首诗。或直接介绍，或引导学生自己查阅，让他们建构这两个认知背景，才能理解本诗的思想情感。教师不可越俎代庖，只有把学生当作解读的主体，才能让他们真正读懂文本。

第四节　文本世界视角下文本解读策略

文本世界既取决于文本特征，又由读者所创建，是主体的人与客体的文本合作的结果。文本特征是基础，而人起着决定作用，我们试着从人的因素来探讨文本解读的策略。

一、建构多重文本世界的模型

有位哲学家说，心灵是一张白纸。但我们认识事物时，心灵不可能是空无一物。如果心灵空无一物，我们就不能认识任何事物。实际上，我们认识事物时，总是带着一定的认知背景，即前见。在阅读中，读者心中需要有一个多重文本世界的模型，才能更好地剖析文章，进而深入理解文本的思想与情感。

如《荷塘月色》一文描写作者夜晚游赏校园内荷塘，见到荷花的美，闻到荷花的香，想起《采莲赋》《西洲曲》所描写的景象，抒发内心淡淡的忧愁和无法排遣的孤寂。我们借用多重文本世界的模型，可以把全文理解成三个世界。游赏荷塘是初始文本世界，重在描写夜晚中的荷花、荷叶和荷叶间的波纹，这是个宁静、纯洁的世界；《采莲赋》描写一群少男少女划船唱歌的情景，这是个热闹有趣的世界；《西洲曲》描写江南女子采莲的情景，这是个缠绵眷恋的世界。这三个世界貌似分离，实际以"莲"贯通相连，第一个世界月下莲花美景，表现暂时获得片刻宁静的喜悦；第二个世界联想古代人们生活的幸福、自由，"可惜我们现在早已无福消受了"，以古衬今，反衬现在生活的苦闷、不自由；第三个世界描写采莲女对情人的思念，以江南女子类比作者，"这令我到底惦着江南了"，表达对故乡的思念。

多重世界的模型有利于学生从整体来理清文章的结构思路，弄明白全文各部分材料之间的内在关联，能够全面把握作者在本文抒发的思想情感。

二、捕捉文本驱动因子

文本世界生成由文本的内在属性确立，而内在属性就体现在一些关键的词语上，它们促进了文本世界的生成，邹智勇教授把它们叫作"文本驱动因子"，他认为："文本因子是文本本身所提供的，使背景知识的搜寻和查找聚集在某个或某些特定方面的语言和推论信息上，它们的作用是激活、提取和选择常识记忆中与诗词主旨相关的语境知识，从而为文本世界的生成提供一个入口路径。准确地说，文本驱动因子就是通过选择或缩小语境知识来提示诗词主旨，帮助形成正确文本世界的词语或诗句，和诗词的'诗眼'有重叠之处。"[①]课文由语言符号构成，但不是每个语言符号都是文本驱动因子，能称得上文本驱动因子的有一些特征：（1）它激活了与主旨相关的背景知识，也就是说它有丰富的文化内涵，如《赤壁赋》中的"赤壁"，《梦游天姥吟留别》中的"梦"；（2）它为文本世界生成提供一个入口路径，它关联着文本中众多内容，在文本中可能是地点、物体，也可能是人物，如《蜀相》中入口路径是"视觉"，它关联着"丞相"的"天下计""两朝老臣""出师未捷"等生与死的事件。

文本中，有些词激活了静态画面，而有些词，即"文本驱动因子"能

[①] 邹智勇，薛睿.中国经典诗词认知诗学研究[M].武汉：武汉大学出版社，2014：31.

激活深层的语境知识,丰富文本世界的内涵,从而生成更丰富的意义。

三、寻找文本世界里的陌生点

文本有多重世界,各个世界之间有一定的联系,必然也有相互矛盾的地方,文学理论上叫作"陌生化"。陌生化是说文本世界中事物、人物、时间、地点以及事物与人物的活动违背人们习见的常情、常理、常事。文本世界中一些内容与形式在表面上相互融合,而内在的诸种因素存在对立和冲突,正是这种对立和冲突造成了"陌生化",给人带来疑惑。

如黄庭坚的《登快阁》这首诗中很多内容不合常理,"痴儿"是呆子的意思,此时诗人担任太和县令,不可能是个呆子。"痴儿"来自《晋书·傅咸传》,当时杨骏主政独揽大权,傅咸生性正直,他曾向皇帝告过杨骏的状;杨骏要贬谪傅咸,他外甥李斌说情作罢,两下结了仇。杨骏之弟杨济与傅咸有交情,他写信给傅咸,劝说傅咸说:"天下大器,非可稍了,而相观每事欲了。'生子痴,了官事',官事未易了也,了事正作痴,复为快耳。"意思是说,天下是个大器物,不可能弄明白一点儿,而我看你是每件事都想弄明白。生养的儿子痴呆,可以免去官场上的事。而官事也是不容易了结的,要想结束官场的事应该做一个痴呆的人,这是痛快的事情。杨济说这些话旨在劝谏傅咸在官场要"难得糊涂",为人不要太耿直。

诗人称自己是个呆子,用意丰富。第一,官场的事纷繁复杂,让人弄不明白;第二,诗人担任县令一职,以一种呆傻的态度来对待,只盼望着每天早点儿了结事务;第三,诗人对官场十分失望,对自己的县令一职十分不满;第四,作者自嘲,自己是个呆子,处理不了官场的事,与官场格格不入,像个"傻子"。

"痴儿"一词折射出诗人复杂的内心活动,这些心理源于他当时所处的人生境遇。诗人所处的时代正是以王安石为首的"新党"和以司马光为首的"旧党"斗争激烈之际,黄庭坚属于旧党,中进士后,他只做过一些地方小官。但他为政宽简有度,主张"因法以便民",对待王安石的新法,既能执行,又能因事制宜,为百姓分忧解难。他在做太和令时,正值推行新法的盐政新规。盐法规定,百姓必须购买官盐,凡购私盐者都要被严惩。此法一颁布,邻县官吏为邀功请赏,都强行摊派。诗人了解民间疾苦,为了弄清百姓真情,他亲自到所属一些穷乡僻壤了解情况,知道贫穷百姓原来有米无食盐,现在有盐无米食。要百姓买盐,就是把他们的钱搜刮得一干二净,诗人面对一个两难选择:作为县令,新法不能不执行,如果随流从俗,实施起来,百姓遭殃,这违背自己的为政原则,更有损节操,他认为,"士大夫处世可以百为,唯不可俗,俗便不可医也",而"临大节而不可夺,此不俗也"。最终,他告诫自己为官要"不以民为梯,俯仰无所作",不能为了私利而损害百姓利益。从俗还是持节?最终,他选择了后者。《宋史·黄庭坚传》称他:"知太和县,以平易为治。时课颁盐诊次麟,诸县争占多数,太和独否。吏不悦,而民安之。"在两难选择中,他选择伤害自己、保护百姓,所以他既认为官场的事弄不明白,又觉得自己是个"痴儿"。

"此心吾与白鸥盟",人与白鸥结盟也不合常情。据《列子·黄帝》:"海上之人有好沤(鸥)鸟者,每旦之海上从沤鸟游,沤鸟之至者,百住而不止。其父曰:'吾闻沤鸟皆从汝游,汝取来吾玩之。'明日之海上,沤鸟舞而不下也。"鸥鸟与人交往不存任何功利之心,一旦有功利之心,它们将远离而去。诗人愿意与白鸥为盟,含义丰富,一是说官场太多心机,二是说厌恶这样的官场,三是诗人向往无功利、清纯的世界。

陌生处就是文本内容与常情常量不合的地方,文学作品是一种个性化表达,陌生处正是作者个性呈现之处,抓住陌生处正可走进作者个性化的精神领地。

文本世界是读者根据文本想象出的心理世界，突出解读的主客统一性。这个世界有多重性，这为分析文本内容打开一条新的通道。此理论澄明了语文教学的本质，突出了教学的主体性，也拓展了教学解读的新思维。

第十四章　学生的背景性知识与文本解读

学生在语文学习中积累言语经验，提高言语能力，必须依托语言文字作品。阅读与理解语言文字作品的前提是对语言文字进行有效认知。《普通高中语文课程标准（2017年版2020年修订）》指出，"通过梳理和整合，将积累的语言材料和学习的语文知识结构化，将言语活动经验逐渐转化为具体的学习方法和策略，并能在语言实践中自觉地运用"[1]。学生对语言文字作品的语言现象进行"梳理"和"整合"，形成一定的"结构化"知识，即背景性知识。它是阅读的基础，又促成了新的背景性知识的生成。

第一节　对背景性知识的理解

颜色本不是客观存在的事物，也不是事物本来的特征，而是人大脑的创造，是心灵的产物。光线照着物体，物体吸收一些光波，又反射出一些光波，不同的物体吸收与反射能力不一样，因而反射出来的光波各不相

---

[1] 中华人民共和国教育部.普通高中语文课程标准（2017版2020修订）[M].北京：人民教育出版社，2020：6.

同，大脑对不同的物体加工出不同的色相。

我们有了色彩的体验，在大脑中形成了色彩的相，但还没有产生色彩的概念，要形成色彩的概念，说出这是绿的，那是红的，还需要人脑对色彩进行分类，并能用词语表达出来。

有趣的是，不同的民族语言所产生的基本色彩的词各不相同，如"英语中正好都有十一个基本色彩词，但有的语言不全有，有的甚至只有两个颜色词：黑与白"。"在新几内亚达利族中，只使用两个颜色词：mili和mola，前者表示黑色和冷色（黑、绿、蓝），后者表示白色和暖色（白、红、黄、橙、粉红、紫）。"①

同一民族有着共用的颜色词，因为人类的身体器官与大脑处理信息的能力大致相似。而不同民族有着不同的颜色词语缘于各民族不同的文化背景、地理位置和生活习惯。在生活中没有出现过的事物与行为活动就不会被创造出相关的词，如吃生食的民族就不会创造"煎""炒""炸""煮"等词语。同样，在生活中不需要分辨鲜明亮丽色泽的民族，就不会创造丰富的色彩词语。

新几内亚达利族之所以只有"黑"与"白"这两个颜色词，是因为他们只要有白天与黑夜的经验，就不需要分辨复杂的颜色。生活中原有的生命体验决定着意义生成的内容，而且没有这样的背景也生成不了意义，它是意义生成的条件。

这类生命体验存在于每个人的心里，它们或是最初的生命体验，或是积累的生活经验，或是群体共同承袭的集体无意识等。如："他走进房子，发现保险柜的门是开着的，他尖叫了起来。"

"他"之所以发出尖叫，是因为"他"对"保险柜"有一定的生活体验与经验，"保险柜"是用来装贵重物品的器具，比如说金钱、首饰、机

---

① 王寅.语义理论与语言教学［M］.上海：上海外语教育出版社，2014：106.

密文件等,"门开着"说明此中东西有可能丢失。"门开着",被他理解为贵重东西的丢失,"尖叫"是由他的理解作出的行为反应。

当我们读到这个句子,我们同样需要激活关于保险柜的一些背景知识,这样才能理解这个句子,明白"他"为什么会"尖叫"。

关于保险柜的知识,是"他"理解"门开着"的背景知识,也是我们理解"他"尖叫的背景知识。在认知语言学中,把理解文本的背景知识叫作认知世界。王寅教授把认知世界理解为"人们在体验的基础上经过认知加工形成的各种知识,内化储存于人们的心智之中,它既可以是人们早已获得的共享知识,也可以是在当下语言交际中刚刚建立起来的知识"[①]。

背景是指对人、事物起作用的历史情况或现实环境。有利于学生学习,帮助他们解读文本和与文本有关的材料的知识都可以叫作背景知识。背景知识是学生在阅读文本之前本身具有的知识,它既可以是一种普遍性知识,也可以是学生在长期阅读中积累起来的知识。

不过,学生的背景知识与阅读时所需要的知识不完全对等。学生在阅读之前积累的背景知识十分丰富而且庞杂,在阅读中能被调动起的知识是极少的。阅读中能够帮助学生理解文本的那部分知识,我们叫作背景性知识,而与本次阅读理解无关的那些知识,我们不认为它们是背景性知识。认知语言学理论认为背景性知识是人认识事物与相互交流的基础。"语义根植于语言使用者和接受者的百科知识体系之中,因此方法不可能仅在语言系统内部的横组合和纵聚合关系中求得解释,而只有在其他认知结构中才能被完全理解,所以语义应从语言使用者的认知结构、背景知识等方面多角度加以描写。""语义就与人们的主观认识、背景知识、社会文化等百科性知识密切相关。""日常谈话须依赖无穷尽的未经言明的共享背景知识。"[②]理解文本必须以共享背景知识为基础,这些共享背景往往是隐蔽

[①] 王寅.认知语言学[M].上海:上海外语教育出版社,2007:360.
[②] 王寅.认知语言学[M].上海:上海外语教育出版社,2007:303-304.

的、未被明白表达的。共享的背景性知识有三种状态，或者是学生头脑中已经存在且可以被调用的知识，或者是学生头脑中已经存在但在阅读中不能被调用起来的知识，或者是学生头脑中不存在而需要他人输入或自己查阅的知识。

王寅教授认为"认知世界"就是"人们在体验的基础上经过认知加工形成的各种知识，内化储存于人们的心智之中，它既可以是人们早已获得的共享知识，也可以是在当下语言交际中刚刚建立起来的知识"。①美国语言学家莱考夫把"认知世界"分为理想化认知模型和背景知识。理想化认知模型指特定文化背景中说话人对某领域中的经验和知识所做出的抽象的、统一的、理想化的组织和表征结构，是已储存入人们头脑中、为人们所广泛接受的、常规性、普遍性的认知模式，其中包括语言规则等②。例如，杜甫《登高》中的"登高"一词，让我们联想到登上高山、高台等，也联想到农历九月九日重阳节，再联想到重阳节的习俗：出游赏景、登高远眺、观赏菊花、吃重阳糕、佩戴茱萸、饮菊花酒等。

背景知识是指具体的知识，这可以用来理解带有特殊性、多变性的具体现象，它们在具体情况下可能会经常变化，处于动态状态。③背景知识是具体的内容，可能还没被广泛接受、没有形成相对稳定的抽象化的信息。在阅读《登高》时，背景知识是诗人五十六岁，他生活困窘，年老多病。安史之乱已经结束，但地方军阀混战又起。杜甫原先做剑南节度使严武的幕府，不久严武病逝，杜甫离开成都草堂，买舟南下，来到夔州。重阳节这天，他独自登上夔州白帝城外的高台，登高临眺，萧瑟秋景下，想到自己老病孤独，百感交集，写下《登高》。

---

① 王寅.认知语言学［M］.上海：上海外语教育出版社，2007：360.
② 王寅.语篇连贯的认知世界分析：体验哲学和认知语言学对语篇连贯性的解释［J］.外语学刊，2005（4）：16-23.
③ 王寅.语篇连贯的认知世界分析：体验哲学和认知语言学对语篇连贯性的解释［J］.外语学刊，2005（4）：16-23.

认知语言学视域下背景性知识包括特殊性的背景知识和普遍性的理想化认知模型，它们是我们阅读文本时必备的前提条件，它们促成了我们对文本的理解，又推动着我们对文本的认知，在解读中又生成新的背景性知识，以至无限循环。

第二节 背景性知识视角下文本解读策略

背景性知识是理解文本的前提条件，而背景性知识在人的头脑中，关注背景性知识就是关注人。

人具备一定的经验后，才能识别、理解事物。理解文本时，需要具备一定的背景性知识，我们激活背景性知识才能有效理解文本意义。背景性知识的激活是文本解读的重要任务，也是实施教学解读的起始阶段。背景性知识要依附于具体对象，具有客体性，它们处于沉默状态，受到外物刺激才能激活起来。同时，背景性知识在人的头脑中，又具有主体性，它们是主客交融的，我们可以从主体和客体两方面来激活。

一、激活学生的认知背景与模型

伽达默尔说："一切诠释学条件中最首要的条件总是前理解……正是这种前理解规定了什么可以作为统一的意义被实现，并从而规定了对完全性的先把握的应用。"[①]学生在阅读前必然以先前经验为前提，不过在解读时，先前经验或处于缄默状态，或处于缺失状态，需要教师发现、填补。

（一）发现背景性知识

传统阅读教学是从教师开始，到教师结束。教师通读文本，生成自己的理解，然后按自己的思路来设计教学过程，开展教学；目标达到，流程

---

① 伽达默尔.真理与方法［M］.洪汉鼎，译.上海：上海译文出版社，2004：8.

也就结束了。但教学解读应该是从学生开始，到学生结束。解读是私密性的行为，一个人不能替代另一个人进行解读。教师看不到学生的背景性知识，直接将自己对文本的理解，借用专业学者的解读，来推动学生进行解读，就会遮蔽了学生的主体性。

一些教师在阅读教学前很关注学情，关注学情就是发现学生的背景性知识。如郑金梦老师在教学《兰亭集序》一文前先做如下调查：

"①你认为老师需要在课堂上逐一讲解文言字词吗？②请列出你无法理解的字词或句子。③用简洁的语言概括你理解的文章主旨。④学习《兰亭集序》，你还有什么想要了解的问题吗？"[1]

教学解读前发现学生背景性知识具备与缺失情况，可以找到教学解读的难点，确立教学的起点。郑老师调查发现：绝大部分学生认为不需要逐一讲解文言字词，说明学生具有通过注释解决字义的能力。学生列出一些无法理解的词句，"俯察""修短随化""夫人之相与""所之既倦""固知一死生为虚诞，齐彭殇为妄作"等，说明学生能知道一些词语的字面意思，但是不能建立词语与句子之间、词句与语篇之间的关联。与写作时代的疏离、写作背景知识的缺失导致学生对文章主旨不能准确把握，他们与文本之间还有相当大的差距。

教学解读从学生开始，背景性知识包括背景知识、认知模式以及对信息加工的策略，郑老师通过学情调研，可以掌握学生的背景性知识的情况，来寻找解读路径，确定教学内容，使教学解读有的放矢、落到实处。

（二）建构认知模型

人解读文本时，需要具有理想化认知模型和背景知识，理想化认知模型是解读文本所需要的普遍的认知模式，其中包括认知程序与加工策略。

人在生活中，会根据自身与外在世界的关系在内心深处建构一定的意

---

[1] 郑金梦.高中语文课堂教学中的学情分析研究［D］.成都：四川师范大学，2017.

象图式，这些意象图式潜藏在内心深处，甚至不为人所觉察，但时刻影响着人对世界的理解。

例如人在生活中总会体验到容器的存在，天地是个容器，房间是个容器……这样就形成了容器思维，不知不觉地左右着人们对外在世界的理解。人们会把自己的生活空间当作一个容器，当事物进入这个空间会产生喜悦的心情，当离去时就会带来悲愁与痛苦之情。在解读文本时，我们照着容器思维能生成文本的思想、情感。

读"深林人不知，明月来相照"一句时，教师问："从此句可以体会到诗人怎样的情感？为什么？"

学生答："无人相伴，略显孤单，但明月过来，带来温馨，去除了诗人孤独失落之感，月光的澄明突显出诗人高雅、淡定、通透的形象。因为明月像人一样，在陪伴着孤寂的诗人。"

读杜甫的《客至》时，教师问："'群鸥''邻翁'在诗中起到什么作用？"

学生答："'群鸥日日来'，增添了春天的生机；客人的到来，更让人喜悦；'邻翁'过来饮酒，诗人的家里又增添了热闹、快乐的气氛。"

作出这样的理解，就是以容器思维形成的"人都是喜聚厌散"心理图式，相聚总会带来喜悦，相离也就自然会失落、悲愤、痛苦。如"孤帆远影碧空尽，唯见长江天际流"，以诗人的视野为一个容器，朋友孟浩然乘着船离别而去，就产生了一种不舍、眷恋、伤感之情。"浮云游子意，落日故人情。挥手自兹去，萧萧班马鸣"也同样有着这个意味。"浮云""落日"以及朋友都要从诗人的世界中飘逝而去，不舍、伤感必然油然而生。

不过，如果从一个自己不喜欢的世界中离去，则会产生别样的情感。如教学陶渊明的《归园田居其一》时，教师问："'久在樊笼里，复得返自然'表达了诗人怎样的情感？"

学生答："诗人从官场樊笼中逃离出来，进入故园世界，开荒种地，他就没有被迫离去的伤感、悲愤，反而感到悠闲、自在。"

容器的意象模型潜藏在人们的内心深处，似乎不易被我们觉察，但它们作为普遍性的认知模式时时存在。像这样的意象模型还有"整体—部分""连接""中心—边缘"等，同样潜藏于人的内心，影响着人对文本的解读。有意识地建构这样的认知模型，有利于学生对文本意义的解读。

二、还原文本的隐含信息与符号

（一）激活背景的隐含信息

文本是作者的意识呈现，无作者的表达也就无此篇课文。它也是个性化的表达，解读就是要捕捉课文的个性特色，沿此波而讨此源，理解、感受这"这一篇"所传递的作者的认知、情感、思想，理解、感受"这一篇"独特的表达技巧和语句章法。而这个"波"与"源"就是作者具体的个性化的生活见闻与人生体验。它们是认知背景，我们只有还原这些背景知识才能较好理解文本的意义。

苏轼的《念奴娇·赤壁怀古》中"赤壁"一词隐含着丰富的信息，它激活了我们积累的"赤壁之战"这一历史故事的知识背景。曹操为了吞并江南，与孙权、刘备联军在长江的赤壁一带展开了一场战争。结果是号称八十三万的曹操大军，被不足五万的孙、刘联军彻底打败，此次战争是典型的以少胜多、以弱胜强的战例，在中国历史上影响重大。孙、刘联军的主要指挥者为周瑜，他为这次战争立下最重大的功绩，为后人所敬仰。当时他三十三岁，风采动人、才华横溢、年轻有为，为后人所羡慕。苏轼称周瑜为"周郎"，说他是"风流人物""豪杰""雄姿英发"，把周瑜想象成一个儒将，冷静娴雅，指挥若定，"羽扇纶巾，谈笑间，樯橹灰飞烟灭"，他对周瑜的赞美、仰慕之情溢于言表。

还原赤壁之战的背景，我们了解到周瑜当初的年龄与功业。苏轼很在意周瑜的年龄与功业，他以此对照自己。他写下这首词时已是四十五岁，想到自己华发已生，人生如梦，功业无成，想到周瑜的赫赫功业，自己被贬谪黄州，戴罪过活，他内心不得不激荡出敬慕、悲酸、伤感等复杂心情。

"赤壁"一词激活了赤壁之战的历史故事，历史人物的英雄业绩触动了诗人的人生理想，他在怀古自伤中感慨万千，历史故事激活了我们的认知背景，带领我们走进诗人的心怀。

（二）填补文本的缺省内容

生活原本如水流，连续向前，不可切割；生活也是个大宇宙，广阔无边，无法划分。语言文字作品源于生活，又高于生活，但它们不能完全等同于生活，只能择取生活的片段与典型特征，这给我们阅读文本时留下了无穷空间，同时也带来了理解的困难。而我们的认知背景正好似一架桥梁，搭建了文本意义生成的一个通途。

阅读苏轼的《赤壁赋》时，"赤壁"一词激活我们的"赤壁之战"的知识背景。在此战争中，周瑜指挥孙、刘联军，以少胜多，功勋卓著。而曹操大败而归，李白说："二龙争战决雌雄，赤壁楼船扫地空。烈火张天照云海，周瑜于此破曹公。""困""破"突出曹操的失败，八十三万的曹军，败于五万的孙、刘联军，曹操失败得惨重，失败得不光彩。苏轼却说曹操为"固一世之雄"，如果说周瑜为"固一世之雄"倒是符合作者由景、情引发议论的思路。

如果我们对曹操的一生有一定了解，就会解决这个困惑。曹操在赤壁之战中是个失败者，但他有坚韧不拔的个性。赤壁之战前，曹操征战北方时，多次陷入失败的困境。如在濮阳进攻吕布，被吕布击溃；宛城战张绣，损失儿子曹昂和大将典韦。这两次战争曹操都险些丧命，但他不屈不挠，重整旗鼓，最终统一北方，立下丰功伟绩。赤壁战败后，曹操依然没有一蹶不振，在北方平定了西凉马超、汉中张鲁，巩固了北方的势力。一时失败，一场困顿，并没有影响曹操的奋斗。苏轼此时被贬黄州，人生处于困顿时期，与曹操在赤壁之战中的遭遇很相似，曹操的人生经历给他启发，使他失意、绝望的心灵得到安慰。曹操坚韧的个性给苏轼一种智慧，让他在苦闷中看到人生希望，使其抑郁的心灵得以释然。赤壁之战中建功立业的周瑜只能让苏轼产生羞愧、郁闷的心情，而惨败的曹操使他生发超然、旷达之情，进而洞察天地间变与不变的哲理。

曹操一生在战败中奋进的内容在《赤壁赋》中处于缺省状态，我们从认知背景中加以调用就会加深对本文的理解。

（三）抓住驱动性的词语

文本是词语的集合，每个词语是个符号，符号背后隐含着它所指的内容与附着的含义。在阅读文本时，我们首先看到词语符号，然后由这些符号激活我们头脑中相关的认知背景。有些词语身份特殊，它们或指称某个历史、某个人物，如"赤壁""朱雀桥"等；有些词语表征着一些普遍现象，如"登高""梦"；而这些词语是文化符号，是潜在的认知背景，往往关联全篇，推动我们对整篇文本的解读。

阅读《梦游天姥吟留别》时，"梦"这一词语，关联全篇，激活出整篇意义。梦是做梦者对过去事件的回忆，或是对现实生活的加工，或是对未来生活的想象。梦离奇，荒诞，神秘，非理性，不可解释。梦中有众多的意象与事件，但它们不连贯，不成整体，没有逻辑，显得破碎、零散、飘逸、跳跃。梦与现实没有直接联系，但不会脱离现实，与现实存在着千丝万缕的隐秘联系。《梦游天姥吟留别》以梦为背景展现诗歌的内容，因而梦的特征以及梦与现实的关系就决定了这首诗的意象特点、语言风格和思想情感。

诗中有石扉、青冥、霓、风、马、虎、瑟、鸾、车、仙人、枕席、烟霞、白鹿、青崖、名山等五六十个意象。这些丰富的意象，因梦的神秘、虚幻而显得跳脱、飘逸、瑰丽、雄壮。"半壁见海日，空中闻天鸡"，半山腰看到海面上初升的太阳，壮观，阔大。"熊咆龙吟殷岩泉"，"熊""龙"身形巨大，它们的声响震动岩石、山泉。"列缺霹雳，丘峦崩摧"，电闪雷鸣，山峦崩塌。"青冥浩荡""日月照耀"，天空无边，日月同时高照,"金银台"楼台均为金银筑造,光彩照人;"霓为衣"五彩缤纷,意象阔大雄壮、富丽华贵。

这些意象因梦的无理性、无逻辑,显得荒诞、离奇。"云之君""霓为衣兮风为马""虎鼓瑟兮鸾回车",神仙们驾着云朵,把彩虹当作衣裳,将风作为马来乘,老虎弹奏着琴瑟,鸾鸟拉着车驾。这些景象不符合事物本来的特征,彩虹有色而无形,不可能作为衣服;风无形无影,可感而不可触碰,不可能作为马来乘坐;老虎生性凶猛,不可能温顺地弹奏器乐。这些景象在现实世界中并不存在,这些想象不合事理,但它们符合梦的特征,在现实中不可能出现的事物,在梦中可以出现。梦是个无限的世界,有着一切的可能。因为意象纷繁多样、富丽雄壮、荒诞离奇、跳脱无序,因而诗歌的语言就显得瑰丽、雄奇、飘逸、豪迈。

梦源于现实又超越现实,"霓""风""虎"等,是现实世界的事物。梦之所以为梦,就在于以现实为基础。梦总是由现实来界定,没有现实也就不可能有梦。现实有其规则,有着稳固的时间与空间。诗人在梦中,从夜晚到清晨,再到昏暗的傍晚,无论时间多长,都透露着一定的秩序。诗人在梦中所见到的千奇百怪的事物,无论怎样的色彩缤纷、眼花缭乱、惊心动魄,都被"枕席"一词所否定。

梦的虚幻源于现实,因而经不起现实击打。"枕席",生活中寻常的事物,平淡无奇,毫无生气,但它们一出现就让梦中神奇的万象在瞬间破灭。现实是梦的天敌,它总在否定着梦。诗人没有回避现实,他知道梦只是梦而已。梦再美好,人还是要回归现实。"枕席"一词,就是表现了诗人没有完全脱离生活,而是勇敢地直面平淡的现实。他追求的现实不是世俗中的现实,他借梦来否定世俗的世界,在梦中找寻他所理解的生活。

"忽魂悸以魄动,恍惊起而长嗟",诗人之所以感到心惊胆战,长声叹息,因为他在梦中以梦为真,当他受到这么多仙人如此隆重的欢迎时,他感到无比惊喜。这种惊喜表现出诗人既默认了梦的真实,也否定了现实人事。他认为自己应该受到高贵之人的认可，而现实的人有眼不识泰山。

梦与现实相互对立，又相互诠释，梦对于每个人是个普遍性知识，充分调用关于梦的意义，我们才能捕捉到诗人在本诗中流露的心迹与思想，才能读懂这些跳脱无序的意象背后的深层意义。

文本解读试图在阅读教学中真正落实学生的主体性，从学生开始，到学生结束。认知语言学视域下的学生背景性知识不是静态的知识，而是主客体统一的动态知识。从主体角度来看，它是学生头脑中与当下解读相关的背景知识与解读策略；从客体角度来看，它是激活学生背景性知识的文本内容或特征。从主体与客体角度激活背景性知识是文本解读的基础与前提，也是文本解读的开始。

第十五章　学生的隐喻思维与文本解读

第一节　对隐喻思维的理解

一、什么是隐喻

传统观点认为隐喻是一种修辞手法，而认知语言学认为隐喻是人类认识世界和语言表达的思维方式。就是用一些熟悉的、有形的、具体的事物来认识陌生的、无形的、抽象的事物，其中认识机制就是把一个熟悉事物的某些特征映射给另一个陌生事物，从而理解陌生事物。

二、隐喻的类型

第一，从外在形式上来看，隐喻分为词语、句子、语篇类型。

1. 许多词语、成语、谚语是隐喻，如当"红娘"，充"电灯泡"，踩"红线"，在"充电"，靠山"吃山"，等等。

2. 一些句子构成一个隐喻，如"金窝银窝不如自己的狗窝""微风过处，送来缕缕清香，仿佛远处高楼上渺茫的歌声似的""吾尝跂而望矣，不如登高之博见也"等。

3. 有的语篇构成一个隐喻，如《老人与海》中的多重隐喻：人与自然、人与外在挑战的斗争，人的成功与失败的辩证关系。《变形记》通过人变成奇特动物隐喻着人的异化。

第二，从内容来看，隐喻可分为结构性、方位性和主体性三种类型。

把一个不太好理解的东西变得具体化，叫作结构隐喻。结构隐喻，就是把抽象的事物，用一个具体的东西呈现出来。比如什么是时间？"时间就是金钱。"一些句子如"别浪费我的时间""没有有益地利用时间""失去了太多的时间"等，就是把"金钱"的特征，如"花费、投资、使用、耗尽、得到、丢失、感谢"等用于"时间"，从而充分理解时间。

方位性隐喻是说人类常常借用生活中对于方位的感觉形式来建构语言的概念，比如别人骂你"看你最近飘了"，飘了就表示方位，意思是你失去原来样子了。再比如"我们要努力向上"，"努力向上"的意思就是通过努力不断地获取成功，不断地往上面这个方向走。还有"我最近的情绪很低"，也就是说情绪很低落，这些都是方向。

我们可以将空间维度和抽象概念相结合，把本来不理解的这些抽象概念，通过这些方位把它明确化。

本体隐喻是将一个物体、状态或过程看作一个实体，并将其实例化，使其具有各种物理特性。如"我们把天聊死了"，聊天这个活动在此时被当作生命体。如"他去广州寻求名誉和财富"，"我们正朝着和平走来""生活欺骗了我们"，"名誉和财富""和平""生活"在表达中是个某个东西。

把一些具体或抽象的事物或活动看成容器，"他们在恋爱中""我们脱离了困境"。

把外在事物或人投射成自己，如"廉颇老矣，尚能饭否"，诗人用廉颇来展现自己，廉颇就是自己，自己就是廉颇。

第二节 隐喻思维对文本解读的价值

一、为理解字词提供路径

我们理解一些词语的表达效果时，常常是比较笼统的，如"月光如流水一般，静静地泻在这一片叶子和花上"，我们会说，"泻"表现出月光似流水自上而下的动态。这样分析对于"泻"的妙处分析还不够透彻。如果从隐喻角度来看，"泻"三点水旁，形容水流得很快，流水面积大，数量多，透明，这些特征投射给月光，说明月光透明而纯净，大面积地笼罩在叶子和花上，叶子和花上是一片洁白，静静之中有种动态美。这样，我们的分析不是从月光出发，而是从"泻"这个字出发，把"泻"丰富的特征投射给月光来理解月光。这样，就把赏析由单纯的感悟变成先想象后推理的过程，增加赏析思维容量。

二、为理解表现手法提供路径

很多表现手法和修辞手法与隐喻有关，如比喻、比拟、象征、通感、用典，托物喻人、借景抒情等，分析其表达效果时，先分析具体事物的特点，再把它们的特征投射给这些需要理解的事物。如"微风过处，送来缕缕清香，仿佛远处高楼上渺茫的歌声似的"，歌声从远处的高楼上传来，距离远，在高处，歌声时断时续，若有若无，表现在微风中荷香时断时续，若有若无，时而轻淡，时而浓郁，给人一种美妙的感觉。

三、为理解主题提供路径

文学注重描写形象与事件，委婉含蓄地表达主题。我们就从形象与事件的特点出发来理解作品主题，如《老人与海》中主人公与海中的一群鲨鱼进行战争，最终自己带着鱼骨归去。作品的主题不在故事本身，而在人与物之间的关系，主人公拥有一定资源，一群鲨鱼前来入侵，争夺主人公的资源。主人公勇于斗争、永不放弃，最终资源被掠夺，但呈现出硬汉精神，体现着人作为人的尊严。

第三节　隐喻视角下文本解读策略

一、怎么识别隐喻

隐喻一般满足三个条件：一是涉及两个事物或事件；二是这两个事物或事件对应不同的概念；三是通过一个事物或事件概念的属性特征来认识另一事物或事件。

我们可以留意一些词语、修辞手法、表现手法。最主要的是隐喻是语言表达中一种特殊且异常的现象，事件或形象与现实总是有种错位，有种陌生化。如古诗"半亩方塘一鉴开，天光云影共徘徊。问渠那得清如许，为有源头活水来（朱熹《观书有感》）"。从诗的内容来看，描写的是水塘的景色和水为什么这么清的原因。但诗的题目是《观书有感》，就知道诗的内容显然不是写池塘里的水，而是暗喻读书积累和读书开窍。

如古诗"洞房昨夜停红烛，待晓堂前拜舅姑。妆罢低声问夫婿，画眉深浅入时无？（朱庆馀《近试上张水部》）"诗的内容写新媳妇早上起来为了将要拜见公婆，问丈夫自己打扮得是否得体。如果只是这样理解，是根本没有读懂这首诗，看题目"近试上张水部"与诗歌的内容没有联系。"近试"说明诗人刚刚参加科考考试，"问"，说明他想打探消息。所以，这是诗人在含蓄委婉地向人探听自己的考试结果。

二、隐喻理论视角下《与妻书》解读

（一）当下对《与妻书》解读

《与妻书》是革命烈士绝笔之作，文章写得缠绵诚挚，又充满浩然正气。目前，对《与妻书》的解读视角大致分为以下几类：

一是文章的视角，如教材中的"学习提示"说："诵读课文，注意把握感情线索，体会作者写作时的复杂心理和崇高的思想境界。"文章的角度关注的是写作特点、艺术手法、语言特点。

二是文体的视角，这个角度关注《与妻书》作为书信的交际意义，具有家书的私人特征，具有丈夫写给妻子的情书特征，具有青年志士的革命特征。

三是文化的视角，有学者认为《与妻书》有魏晋时期的尚情特质、儒家推己及人的仁爱精神、儒家舍生取义的大丈夫人格等。

但是无论哪一种视角都离不开对语言的分析，如果能从语言认知的角度来解读文本，会更加透彻与深入。抓住隐喻的词句，会走到作者心灵的深处。

（二）《与妻书》隐喻解读

《与妻书》中存在着本体性隐喻和结构性隐喻。

1.本体性隐喻。有的隐喻比较明显，如"遍地腥云""满街狼犬""司马春衫""寸管"等；有的隐喻已经形成了固定意义的词语，人们几乎不认为它们是隐喻，如"钟情""同志"等。

有的隐喻较为含蓄，如"爱汝一念，使吾勇于就死"。爱妻子的念想，这种情感像一位威严的高贵的人，他让作者勇于赴死。作者说"充吾爱汝之心"，作者对妻子的爱当作一粒种子，由一粒扩充至无数粒，赋予天下人。把抽象的东西当作具体的人或物，这样表达形象生动，易于他人理解。这句表明了对妻子的爱，肯定了这种爱的力量，同时说明了对妻子的爱与对天下人的爱，以及勇于参加革命之间的关系，解释了自己参加革命的原因。这样说，最能安慰妻子，减轻她的痛苦。这个隐喻让我们明白作者的良苦用心，知道他勇于赴死的力量来源。

2.结构性隐喻。在这封书信中，作者从不同角度解释自己参加起义的原因，愿"天下有情人都成眷属"，"勇于赴死"，"称心快意，几家能够？""敢于担悲"，作者认为革命就是牺牲自己，为天下谋幸福，他把自己当作一根红烛、火炬，勇于牺牲，志在驱除黑暗，照亮世界，温暖天下人。通过这个隐喻，我们能深入理解作者，充分感受作者的崇高形象。

三、隐喻视角下的阅读教学

隐喻是紧扣语言认知规律深入解读文本的重要路径，了解隐喻不是我们的目的，我们是通过隐喻来读懂、理解文本。隐喻体现在词语、句子、语篇中，没必要把文本中所有隐喻都用来作为教学内容。

课文中的隐喻是否作为教学内容，就在于它是不是理解课文的关键词句，就在于看它是否最能体现文章特点（如脉络、层次、逻辑），是否能表达作者感情，揭示中心、主旨、观点。

这封书信抒情、叙事、议论相结合，在叙事与议论中流露情感。情感容易体会，但复杂情感之间有内在逻辑，情感看似矛盾，实则统一于对妻子的爱之中。我们需要梳理作者说理的思路，在明白了作者说理的思路后，体悟他为国家，为天下人的伟大精神境界。

所以，对于《与妻书》不要分析太多，主要理解作者对妻子的爱，体会他勇于牺牲的革命精神。抓住文中两处隐喻，就能较好地做到这两点。

一是抓住《与妻书》中"爱"的隐喻深入理解作者情感。"爱汝一念，使吾勇于就死"，这句是中心句，解释了作者参加起义的原因，也是作者安慰妻子最有力的话，"爱"关联着书信中前后的内容，也贯通着作者的复杂情感。理解了这一句就理解了作者复杂的情感与内心活动，触摸到作者崇高的精神境界。

二是抓住《与妻书》中"革命者"的隐喻体悟作者精神。通过书信，我们能感受到作者舍小家、为国家的无私奉献精神，为天下人谋幸福勇于牺牲的品质，但觉得有点抽象。我们读读一些句子，"使吾勇于就死""常愿天下有情人都成眷属""为天下人谋永福也"等，就能体会到作者像红烛、火炬一样，燃烧自己、照亮黑暗现实、温暖他人。把作者理解为红烛、火炬，使我们对作者崇高精神有个形象、具体的理解。

第十六章 学生的概念整合思维与文本解读

第一节 对概念整合的理解

一、概念整合的定义

概念是语言的基本单位,它是人创造出来的,表征着某个事物,也是对某类事物的范畴化,即进行一种打包。我们说话时,实质上在说着一个个概念。概念并没有与某个事物相对应,它恰恰对应着某类事物,任何一个概念都是一个集合,如,我们指着一棵树说,"这是一棵松树",而"树"这个概念包含无数棵树。也就是说一个概念是一个变量、一个空间。

整合是人类社会的基本现象,如将不同颜色调和在一起形成新的颜色,把不同的矿物熔炼成新的物质材料,把数个思想锤炼成一个新的思想。整合既是人类生存、生产、社会发展的基本行为,又是人类的基本思维。

概念整合指"人类把来自不同的空间的输入信息有选择地提取其部分意义整合起来而成为一个新概念结构的一系列认知活动"[①]。概念组合在一起,不是概念的简单组合,也不是概念意义的简单叠加,而是形成新的概

---

① 王正元. 概念整合理论及其应用研究 [M]. 北京:高等教育出版社,2009:11.

念空间，产生类似于"化学变化"，生成新的意义。概念整合实质上是空间的整合，是许多空间进行了新的融合。

概念整合理论认为，概念整合是人类的一种普遍的认知活动与认知方式。一个概念相当于一个心理空间，概念整合涉及四个心理空间，它们是：两个输入空间、类属空间、合成空间。类属空间包含两个输入空间的共有结构及抽象信息，决定跨空间映射的核心内容，而这两个输入心理空间要通过跨空间的匹配并有选择地投射到生成空间。生成空间的形成是从两个输入空间中提取部分结构，形成一个层创结构，层创空间要通过自身的组合、完善和扩展而建构原来输入空间所没有的新信息、新意义和新知识。四个空间通过投射链一环扣一环地彼此连接，构成一个完整的概念整合网，这些概念整合网络，是人们认识世界、形成思维的一种普遍存在的认知方式，从而人类可以生成创造性思维、丰富的想象力和语言意义。

比如，"故都的秋"这个短语中存在多重概念整合，"故都"存在两个不同的概念："故都"和"北平"，它们构成两个输入空间，"以前的都城"，"北平这座城市"，"故都"是北平这座城市的特征，说北平是故都，而不说它的名称，能突出北平这座城市的特征，起到一定的表达效果。"故都的秋"由两个输入概念组成，一是"北平"，一是"秋"。传统语言学认为这个短语是限定语加中心词构成的偏正结构，这种静态的分析，遮蔽了这个短语的丰富的含义。如果从概念整合的视角来看，"故都"是输入空间一，它包含一定的文化框架：北平，北方的一座城市，一座都城，多个朝代的国都，曾经的繁华，国家的象征。"秋"是输入空间二，它包含着与秋相关的特征：一年四季之一，萧瑟、悲凉的季节，文人喜爱吟咏的季节，最易触动文人情思的季节。

"故都"与"秋"是相关关系，"故都"与"秋"组合成类属空间为地点与时间的结合，也就是截取了故都在秋的时令上的景象，完善两者的信息，扩展出新的信息：作为都城北平的萧瑟、悲凉的秋季。不是简单地理解为"故都"对"秋"的限定、修饰，或者"秋"对"故都"的限定、修饰，"故都的秋"由两个输入空间组合后生成全新的意义，就像"书虫""人妖""黄酒""植物人""车库"，等等。

二、概念整合的类型

语言学家沈家煊把概念整合分为"糅合"和"截搭"两种类型，他认为："糅合就好比是将两根绳子各抽取一股重新拧成一根，而截搭就好比是将两根绳子各截取一段重新接成一根。"[①]糅合，是将两件相似而不一定相关的事情整合在一起。截搭，是将两件相关而不一定相似的事情整合在一起，如，"车库"一词，"车"与"库"，它们没有相似性，但在空间上，它们联系在一起，车要存放在库里，因为空间上的关系它们压缩在一起。

区分糅合和截搭，关键在于概念空间一和概念空间二之间是相似还是相关。好比一个概念ab，另一个概念xy，如果a和b之间的关系对应于x与y之间的关系，是"a:b=x:y"这样一种对应格局，那么概念ab与概念xy之间的关系相似而不一定相关，是一个糅合型的整合。

如"书虫"，

a（人）　　b（读书）

x（虫）　　y（吞食叶片）

人与阅读的关系对应着虫与蚕食叶片的关系，形成了"a:b=x:y"这样一个对应格局，即两个概念ab和xy的关系是相似而不一定相关，因此，"书虫"的整合方式属于糅合型整合。

如果整合概念ab与概念xy有一定联系，形成一个"ab—xy"的线形链条，即二者相关而不一定相似，是一个截搭型整合。如"车库"一词，概念空间一"车"与概念空间二"库"，分别属于车辆和仓库，它们在空间上存在着一定的关系，但它们并不相似，因此，可以把"车库"看作由两

[①] 沈家煊."糅合"和"截搭"[J].世界汉语教学，2006（4）：5.

个概念空间截搭而成。

三、糅合型概念整合类型

糅合型的概念整合是常见的整合类型,按照美国语言学家福柯尼尔和特纳的思想,此类概念整合可以划分为四种:简单型、镜像型、单域型、双域型。

(一)简单型概念整合

在简单型整合中,一个输入空间包含特定框架及角色,另一输入空间包含无框架组织的元素,跨空间映射将角色与元素相匹配。如"李总是李小刚的父亲。"在这句话中,输入空间一是"家庭"的框架以及"父亲"和"儿子"的角色;输入空间二是"李总"和"李小刚"两个具体元素。"父亲"和"李总"以及"儿子"和"李小刚"形成了对应关系,跨空间映射在角色与相应的值之间进行匹配形成了一个完整的简单型网络整合模式。再如,"痴儿了却公家事"一句中,输入空间一是"官府"的框架以及"官吏"的角色;输入空间二是"太和县衙"和诗人两个具体元素。"官府"和"太和县衙",以及"官吏"和作为县令的诗人形成了对应关系,跨空间映射在角色与相应的值之间进行了匹配。

(二)镜像型概念整合

镜像型整合中,存在着四个心理空间:两个输入空间,一个类属空间,一个含有层创结构的合成空间。所有心理空间都具有相同的组织框架,因此两个输入空间中的元素通常能够一一匹配,形成对应关系。对应关系,就是映射,包括三种模式:投射映射、语用函数映射和图式映射。投射映射是把一个认知域的部分特征投射到另一个认知域上,是用一个心理空间的概念结构领会另一个心理空间的概念。语用函数映射是指两个本身有联系的相关事物通过一个语用函数相互映射。图式映射是将具体情境中的值填充到抽象图式的空当中去从而生成意义。

例如,一对夫妇在河边钓鱼,妻子在一旁唠叨不休,后来,有一条鱼上钩了。

妻子：这条鱼真够可怜的。

丈夫：是的，只要它闭嘴，不也就没事了呀。

输入空间一是一条鱼上钩了，空间元素有"鱼、张嘴、上钩"等；输入空间二是有妻子在一旁唠叨，空间元素包括"妻子、唠叨、让人厌烦"等元素。从两个输入空间中得到类属空间的抽象结构是"行为者某个特定行为导致特定结果"。四个心理空间共享的框架是"行为者动口的行为会带来不好的结果"，在合成空间组合步骤中，"鱼"与"妻子"、"张嘴"与"唠叨"、"上钩"和"被厌烦"相对应，认知框架告诉我们"鱼张嘴导致它被钓上来，造成生命的终结"，以此来完善"组合"步骤中的意义。再通过"扩展"步骤来完成"妻子也像鱼那样嘴动个不停，也不会得到好结果"的意义生成。

再如，"在冯友兰的追问下康德无言以答"一句中，输入空间一是"冯友兰就某一个问题进行发问"，输入空间二是"康德就某一个问题进行回答"，两个输入空间都提供了谈话的框架，两个框架相同，只是各自的元素不同，一个是冯友兰，一个是康德。通过组合，两个人进行跨时空的对话；通过完善，调用生活经验的辩论的框架；通过扩充，得到辩论的具体情景和辩论的胜负结果，最终得到意义：就某一个问题，冯友兰战胜了康德。

（三）单域型概念整合

单域型整合网络中的两个输入空间有各自不同的组织框架，但只有一个输入空间的组织框架被投射到合成空间中，并经过扩展形成合成空间的组织框架。

例如，"联想重拳出击戴尔"一句中，输入空间一是"联想在商业上出击戴尔"，输入空间二是"联想重拳击打戴尔"，空间一的框架是商业战争，空间二的框架是拳击战斗，两个空间中所含的框架截然不同，"拳击战斗"的框架最终投射到整合空间，并触动句意的生成，"商业战争"

的框架提供"联想"和"戴尔"这两个元素,"联想"在"商业战争"中的特征无从知晓,全凭"拳击战斗"的特征来呈现。经过"组合""完善""扩展"等环节,生成"联想公司有效实施了对戴尔公司不利的竞争行为"的意义。

再如,"老王是个书虫"中的"书虫"一词,传统语言学理解为,"书"修饰、限定"虫",说明"虫"的性质,这种解释简单机械,因为这个词不能理解描写"虫"的意义。我们从概念整合的视角来对这个词进行理解,则较为透彻。输入空间一"书",属于与书相关的文化知识框架,"书"有"知识载体""供人阅读"等特征;输入空间二"虫",属于与"虫"相关的动物框架,"虫"具有"爬行""吃东西""有生命""啃叶片"等特征。通过组合,书与虫在空间上进行压缩,虫与书进行结合;通过完善,我们调用虫啃叶片的知识框架,就想到两个空间共同的结构是虫吞食书;通过扩展,虫的生命体对应着人,书对应着叶片,产生"人像虫吃叶片一样热爱啃书本""勤奋学习"的意义。"老王"的特征全凭"书虫"的特征来呈现。

(四)双域型概念整合

双域型整合网络中的两个输入空间有各自不同的组织框架,但是两个组织框架均部分投射到合成空间中,合成空间的组织框架同时包括两个输入空间的部分结构。

如"那些建筑是堆豆腐渣"一句中,输入空间一是"建筑行业中的建筑物",输入空间二是"食品行业中的豆腐渣",建筑物必须具备"坚固""高耸""结构成型"等特征,而"豆腐渣"具有"松散""破碎""无凝聚力不成型""不牢固"等特征,两个框架是不同的,把豆腐渣的框架投射到建筑物上,那些建筑物存在"松散""破碎""不牢固"的特征,与建筑物本来的特征形成强烈的反差,从而生成"那些建筑物质量极其低劣"的意义。

再如，"临时工"一词，现指代"替罪羊"。临时工和替罪羊之间本来毫无关系，网络上却赋予"临时工"以"替罪羊"之意。"临时工"和"替罪羊"是两个空间域。"临时工"指与固定工、合同工相对的一种用工形式，一般是指没有合同期限的临时性、季节性用工。"替罪羊"指替人承担罪过的羊。两者之间相似之处是"没有地位，任人宰割，弱者"，但不相关，临时工是人，替罪羊是动物。把"替罪羊"的特征投射到"临时工"上，讽刺社会中一旦有人做出违法违规的事情就推脱说"他们是临时工"的不正常现象。

四、截搭型概念整合类型

截搭型也是常见的概念整合类型，通常两个具有相关性的事件整合在一起产生新的概念意义。

例如，那个孩子跑丢了一只鞋。

输入空间一，那个孩子在奔跑；输入空间二，那个孩子跑丢了一只鞋。两个事件之间没有一定的相似点，而存在着因果关系，形成一种截搭的类型。因果关系使两个事件得以组合，通过完善，我们借用关于"奔跑"的框架；通过扩展，孩子跑丢了一只鞋，他居然没有停下来拾起来，穿着鞋跑是很舒服的，光着脚跑一定很痛苦，一个"极速奔跑"的框架投射到"那个孩子在奔跑"，从而生成"那个孩子奔跑时的急速、紧张"的意义。

再如，我把他踢出了三丈远。

输入空间一，我把他踢了；输入空间二，他跌出了三丈远。两个事件之间没有一定的相似点，而存在着因果关系。在因果组合之后，通过完善，我们调用"踢打"的框架；通过扩展，他跌出三丈远，是受到极大力量，才能出现的情况，从而生成"我用巨大的力量踢了他"的意义。

如果从相似性与相关性，我们可以把概念整合分为糅合型与截搭型。我们也可以把截搭型看作糅合型的镜像型整合，因为截搭型的概念空间没有相似性，只有相关性，但它们的四个空间都是在同一框架之下。如"那个孩子跑丢了一只鞋"的各个输入空间，共同存在着一个"极速奔跑"的框架。

无论是糅合型还是截搭型，它们都存在着两个输入空间、一个类属空间、一个合成空间，均要经过"组合""完善""扩展"三个环节生成意义。

第二节 概念整合理论对文本解读的作用

一、加深对表现手法的理解

诗以言志，文以载道，作者在文本中表达思想、抒发情感时，总会借一定的语言组织形式，即表现手法。

如"微风过处，送来缕缕清香，仿佛远处高楼上渺茫的歌声似的。"（朱自清《荷塘月色》）可以从修辞手法的角度来理解这句话，作者通过嗅觉感受到荷花的清香，为了形象生动地把这种清香表现出来，他借用了通感的手法，从听觉呈现"远处高楼上渺茫的歌声"的特点——高远、微弱、时断时续，从而来表现荷花香味的轻淡、时断时续、若有若无的特点。

如果从概念整合理论来分析，可以更加透彻地理解意义生成的深层心理。这种句子可以视作单域型的概念整合，"荷花的清香"是概念空间一，"歌声"是概念空间二。"荷花的清香"是个抽象概念，对它先不作分析。"歌声"形象具体，充分分析它的特点：高远、微弱、时断时续。"歌声"的特征映射给"荷花的清香"，生成"荷花的清香"的轻淡、时断时续、若有若无的特点。

概念整合理论有较大的包容性，单域型概念整合还可以用来理解使用比喻手法的句子。如"柔情似水，佳期如梦，忍顾鹊桥归路。"从比喻的修辞角度分析,把"柔情""佳期"比喻成"水""梦",形象生动地表现柔情的缠绵、不断,"佳期"的恍惚、梦幻。从概念整合理论角度分析,可以把"柔情""佳期"视为概念空间一,"水""梦"视为概念空间二。"水"连绵不绝、温和柔美,"梦"没有逻辑、破碎、模糊,它们的特征投射到"柔情""佳期"上,形象地表现出"柔情""佳期"的特征。

再如,"花径不曾缘客扫,蓬门今始为君开。"(杜甫《客至》)意思是说:长满花草的庭院小路,不曾因为迎客打扫过。一向紧闭的家门,今天才为你打开。在修辞手法上,此句为偶句互文,可以理解为"花径不曾缘客扫,今始为君扫;蓬门今始为君开,不曾缘客开。"前后两句在互相补充映照后,既说明诗人住处平时寂寞冷清,也表现朋友到来时诗人的兴奋欢愉之情。

如果从概念整合理论角度可以把此句视为镜像型概念整合,"花径不曾扫""蓬门不曾开"视作空间概念一,"花径为客扫""蓬门为君开"视作空间概念二,借用"扫地""开门"的框架合成两个空间,在"扫地""开门"变化中,表现诗人住处平时的冷落,也表现诗人在朋友到来时喜出望外、十分高兴的心情。

二、拓展文本解读的路径

概念整合理论有镜像型、单域型、双域型、截搭型等。熟悉了各种概念整合的深层规律,在解读文本时打开了一条路径,由此可以切入文本,深入理解文本内容与思想。根据概念空间的不同特征,把一些文本与概念整合类型相对应,可以把状物类文本视为单域型概念整合,把写景类文本视为双域型概念整合,也可以把叙事类文本视为截搭型概念整合。

如《李凭箜篌引》一诗,描摹李凭演奏箜篌乐声的美妙,乐声无法直接表现,可以视为单域型概念整合型的概念空间一,通过语言描绘的一系列意象作为概念空间二来表现乐声。"凤凰玉碎""芙蓉泣露""香兰欢笑"的特征映射乐声的内容,再用"行云为之静止、江娥为之啼哭、神女为之悲秋、老鱼为之跳跃、瘦蛟为之起舞、吴刚为之不眠"等意象的特征来映射李凭弹奏的乐曲的神奇效果。在解读时，把乐曲的特征放在一边，先来分析概念空间二中的意象的特征，再把它们与乐曲的声音相合成，生成乐曲的特征，表现弹奏人的技艺高超。

又如《登岳阳楼》一诗，描写洞庭湖分割吴楚、映照日月的恢宏气象，又写诗人孤舟老病的漂泊之苦，以及对时局动荡的忧痛。诗人先写景后抒情，触景生情，整首诗可以视为双域型的概念整合。前两联为概念空间一，有自己独立的框架；后两联为概念空间二，也有自己独立的框架。诗人登上岳阳楼观望浩渺的洞庭湖，湖景的壮阔宏伟没有引起诗人的豪迈情怀，他感受到洞庭湖把吴楚分割开来，日月在湖面上日夜地浮动。诗人接着想到自己与亲朋的分离，国家战乱不断，没有安定的日子。景象与人事相互映照，突显诗人关心国事、忧国忧民的情感。

再如《江城子·乙卯正月二十日夜记梦》一词，描写诗人对于亡妻的思念之情，整首词由"死别十年""假设相逢不识""幽梦还乡""料想亡妻的痛苦"四个事件组成。从概念整合的角度来看，词人按回忆、假设、想象、推测四个方面从空间上来进行压缩，有现实，有想象，虚实结合，整体合成，描写现实，又超越现实，既写自己的落拓，又抒发对亡妻的悼念之痛。

第三节　概念整合视角下解读策略

一、镜像型文本意义生成

在生活与阅读中，概念是相对的，我们既可以把某个词语看成一个概念，也可以把某个语意群看成一个概念。因而，我们既可以从概念整合的视角来生成词语的意义，也可以从概念整合的视角来生成句群以及文本的意义。

一组句群中两个输入空间均提供框架，并且两个框架是相同的，只是各自的元素不同，并且一一对应，形成镜像型整合。

如《峨日朵雪峰之侧》中的诗句："啊，真渴望有一只雄鹰或雪豹与我为伍。在锈蚀的岩壁，但有一只小得可怜的蜘蛛与我一同默享着这大自然赐予的快慰。"

这些诗句中，两个输入空间分别为"有一只雄鹰或雪豹与我为伍"和"有一只小得可怜的蜘蛛与我为伍"。输入空间一包括"雄鹰或雪豹""在锈蚀的岩壁上""默享着这大自然赐予的快慰"，输入空间二包括"小得可怜的蜘蛛""在锈蚀的岩壁上""默享着这大自然赐予的快慰"，两个输入空间的元素形成一一对应的关系，即渴望的空间与真实的空间相互对应着。在类属空间中，包含着两个输入空间共有的抽象结构："在锈蚀的岩壁上与我为伍。"通过组合得知，诗人渴望的情景与事实的情况进行整合；通过完善得知，诗人渴望有一只雄健的、有力量的动物与我为伍，希望自己攀登高峰的壮举得到英雄的承认，也渴望英雄给予鼓励，从而增加继续前行的力量，而诗人希望落空，陪伴他的只是微小人物的沉默；通过扩展，诗人的希望与现实形成了强烈的反差，表明他攀登所获得的成果与付出的痛苦，并没有得到他人的赞扬，也没有被给予鼓励，诗人所遭遇的一切都是一个小人物所碰到的一切。

再如，《燕歌行》（并序）中的诗句："山川萧条极边土，胡骑凭陵杂风雨。战士军前半死生，美人帐下犹歌舞。"

诗句中，有两个输入空间"战士阵前拼命杀敌"和"将军在军帐里听歌看舞"。输入空间一包括"敌人来势猛烈""战场上""拼命厮杀""死亡一半"，输入空间二包括"敌人来势猛烈""军帐里""听歌看舞""生命犹存"，两个输入空间共有的抽象结构为"沙场征战"。通过组织、完善、扩展，展示同样面对着激烈的战斗，战士们的表现与将军的形成极大的反差，表现诗人对将军不负责任、昏聩误国的强烈谴责，以及对战士为国效命的赞扬。

二、单域型文本意义生成

在词语、句群及文本的意义生成中，单域型整合也是常见的整合模式。以词语、句群为整合单元，同样有两个输入空间，一个通常是关于具体事物的空间，另一个是关于抽象事物的空间。具体事物空间将自己的组织框架投射至合成空间，而抽象事物的结构也被投射到这个已经在合成空间存在的具体事物的组织框架之中，并获得具体事物的组织框架，使两个输入空间的重合的元素呈现出映射关系。同样以类属空间为基础，通过组合、完善、扩展等方式形成层创结构，生成新意义。

李煜的《虞美人》末一句"问君能有几多愁，恰似一江春水向东流"就是通过单域型整合生成意义。这是李煜的绝命词，他原先是南唐帝王，现在是北宋的囚徒，屈辱、不自由的生活，物是人非的境况，触动他内心的幽怨、悲凉，复杂难遣的忧愁无法形容，只能借用"一江春水"表达。两个输入空间"愁"和"春水"，在类属空间形成的抽象结构为"某物多"，"愁"与"一江春水"放在同一个属性框架之内并且两个空间的元素形成映射关系。春天雨水多，也是江水暴涨的时候。"愁"的"重"对应着"春水"的沉重，"愁"的"多"对应着"春水"的无穷无尽，"愁"的"长"对应着"春水"的绵长，"愁"的"来得猛"对应着"春水"的滚滚流势。词人此刻满怀"愁"绪，完全是一个抽象事物，无形无象，是一个抽象框架，无法形容，而"一江春水"是一个具体的事物，有形有象。两者整合在同一个属性框架内，"一江春水"的组织框架被投射到合成空间，无形的"愁"被投射到这个已经位于合成空间的"一江春水"的组织框架内，于是"愁"便有了和"一江春水"相同的组织框架，从而"愁"与"一江春水"被置于一起，"一江春水"的特征就成为"愁"的特征，"一江春水"的无边、绵长、幽远、沉重、喷薄、奔腾等特征，投射给"愁",通过这样完善,此刻词人的愁绪就是幽远绵长、沉重无边、汹涌喷薄的。在扩展后,就能感受到词人在国破家亡、生不如死的境况下内心的无尽痛恨、愁苦。

单域型整合在诗篇与语篇中同样十分常见,以一个具体的空间和一个抽象空间组成两个输入空间,通过组织、完善和扩展三种方式生成意义。如李商隐的《锦瑟》作为无题诗,解读难度较大,在主题思想上历来备受争议。如果从概念整合视角来看,把整首诗看成单域型整合,就更容易理解诗歌的思想情感。"此情可待成追忆"的"情"可以视为输入空间一,前三联对锦瑟的描述以及四个典故的运用可以视为输入空间二。"情"是个抽象物,在它产生时,就已经茫然失去。这到底是什么样的情感,只能通过输入空间二来分析。输入空间二由多个意象组成,这些意象也是多重概念的整合。"锦瑟无端五十弦,一弦一柱思华年。""思华年",思念着青春年华;"无端",没有来由地生成了一种情感;"五十弦",思绪繁多,思念沉重。"庄生晓梦迷蝴蝶",庄周在梦中变成了蝴蝶,醒来后发现自己是庄周,他不知是自己梦中变为蝴蝶,还是蝴蝶在梦中变成了庄周,不知蝴蝶是自己的梦,还是自己是蝴蝶的梦。庄周这种境遇具有虚幻、迷茫、难以确定的特征,它们投射给"情",这种情感就具有虚幻、迷茫、难以确定的特征。"望帝春心托杜鹃",望帝思念故乡,悲痛到泣血的程度,即使化身为杜鹃,仍然昼夜哀哀鸣叫,这种痛彻心扉也投射给诗人此刻的"情"。"沧海月明珠有泪",在苍茫宽广、纯洁明亮的意境中把痛苦化为贵重的珍珠,这些纯洁、幽远、珍贵的特征投射给"情"。"蓝田日暖玉生烟",蓝田山中晴天日出,烟雾飘荡之处,蕴藏着晶莹美玉,意境中飘忽、迷蒙、晶莹、美好的特征又投射给"情"。诗人通过众多意象来描述这种"情",即对往事怀着悲痛、迷离、眷念、美妙的复杂的情感。

三、双域型文本意义生成

双域型整合与单域型整合一样,两个输入空间里都有自己的组织框架，但单域型整合时，一个输入空间组织框架投射到合成空间，而双域型整合时，两个输入空间均有部分组织框架被投射到合成空间里。如《江雪》属于双域型的整合模式，输入空间一为"冬天"，输入空间二为"钓鱼"，这两个空间在组织框架上有很大的区别，前者是一年中的最后一个季节，后者是人类的一个普通行为。在合成空间中，输入空间"冬天"呈现出部分组织框架，输入空间"钓鱼"也呈现出部分组织框架，组成"冬天的场景"+"钓鱼的行为"构成了层创结构。"千山鸟飞绝，万径人踪灭"，无比广大的世界，都处在苦寒无比的状态之中，没有声息，没有生命，这是一个格外严寒的冬天。"孤舟蓑笠翁，独钓寒江雪"，生命绝灭的世界中，一个老翁存活着，他还在悠闲、安静地垂钓，一位意志顽强、孤傲淡定、超然物外、沉醉自我的老者形象呈现眼前，严冬的场景烘托了他的形象，一人独钓的行为完善了他的形象，"冬天"与"钓鱼"两个空间相互映衬，同时相互映射，"鸟飞绝"对应"孤舟"，"人踪灭"对应"独钓"，它们共同塑造了他的形象。

再如，《登高》也属于双域型的整合模式，输入空间一为"秋天"，输入空间二为"登高"，这两个空间同样一个是季节，一个是民间的传统习俗，在组织框架上同样有很大的区别。在合成空间中，输入空间"秋天"呈现出部分组织框架，输入空间"登高"也呈现出部分组织框架，它们形成一个"秋天的场景"+"登高的行为"层创空间。"风急天高猿啸哀，渚清沙白鸟飞回。无边落木萧萧下，不尽长江滚滚来。"虽是秋天，但天气十分寒冷、萧索、凄清，风势凶猛，水落沙白，落叶飘下，长江寒流滚滚，猿猴哀鸣，鸟儿徘徊。这是一个万物凋零、生命哀痛的情景，但诗人依然要在重阳节登高远望。"万里悲秋常作客，百年多病独登台。艰难苦恨繁霜鬓，潦倒新停浊酒杯。"诗人的生命同样也濒临深秋，他年老多病、孤独困顿，纵然漂泊他乡，重病衰颓，诗人依然要登上高处，借重阳佳节表达内心的祈愿。在古代，重阳节属重九之时，天气下降而地气上升,天地二气相交,不正之气弥漫。为避免接触不正之气,须登上高山,插茱萸、喝菊花酒来躲避重九的邪气。但诗人登上高处,感受到秋天的肃杀,想到自己的穷困、衰老、孤独,他痛苦、失落。诗人在生命的尽头流露出内心的挣扎,他悲痛的内心涌动着对未来的期望。"秋天的场景"烘托了诗人的形象,"登高的行为"又展现着诗人内在的力量、生命的顽强、对美好的未来的期盼。

四、截搭型文本意义生成

有时,概念之间关系不只是相似的,还是相关的。相关型的概念整合,多是共有一个组织结构,因为因果、时间、空间、特征、范畴、意图等关系进行压缩而生成新的意义。

如《古诗十九首》中的一首诗:"涉江采芙蓉,兰泽多芳草。采之欲遗谁?所思在远道。还顾望旧乡,长路漫浩浩。同心而离居,忧伤以终老。""涉"作为概念空间一,"采"作为概念空间二,它们通过因果关系整合在一起,"涉江"是为了"采芙蓉"。而合成空间,形成一个"涉江"到"采芙蓉"的动态画面。通过生活中采摘芙蓉的认知框架,读者在头脑中形成一幅采摘芙蓉花的画面。乘舟渡江,展现采摘不易,突出芙蓉花的艳丽,表达主人公对芙蓉花的喜爱之情。"兰泽多芳草",江边低湿的地方生长着芬芳的花草,通过空间关系与第一句进行了整合,用芬芳的花草的背景来烘托芙蓉花的绚丽芬芳。"采之将遗谁?所思在远道。"通过时间关系,与前两句进行整合。第一句为来采芙蓉,而第三句是说已经采到芙蓉花,通过主人公的心理活动在时间上展现事件前后的过程。三四句通过意图关系进行概念整合,"采之"是为了"遗"一个人,结果所思念的人,也就是采摘了芙蓉花后所赠送的人在遥远的地方。意图与他"采"的行为、心理、情感紧密相连,"采芙蓉"是为了赠送给自己所喜爱的人,而此时意图落空,采摘了芙蓉花却无法赠送给所喜爱的人。花的艳丽映射所喜爱人的美丽,送花表现对喜爱的人的深厚情感,而花采摘后却无从送达，在希望落空后，主人公的情感由"爱"转化为"思"。"还顾望旧乡，长路漫浩浩。"通过时间关系，花无法赠送，思念的人不在眼前，主人公必然抬眼遥望故乡。通过空间关系整合"故乡的路途"，主人公眺望故乡而道路"漫浩浩"，芙蓉花无法送达，思念的人也无法相见，内心产生无奈与忧愁。"同心而离居"，通过特征关系进行整合，主人公与所思念的人相互爱念，但离别千里。"终老"又在时间上进行整合，说明他们永远不能相见，"忧伤以终老"，进一步加重了痛苦与哀伤。在概念不断整合中，主人公的情感由喜悦到忧愁，再到悲伤，最终哀痛，逐步变化，不断加深。

第十七章　学生的意象图式与文本解读

第一节　对意象图式的理解

一、图式的定义

"图式"一词源自古希腊文字，原意是"形象"和"外观"，后来意思转变为对最一般的基本特征的描绘，或略图、轮廓、抽象图形等。在哲学思想中，最早讨论"图式"的是康德，他在《纯粹理性批判》一书中提出此概念。"想象力为一个概念取得它的形象的某种普遍的处理方式的表象，我把它叫作这个概念的'图型'。"① "图型"就是图式，他认为图式就是人们阐述概念和引导人们认识世界、理解世界的心理结构。图式是人想象的结果，是连接感知概念的中介。人之所以能够对外在事物建立概念，是因为借助图式。图式化是人建构意象、创造意义的必要程序。图式与感知有关，也与想象有关。"这个中介的表象必须是纯粹的，但却一方面是智性的，另一方面是感性的。这样的一种表象就是先验的'图型'。"② 它是理性的，也是感性的，也可以说不完全是主观的，也不完全

---

① 康德.纯粹理性批判［M］.邓晓芒，译.北京：人民出版社，2017：107.
② 康德.纯粹理性批判［M］.邓晓芒，译.北京：人民出版社，2017：106.

是客观的。但康德把图式看成是一种先验的范畴，是潜藏在心灵深处的一种技术。

在心理学界提出图式概念的是英国的巴特利特，他用一个实验来诠释图式理论。他向被测试者讲述了一个故事，然后间隔一段时间，让被测试者来回忆这个故事，他发现他们回忆出来的故事与原故事有较大的不同：一是原先的故事被简略，他们不熟悉的内容被省掉；二是故事中关键词句被替换，他们往往用熟悉的词语代替不熟悉的词语，复述出来的句子往往不是原故事中的句子；三是故事被重新改编，他们试图使故事变得更加连续、合理。巴特利特用图式理论来解释这些差异，他认为人们对事物的认识与记忆并不是简单的重复，而是在不断地更新创造。被测试者更改原故事，就是为了让故事的内容与他们大脑中原先的图式相一致。因而，可以得出结论，图式是对某一主题形成的知识结构和记忆贮存方式，是人们认识、理解世界的一种认知手段，会影响着人们对外在世界的认知和理解。

瑞士心理学家皮亚杰对图式理论很有研究，他通过实验对儿童的认知进行长期研究，赋予图式以新的含义。他认为图式是人的一种内部的、可变的认知结构，人之所以能够对各种信息进行反应，是因为人都有先验的图式，这些图式能够过滤、筛选、整理外在信息，从而建立新图式。他还发现了同化、顺应两种认知结构的活动过程，形成他的建构主义理论。

对图式理论的研究最为完善的是美国认知心理学家鲁梅尔哈特，他说："图式是表征贮存在大脑中的一般概念的数据结构。他们是为一般概念而存在的，而一般概念又来源于具体的物件、情景、事件、事件系列和行为系列。图式不是原子的，作为图式的一个规定，它必须包含一个相互关联的网络，而这个网络被认为通常存在于所谈概念的各个组成成分之间。"[1]鲁梅尔哈特对图式作出这样的解释：一是图式是一个复杂的庞大的

---

[1] 邹智勇，薛睿.中国经典诗词认知诗学研究［M］.武汉：武汉大学出版社，2014：94.

富有层次的知识网络；二是网络中的结点都是概念，这些概念来源于具体的事物、事件和行为；三是概念就是集合，它们是变量，网络形成稳定的结构，而概念结点又是变量，这样就促成人利用图式来处理外在信息，生成新的图式。

因此，图式实际上就是一种认知模式，它是人们头脑中的先在知识结构。新信息激活了原有图式，原有图式与新信息一起合作产生出意义。面对新信息，如果没有相应的图式可以被激活，就无法产生认知，也就无法理解新的事物。

二、图式的运作方式与作用

鲁梅尔哈特提出图式的三种运作方式：图式的增生、图式的调适、图式的重建。图式的增生指原有的图式足以用来处理新的信息，就在原有的图式框架内积累新的信息。如具备了律诗和绝句的图式，在阅读其他格律诗时，原先的图式依然如故。具备了一些修辞手法或表现手法后，在阅读文本中，原先的图式也依然如故。图式的调适指在新的知识体验中，原先的图式得到了调整，进行了增补、修整和改组，但整体图式并没有发生本质的变化，意义仍然在先前的图式与最新的信息的合作中获得。如原先具备杜甫沉郁顿挫的诗歌风格的图式，在阅读《闻官军收河南河北》一诗后，图式中就多了杜诗的明快、豪放的内容，就有了杜诗多样风格的图式。图式的重建，指原先的图式不足以解释新的信息，也就是无法运用原先的知识结构，这就需要创生新的图式。如对于社会，在阅读古代文学作品时我们发现古代的人认为天人合一，顺应自然，人类是嵌入世界中的，自认为是上天的儿女，承认人伦等级，就形成了相应的社会图式。但阅读现代文学作品，观察当今社会，我们感受到现代社会是讲究人的平等、自由、个性解放，追求自我，人与自然主客分离，人以主体的身份来看待客观的自然界，对于社会的图式完全被颠覆。

先前的图式是理解新事物、新信息的基础，因此，先前的图式的激活与重建是有效阅读文本的关键。图式最大的功能首先是帮助我们理解。在认识事物与解读文本中，我们必然要借助图式来理解它们。如诗句"万树寒无色，南枝独有花。香闻流水处，影落野人家。"初读时，我们也许不能完全理解诗句所描写的事物，寒冷的冬天，万树凋零，有一树独自开花，香味飘荡，树影落在乡间人家屋前。如果留意标题"早梅"的话，就会明白，诗句是在描写冬末初春的梅花。其次是建构功能。我们阅读文本时，不是把文本的信息搬到大脑中，而是以大脑中原先的图式为基础，通过与文本信息的相互作用来生成意义，并建构新的图式。如阅读杜甫的《登高》时，"登高"的图式激活了"重阳节"的图式，重阳节登高祈福消灾的习俗，与诗句信息整合，让我们理解到，杜甫虽然贫病交加，但在此日还不忘登高祈福，足以表现他忧国忧民的情怀。再如王昌龄的《长信秋词》："金井梧桐秋叶黄，珠帘不卷夜来霜。熏笼玉枕无颜色，卧听南宫清漏长。""南宫"激活了我们关于皇宫的图式，一下就建构了宫女的形象，她在凄凉的深宫里，孤寂地卧听宫漏的声音。再次是推论功能。图式是由概念作为结点，组成固定结构的网络。而概念是个变量，我们可以利用变量间的内在联系，推测出那些隐含着的或未知的信息。如朱庆馀的《近试上张水部》一诗，描写一个新娘在初次见到公婆前的忐忑不安的心情，好像是一首"闺阁"诗。但诗题在说"近试"，激活了科考的图式，科考的图式既是理解的基础，也是推理的前提条件。借此我们可以理解，这首诗是写给主考官的，意图探听主考官对于他的认可程度。

图式相当于海德格尔所说的"前理解"，就是人对事物的理解的前提，有三种类型：一是前有，就是我们身处的社会条件和历史条件，因为我们处在社会与历史中，一定带着社会与历史的成分；二是前见，就是我们在理解一件事物之前所携带的各种观念，每个人都不是以空白的大脑来认识世界的；三是前设，或称前概念，即个人本身具有的思维方式和逻辑观念。这三者都是我们理解事物的基础，但也会制约我们的理解，导致我们形成偏见，所以伽达默尔说："一切意见都是偏见。"

三、意象图式及特征

意象图式是"意象"与"图式"两个概念整合在一起的新概念，有着特殊的内涵，最早由美国语言学家莱考夫和约翰逊提出。意象指"人在某物不在场时但在心智中还能想象得出该物的形象，这是在没有外界具体实物刺激输入的情况下，人在心智中依旧能够获得其印象的一种认知能力"[①]。也就是说，意象来自具体实物，但不同于实物，它是人在头脑中想象出来的。意象具有形象性，不同于人头脑中抽象的概念。意象是人体验的结果，并不是来自人的推理。图式是长期储存在人的记忆中的，是人把经验与信息加工组织而成的固定的复杂的认知网络。意象图式既有意象的特征，又有图式的特征，指"人类在与客观外界进行互动性体验过程中反复出现的常规性样式，它们主要起意象性抽象结构的功能"[②]。意象图式相比于意象较为概括与抽象，而相比于图式又较为形象、具形。首先，意象图式具有体验性，它来自身体经验，如我们走进房间，把水倒进杯子里，走出大山等，我们就产生了一种"容器图式"。我们就携带这种图式来认识世界、解读文本，参考图式生发情感。其次，意象图式具有先在性，它是在人们认知世界与自身体验基础上形成的，是先于人脑中的概念与语言的抽象结构，是人的前概念架构。

意象图式有单个与重合之分，单个的意象图式有容器、前景—背景、连接、起点—过程—目标、中心—边缘、整体—部分等。单个的意象图式可以重合成叠加图式，而我们认识世界，一般是多重意象图式同时在作用。在功能上，意象图式与图式一样，各种各样的意象图式交织起来，构成了我们丰富的经验网络和概念结构，帮助我们理解与推理，从而产生意义。

---

① 王寅. 认知语言学 [M]. 上海：上海外语教育出版社，2007：173.
② 王寅. 认知语言学 [M]. 上海：上海外语教育出版社，2007：175.

第二节　意象图式视角下解读策略

古代诗人与我们相隔千百年，外国诗人与我们相距千万里，他们写出的诗歌能被我们理解，说明人类在感知世界、表达思想、抒发情感方面有着相通的心理结构。也许，人类在观察世界或说话写作时并没有注意到这种心理结构的存在，但它对人类理解世界与表达意义，起到重要作用，它指引着诗人有规则地体验世界与组织语言，也引导着阅读者读懂诗歌的内容与情感。

这种心理结构在认知语言学叫作意象图式，我把它叫作前意识模型，就是说我们当下观察、聆听、想象、思考等意识时，有个潜在意识模型左右着我们的言行与思想。参考美国语言学家莱考夫意象图式分类，前意识模型可以分为容器、前景—背景、连接、起点—过程—目标、中心—边缘、整体—部分等，我们据此尝试着来探寻一些诗歌的意义。

一、容器式的意象模型

人类有着共通的前意识模型，是因为人类有着相似的身体结构，在观察与理解世界时，身体对世界的体验是相似的。生活体验中，容器的模型处处存在，人的身体就是一个立体的、密闭的、有界限的容器；身置一个时空中，这个时空就是一个容器；一个物体放在另一个物体中，大的物体就是一个容器，如房间、水杯、冰箱等。

因而人类就不知不觉在大脑中形成一个容器的意识模型，参照它的特征来理解世界，表达思想。如南北朝民歌"天似穹庐，笼盖四野"，直接把天地理解成一个大的容器。又如王维的诗歌："独坐幽篁里，弹琴复长啸。深林人不知，明月来相照。"独自闲坐在幽静竹林里，时而弹琴时而长啸，这个竹林就是一个大的容器。诗人在表达思想和情感时，不知不觉就遵守着容器的模型，先呈现一个时空容器，然后在时空容器中添置其他物件与人。

容器意识模型也决定着语言意义的生成。容器的特征，作为背景呈现着环境特征，同时映射着人的特征与思想。"幽篁"，一个幽静的竹林，清幽、宁静，诗人独坐此处弹琴长啸，他是多么自由自在、淡定高雅。生活世界相当于一个容器，它同时作为一个参照物，决定着情境氛围与情感倾向，事物与人进入容器时，就会增添喜庆，事物与人退出容器时，就会增添悲愁与痛苦。"深林人不知，明月来相照"，无人相伴，略显孤单，但明月进来，增添环境的透明澄澈，去除诗人孤独失落之感，丰富着诗人高雅、淡定、通透的形象。

李白的诗句"霓为衣兮风为马，云之君兮纷纷而来下。虎鼓瑟兮鸾回车，仙之人兮列如麻。"云中的仙人们进入诗人的世界里，列队欢迎诗人，突出了诗人的高贵身份。

再如杜甫的《客至》："舍南舍北皆春水，但见群鸥日日来。花径不曾缘客扫，蓬门今始为君开。盘飧市远无兼味，樽酒家贫只旧醅。肯与邻翁相对饮，隔篱呼取尽余杯。""群鸥日日来"，增添了春天的生机，客人的到来，更让人喜悦。"邻翁"过来饮酒，诗人的家里又增添了热闹、快乐、真诚的气氛。

辛弃疾的词句"众里寻他千百度，蓦然回首，那人却在，灯火阑珊处"，朝思暮想的"那人"忽然进入诗人的世界中，这个意外、惊喜可想而知。

另一方面，人与事物从原本的世界中离去，情感当然就倾向失落、寂寥、悲愁、痛苦等。如李白的"孤帆远影碧空尽，唯见长江天际流"，此时以诗人的视野为一个容器，朋友孟浩然乘着船，从诗人的世界里离别而去，必然生发一种不舍、眷恋、伤感之情。

李白的"浮云游子意，落日故人情。挥手自兹去，萧萧班马鸣"，也同样有着这个意味。"浮云""落日",以及朋友都要从诗人的世界中飘逝而去了,不舍、伤感油然而生。

不过,从一个自己不喜欢的世界中逃离出来,则是别样的感受。如陶渊明的《归园田居·其一》写道:"少无适俗韵,性本爱丘山。误落尘网中,一去三十年。羁鸟恋旧林,池鱼思故渊。开荒南野际,守拙归园田。""户庭无尘杂,虚室有余闲。久在樊笼里,复得返自然。"诗人从官场樊笼中逃离出来,进入故园世界,开荒种地,他没有被迫离去的伤感、悲愤,而是感到悠闲自然。

黄庭坚的诗句"痴儿了却公家事,快阁东西倚晚晴",同样是从一个厌恶的容器进入一个自在阔大的容器。

容器的前意识模型较为常见,有时直接影响思想情感的表达,有时又以隐喻的形式影响思想情感的表达。可以把一个词语的意义集合看成一个容器,也可以把一首诗看成一个容器。

二、前景—背景式的意象模型

置身一个时空的容器中,这个容器就是一个背景,映衬着人物的特征与思想,有时为了表达复杂的思想情感,需要构造多重背景。

杜甫的《登高》:"风急天高猿啸哀,渚清沙白鸟飞回。无边落木萧萧下,不尽长江滚滚来。万里悲秋常作客,百年多病独登台。艰难苦恨繁霜鬓,潦倒新停浊酒杯。"前两联写景,营造一个凄清、悲凉、荒寂的背景,后两联由景及人,描述诗人的人生境况,抒发内心痛苦、绝望的情感。前两联写景角度各不相同,第一联列举多个物象,细密描绘,而第二联选取"落木"与"长江"两个典型物象,粗线条勾勒。两联组合一个重合背景,表达着短暂与永恒的意蕴。

李清照的《声声慢》:"寻寻觅觅,冷冷清清,凄凄惨惨戚戚。乍暖还寒时候,最难将息。三杯两盏淡酒,怎敌他、晚来风急!雁过也,正伤心,却是旧时相识。满地黄花堆积,憔悴损,如今有谁堪摘?守着窗儿,独自怎生得黑！梧桐更兼细雨，到黄昏、点点滴滴。这次第，怎一个愁字了得！"秋风中，词人独自在窗前坐着，在此时此地她是中心，周围有大雁飞过，菊花飘落满地，细雨滴落在梧桐叶上，周边一切衬托着词人内心的悲伤、凄苦、寂寞。

杜甫的《登岳阳楼》："昔闻洞庭水，今上岳阳楼。吴楚东南坼，乾坤日夜浮。亲朋无一字，老病有孤舟。戎马关山北，凭轩涕泗流。"同样前两联写景，后两联由景及人，抒发感叹家国之事的情感。

前景与背景以空间的方式共在，而有时从时间的角度来营造跨时空的画面，形成一个时间背景。如陆游的《书愤》："早岁那知世事艰，中原北望气如山。楼船夜雪瓜洲渡，铁马秋风大散关。塞上长城空自许，镜中衰鬓已先斑。出师一表真名世，千载谁堪伯仲间！"前两联书写过去抗击金兵的奋战生活，后两联写理想落空，前后背景对比，突出当下失望悲愤的心情。有时今昔对比，突出过去的美好、眼前的落空。

除了以时代为背景外，还有以其他人物为背景的。如苏轼的《念奴娇·赤壁怀古》："乱石穿空，惊涛拍岸，卷起千堆雪。""遥想公瑾当年，小乔初嫁了，雄姿英发。羽扇纶巾，谈笑间，樯橹灰飞烟灭。"在描绘赤壁眼前之景后，诗人又描绘了当初周公瑾指挥赤壁之战的情景，让时间背景与空间背景共在，写出了江山的壮美与英雄的伟大，反衬诗人自己"早生华发"，功业未成的失落、叹惋。

诗歌一定要有人的存在，而人必然存在于一定背景中，背景与前景共同组合成一个艺术世界。

三、中心—边缘式的意象模型

人的身体由躯干和四肢组成，同样树木也是由树干和枝叶组成，躯干、树干处在中心，而四肢、枝叶在边缘，因而，中心—边缘意识就在人的大脑中形成。没有主干，边缘枝叶就不能存在。主干是边缘的基础，边缘只是主干的点缀衬托，当然有了边缘枝叶，主干的形象将会更加丰富。

如北宋诗人林逋的《山园小梅》："众芳摇落独暄妍，占尽风情向小园。疏影横斜水清浅，暗香浮动月黄昏。霜禽欲下先偷眼，粉蝶如知合断魂。幸有微吟可相狎，不须檀板共金樽。"写出了梅花疏淡的身影，缕缕的清香，接着写白鹤、蝴蝶、诗人对梅花的喜爱，梅花是中心，后三者处在边缘的位置，来点缀梅花。没有淡雅、清香的梅花，也就不存在他者的喜爱，他者的喜爱更加突出梅花的特点。

大多的状物诗均是如此，唐代诗人钱起的《山花》："山花照坞复烧溪，树树枝枝尽可迷。野客未来枝畔立，流莺已向树边啼。从容只是愁风起，眷恋常须向日西。别有妖妍胜桃李，攀来折去亦成蹊。"山花很红艳，特别迷人，亭亭玉立，流莺为它鸣叫，诗人眷恋着它，为它担忧，招惹路人。山花是中心，流莺、诗人、路人都是处在边缘衬托它。

这样中心与边缘是显性相连，而有时中心与边缘只是一种隐性相连。如李商隐的《锦瑟》："锦瑟无端五十弦，一弦一柱思华年。庄生晓梦迷蝴蝶，望帝春心托杜鹃。沧海月明珠有泪，蓝田日暖玉生烟。此情可待成追忆，只是当时已惘然。"锦瑟处在中心，而庄生、望帝、珠、玉均处在边缘。从表面上来看，锦瑟与后四者没有关系，实际上它们有着内在关联。锦瑟是眼前实物，诗人看着它而生发出对过去年华与所思之人的追忆。这种回忆中的情感，像庄生晓梦般迷幻不定，又像望帝思念故国般痛苦，又像月明泪珠既悲痛又富有价值，又像精气在蓝田山，远观若有而近观却无，如美玉生烟般若有若无。没有锦瑟对情感的触动，也就不会产生各类复杂的情感。

四、部分—整体式的意象模型

中心与边缘是一个事物的两个部分，从局部看中心与边缘各自存在，但是总体来看，它们是一个整体。整体由部分组成，整体存在，部分也就存在，但是部分存在，未必是一个整体。人是一个整体，一棵树是一个整体，各有着自己的部分。但是一堆树干与树枝未必是一棵树，一堆人体器官也不是一个整体。

在诗中一个物象也是一个整体。如"众芳摇落独暄妍，占尽风情向小园。疏影横斜水清浅，暗香浮动月黄昏"。疏影、暗香，是梅花的部分，都是梅花的特征。

一首诗是一个整体，缺少某一部分，整体的特征一定受到影响。如柳永的《望海潮》："东南形胜，三吴都会，钱塘自古繁华。烟柳画桥，风帘翠幕，参差十万人家。云树绕堤沙，怒涛卷霜雪，天堑无涯。市列珠玑，户盈罗绮，竞豪奢。重湖叠巘清嘉，有三秋桂子，十里荷花。羌管弄晴，菱歌泛夜，嬉嬉钓叟莲娃。千骑拥高牙，乘醉听箫鼓，吟赏烟霞。异日图将好景，归去凤池夸。"描绘了江南景象，有景，有人，少一个部分，整体上的意义就不一样。

五、连接式的意象模型

孩子走路总要抓住大人的手，老人走路也要拄着一个东西，人为了求得身体的稳定总要借助其他的人或事物，从而形成社会关系与人际关系，这就形成连接式的思维意识。

如杜甫的《客至》："肯与邻翁相对饮，隔篱呼取尽余杯"，"邻翁"就与诗人形成一种和乐的关系。

王维的《辋川闲居赠裴秀才迪》："寒山转苍翠，秋水日潺湲。倚杖柴门外，临风听暮蝉。渡头余落日，墟里上孤烟。复值接舆醉，狂歌五柳前。""接舆"就是指朋友裴秀才，他酒后狂歌，尽情欢乐，超然物外，同时也表现了诗人的个性。

上述人物处在同一个时空之中，形成一种现实的人际关系。诗人有时拿历史上的人物来对照自己，从而形成一种跨时空的人际关系。如南宋陆游的《书愤》："塞上长城空自许，镜中衰鬓已先斑。出师一表真名世，千载谁堪伯仲间！"诗中拿檀道济来自比，说明自己满腹才华而无处施展。赞颂诸葛亮的功业，无人相比，慨叹那个时代没有这样能够振兴国家的贤相。

连接式旨在构建人际关系，物以类聚，人以群分，其他人只能作为背景或边缘关系，衬托中心地位的人物特征。

六、起点—过程—目标式的意象模型

人多是在行动中，每次行动总有起点、过程以及终点，终点往往就是目的地，因而存在着起点—过程—目标的模型。

如"涉江采芙蓉，兰泽多芳草。采之欲遗谁？所思在远道。还顾望旧乡，长路漫浩浩。同心而离居，忧伤以终老。"采芙蓉，目的是送给所思念的人，但所思念的人在遥远的故乡，相思不能相伴，所以诗人内心十分悲伤。

又如"岂曰无衣？与子同袍。王于兴师，修我戈矛，与子同仇！岂曰无衣？与子同泽。王于兴师，修我矛戟，与子偕作！岂曰无衣？与子同裳。王于兴师，修我甲兵，与子偕行！"虽然是相同的行动，但是在重复着不同的对象，这构成事情发展的过程，形成一个从起点向终点的行进。

在现实中，从起点一般可以到达终点，但是在诗歌中，多数情况存在着现实与理想的错位。如辛弃疾的《菩萨蛮·书江西造口壁》："郁孤台下清江水，中间多少行人泪。西北望长安，可怜无数山。青山遮不住，毕竟东流去。江晚正愁余，山深闻鹧鸪。"南渡的人们向西北仰望长安，可是无数高山阻隔，望不见长安。故国不在，故土不能回，寄托着诗人多少忧恨。

人的行动形成事件，展示社会生活，表现人物的个性特点，在诗歌中是少不了的。而人们在表达思想时，阅读诗歌时，常常受到起点—过程—目标模型的影响。

诗人在创作诗歌时，以及我们在读诗歌时，先在的意象图式，也就是前意识模型起着重要作用，这个前意识模型以潜意识形式存在着，它源于最初经验，在当下经验前，引导着当下经验。抽象理性的意象图式以我们日常生活中的身体经验为基础随时存在，只是有时我们并没有注意。当阅读文本时，我们按此六种前意识模型，会找到解读的路径，感受文本的意义。

第十八章　学生的意向性特征与文本解读

　　《普通高中语文课程标准（2017年版2020年修订）》规定"审美鉴赏与创造"是语文学科核心素养之一，要求教师能够指导学生在语文学习中养成正确的审美意识、健康的审美情趣与鉴赏品位，并掌握一定的表现美、创造美的方法。审美是一种融认知、想象和情感体验为一体的特殊活动，传统美学认为审美是主体对客体的体验过程，审美主体与审美客体二元对立，美是客观存在，审美主体通过体验从客体中寻找到先在美，这种思想是把文学鉴赏当作像自然科学研究一样的分析活动，使审美主客体彼此分离，学生在阅读与鉴赏中到客观事物中寻找美，从而忽略对自己审美能力的观照，最终导致不能感受到真正的"美"。

　　现象学哲学开创者胡塞尔认为，人的意识总是指向某个对象并以此对象为目标，意识活动的这种指向性与对象性就是"意向性"。艺术中审美对象是一种主客相融的意识对象，它既不是纯客观的东西，也不是纯主观的东西。胡塞尔运用现象学方法对艺术中的审美对象的产生以及艺术作品的审美过程等问题作了深入的论述，其思想对学生的"审美鉴赏与创造"素养的养成很有启发。

第一节　对意向性的理解

一、艺术审美对象是意识对象

我们有这样的经验，在公路旁看见远方驶来一辆汽车，当这辆车很远的时候，我们伸出一只手在我们的视野里挡住它。我们看到的汽车比我们的手还小，显然我们看到的不是汽车本身，而是它的像。这辆车逐渐驶近，它逐渐变大。这个逐渐变大的汽车，显然也不是作为实在之物的汽车本身，而是我们大脑加工出来的像。

像是什么？像是人对客观事物进行加工而形成的内在图像，是人的主观与客观事物的合成物。现象学哲学家把像称为现象，他们认为人们平时看到的事物不是事物本身，人们所说的事物也不是事物本身。他们并不否认客观事物的存在，只是他们认为客观事物为自在之物，不能被人的感官完全识别。因此，他们建议人在理解事物时把客观事物本身悬置起来，只以人的感官生成的现象为基础。

现象学哲学还认为人离不开意识，现象是人的意识的结果。当人意识某个对象时，不光呈现了对象，还附着人的理解与情感。当我们看到远处汽车驶来时，我们认出它是一辆汽车，在我们意识中已经附上我们的理解与某些情感。

现象学美学理论以现象学哲学为基础，此理论认为文艺作品或文学作品是一种独特的事物，它们既不是实在的客体，也不是观念的客体，它们既是作者意识的创造结果，又是阅读者的意识对象。我们观察一幅艺术作品或阅读一首诗时，展开一系列的意识活动，此中生成的物象既不是客观实在，也不是纯粹的观念，也就是说艺术审美对象是人的意识对象。

此理论改变了传统的主客二分的思维，认为审美对象不能脱离人而独立存在，它是人对客观事物进行主观加工形成的像。他们承认事物固然客观存在，但是被人感知出来的不是原来实在之物，而是以原来实在之物为基础，依据人的感知能力，由人的感官加工出来的像。事物是审美活动的基础，人是审美活动的主体，人在审美活动中起着主要作用。

二、艺术审美是意识整合的过程

现象学美学理论认为，在把握事物时，人的意识是流动的。这些流动的意识生成一个复合的知觉结构，这些结构再进一步被统一成一个整体。

比如，观察莫奈的《睡莲》，画作中莲叶、莲花、池水逐一进入我们的眼帘。我们移动视线，变换视角，在连续不断的知觉中形成了一条意识流。在目光移动中，以前的知觉画面会因新的知觉闪现被置入记忆中，瞬间的新的知觉又会被下一个知觉替代而被置入记忆中。眼前的知觉片段不断生成，记忆中的知觉片段依次下沉。如此循环，知觉片段不断扩充，意识之流不断扩大、推进。在众多的意识知觉中，有的知觉片段与眼前的片段一起组合，构造一个莲叶总体知觉，而有的记忆片段可能会永久沉沦，直到消隐。此理论把眼前的知觉片段叫作显相，记忆中的知觉片段叫作侧显，连续的显相复合体与侧显复合体构成一个知觉的统一体，即观念对象。意识体验是个庞大的体系，汇合众多的体验流，最终形成一池睡莲的统一体。

在《纯粹现象学通论》中，德国哲学家胡塞尔以杜勒的铜版画《骑士、死和魔鬼》为例，深入分析了人对艺术作品的审美过程。他说："我们在此首先区分出正常的知觉，它的相关项是'铜版画'物品，即框架中的这块版画。其次，我们区分出此知觉意识，在其中对我们呈现着用黑色线条表现的无色的图像：'马上骑士''死亡'和'魔鬼'。我们并不在审美观察中把它们作为对象加以注视：我们毋宁是注意'在图像中'呈现的这些现实，更准确地说，注意'被映象的现实'，即有血肉之躯的骑士。能够传达和形成这一映象表现的'图像'意识（小而阴暗的人物形象，在其中由于有根基的意向作用,某种另外的东西按类似性'以映象方式被呈现'),现在成为知觉的中性变样之例。这个进行映象表现的图像客体,对我们来说既不是存在的又不是非存在的,也不是在任何其他的设定样态中……"①

胡塞尔认为,人在把握一幅铜版画时将产生三种图像:一是材料图像,这幅画的材料、形状、大小、色彩,它们以物的形式存在着,人的意识指向它,将它从众多存在物中分离出来,成为观看对象;二是客体图像,人根据黑色线条勾勒出的"马、骑士、魔鬼"等图像;三是意义图像,人通过想象将"马、骑士、魔鬼"整合成连贯的事件,形成一个独特的意义客体。

这三种图像意识都是审美对象吗?铜版画的材料、大小、形状虽是客体图像的基础,但它们只是材料而已,我们不是观察铜版画所用的材料,不去留意它的大小、形状,所以这些不是艺术鉴赏的内容。通过想象,铜版画中的人与物将以实像的形式呈现给我们,但人与物还是分散的个体,还没有组合起来形成一定的整体,它们脱离语境孤立存在。只理解一般概念上的勇士,还不是我们对这幅版画的真正的理解。意义客体是铜版画中勇士与物组合而形成一定的事件,通过事件这幅画向我们呈现出整体的情致、意韵。勇士是这个事件中的人物,他"既不是存在的又不是非存在的"。说他"不是存在的",指他不同于真实人物;说他"不是非存在的",指以真实人物为基础。文艺作品中的审美对象介于真实与非真实之间,既不同于真实事物,又超越了真实事物。

现象学美学认为审美经验是人的意识不断流动并整合的过程,以对象的材料感知为基础,生成事物的像,最终整合出对象的整体意义。意义图像,不是客观的物质实体,也不是主观的精神实体,是主体意识能动建构

---

① 胡塞尔.纯粹现象学通论[M].李幼蒸,译.北京:商务印书馆,2015:312.

而成的主客交融体。

三、本质直观是艺术审美的重要途径

传统认识论认为直观是一种直接看的行为。人在直观中获得的是浅层的感性经验，想要把握事物本质，只有以经验为基础，通过归类推理或演绎推理来获得。

现象学哲学独到之处在于承认直观可以获得事物的本质，胡塞尔对本质直观作如此阐述："一、变更多样性的创造性展现；二、在持续的相合中的统一联系；三、对相对于差异而言全等之物的直观主动的同一的证实。"[①]他的意思是，在审美过程中，在意识一个对象时，先通过自由想象把它换成随意的相关物，进行"一生多"的活动，如欣赏莫奈的《睡莲》画作时，我们根据画作中的睡莲，联想到生活中众多的睡莲；然后把这些想象出来的杂多的他物进行统一，进行"多生一"的活动，如我们把众多的睡莲进行本质归纳；最后进行统一生成艺术形象的整体意义，我们根据"多生一"时获得的睡莲普遍特征，来对照莫奈画作《睡莲》的个性特征，从而追问形成此个性特征的原因，以此理解画作和作者的思想情感。

这样的直观过程，胡塞尔概括为"自由变更、提取本质、形成观念"三步。自由变更是基础，也最为关键，在自由变更中根据当前的审美对象联想众多的意识对象。自由变更可以联想艺术作品之外众多的相关物，把它们进行聚合；也可选择作品内的相似物，把它们进行组合。经过统一、融合，提取本质，与当前的艺术对象进行对照，获得它的个性化的特征，进而生成作品的意义。

---

① 周艳红.胡塞尔的现象学方法综论[J].学理论，2014（24）：34-36.

第二节　意向性特征对文本解读的作用

现象学美学虽是审美范畴的理论，但它们源于现象学哲学，带有认识论基础，这对于文本解读很有启发意义。

一、赋予课文新的内涵

传统认识论认为外在事物是客观存在的，客观事物刺激了人，人认识了它的本质。在阅读教学中，人是主体，课文是客体，人通过努力认识到课文的思想与情感，人与课文处于分离、对立状态。

现象学美学理论不否认外在事物的客观存在，他们认为没有客观事物，人就不会产生认识，但客观事物是自在之物，人的感官能力无法穷尽它们，所以他们把外在客观事物悬置起来存而不论。他们认为人对客观事物的把握只依据人脑中生成的图像，所以他们提出"现象即本质"的理念。

教材是自在之物，没有人阅读它们，它们只是一个普通的物品。在教学中，师生阅读一篇篇文章，理解着一个个词语的意义时，已经带上主观成分。在读者没有阅读前，主体是主体，客体是客体；当阅读开始时，主体与客体就进入合作的状态。没有文字就没有阅读，没有人的主观意识也没有阅读。教材与课文是一种独特的存在物，它们既不是实在的客体，也不是观念的客体，它们是师生的意义客体。课文原本没有任何思想与情感，是人根据它们的特征加工出来的，课文的思想与情感是人与课文合作的结果。

二、显明解读内在过程

语言就是符号，每个词语都寄存着特定的内容和意义。我们读一首诗词或一篇文章，实际上，就是赋予一串串符号以内容与意义。把握一个艺术或文学作品时，人的意识有四个过程：物理感知、意义指向、意义充实、对象意义生成。

以元代吴师道的诗《莲藕花叶图》为例:"玉雪窍玲珑,纷披绿映红。生生无限意,只在苦心中。"二十个字就是二十个符号,每个字符就是意识对象,阅读二十个字时,就形成一条意识流。首先是物理感知,看到只是这二十个字在白纸上的图形。当然我们不会在物理层面上停留太多的时间,不会留意这两个字分别是多少画,哪一个笔画长,哪一个笔画短。也不会留意纸是什么颜色,印刷的字是什么颜色。

我们穿过这些字的物理层面,直奔这些字所指的事物。看到"玉"这个字,确认图像客体后,就在头脑中想到"玉"的概念对象。所谓概念对象,就是在脑海中不是出现一个具体的通体透明的玉石形象,而是玉的一种抽象的类的形象,一个冰清玉洁的事物,它似乎存在,又似乎不存在。

看到"雪"这个词,就在头脑中想到"雪"的概念对象。同样,在我们的脑海中,不是一幅冰天雪地的情景,不是雪花飞舞的情景,也不是白雪皑皑的情景,而只是雪的一种抽象的概念,一个洁白的、冰冷的事物。

这包含着意义指向和意义充实的过程。如果我们不认识"窍"这个字,就得查阅资料,弄明白"窍"的意思。如果我们不认识"玲珑"这个词,也要通过查阅资料弄明白。从而,完成意义的充实。

每个文字有他们各自的意义,文字组合在一起,必然有一个整体的意义,并且一定指向一个或一些对象。比如"玉""雪""窟窿",它们组合在一起,指向什么对象?似乎无法判断,只能通过其他词语来落实,题目当中的"藕"字是关键,因为藕洁白如玉,如雪,而且中间有孔。所以第一句就理解为"藕通体洁白,就像有孔的精巧细致的玲珑"。把握第一句的意义要经过四步,以此思路,可以理解后面的诗句。

三、突出学生主体地位

现象学美学理论认为,审美对象是意识对象。意义生成以意识对象为基础,在阅读中,学生要理解课文的意义,先得把一个个词句加工成意识对象。意识是人的意识，对于同样的对象每个人对其产生的意识内容各不相同。在阅读中，教师可以启发、引导学生，但无法代替他们进行意识活动。学生对文本的理解总是以自己的意识为基础，他们是阅读的主体，只有激活他们的意识，立足他们的意识对象才能理解课文。因而，教学解读的主要途径是调用并建构他们的意识对象。

例如，陆游的《临安春雨初霁》一诗描写诗人客居京城，听着一夜春雨，清晨又听到小巷深处一阵阵叫卖杏花的声音。白天诗人一直写着草书沏茶、品茶。最后自述不用担心白色的衣服被风尘弄脏，因为在清明节前可以离开京城，回到家里。诗人表面上写自己客居京华这段时间过着悠闲、散淡的生活，实际上抒发自己内心的郁闷、惆怅、忧愤。

颔联、颈联表现诗人的自在、闲适、恬静、高雅。而尾联，诗人在悲叹、疑虑，并进行自我安慰。前后表达的意义不相吻合，令人感到不解。如果学生没有"世味薄""客京华""素衣风尘"的意识背景，就无法解决上述困惑，更无法理解诗歌寄寓的思想情感。

诗人当时六十一岁，在家乡山阴闲居五年。淳熙十三年（1186年）春，诗人奉诏入京，并被授予严州知州的职务，赴任之前，先到临安觐见皇帝，住在西湖边上的客栈里等待召见。诗人一直怀着收复失地的雄心壮志，无奈年事已高，同时他也看清了南宋朝廷的无能，对时局完全失望，所以说"世味年来薄似纱"，在认识与怀疑中，诗人含蓄地流露出内心的无奈、失望。

尾联表达作者的愿望：但愿不会被京城风尘弄脏了衣服，赶在清明节前就会回到家乡。这句话来源于陆机的诗句"京洛多风尘，素衣化为缁"，说洛阳城里，经常刮风，尘土飞扬，穿的一身白衣服早已变成黑色的了。而陆游所在京城临安，本无北方那样的风尘，理解了诗人生平，就可以明白诗人厌弃京城的政治环境，想早点儿逃离京城。"风尘"在这里喻指政治环境的险恶。

对学生意识对象的关注是有效解读的关键，教师可以介绍本诗的写作背景，让学生具有相关的意识背景。但教师不可越俎代庖，代替学生阅读。只有把学生当作解读的主体，才能让他们真正读懂文本。

第三节　意向性特征视角下解读策略

现象学美学理论以人的意识为基础探讨审美过程与审美经验，给文本解读带来全新的视角，据此我们可以获得一些文本解读的实施策略。

一、借用底本生成意义

人在认识某个事物时，头脑不是一片空白，而是有一定的与此事物相关的意识背景，即意识底本。意识底本往往是关于某事物的一般属性，而艺术或文学作品都是个性化的意识对象，意识底本总是与艺术或文学对象存在错位，这种错位是解读文本的一个突破口。由此，就可以生成艺术或文学作品的意义，这是文本解读的重要策略。

例如，我们日常经验中的垂柳有主干高、枝条下垂、叶子嫩黄的特征。而贺知章《咏柳》一诗中的柳如碧玉，枝条柔美，长势茂盛，柳叶精巧、细密。李白的《望汉阳柳色寄王宰》一诗中的柳枝朝向东方生长，且枝条纷乱。孟郊的《折杨柳》一诗中柳枝短小，遭人攀折。三位诗人笔下的垂柳特征各不相同，贺知章的柳似碧玉，万条垂下，优美招人喜爱，有着一种女性之美；李白的柳东枝繁茂，枝条纷乱如丝，有着思念之美；孟郊的柳枝条短小，有种遭遇离弃之叹。各位诗人笔下的柳各有特色，贺知章的柳轻柔、妩媚、灵巧，而李白、孟郊的柳有着与众不同之处，在差异中呈现着诗人独特的思想情感。

二、组合对象建构线索

课文由词语组成，阅读课文先要认识一个个词语。在阅读中，每个词语成为阅读者的意识对象。阅读就是读者脑中的一个个词语意识不断叠加，从而形成意识流的过程。一个词语就是一个意识对象。当下的词语闪现在眼前，成为人的意识对象。随着目光移动，原有的词语意识将下沉，成为人的记忆，而有的词语意识最终消隐。

在阅读中，人会把有共同特征的一些词语意识进行组合，从而形成意义。在横向上，我们可把语段组合在一起形成一个语意段；在纵向上，我们可把同类的词语聚合起来，从中获得它们共有的规则与意义。组合或聚合意识对象，我们可能发现众多的解读的线索，例如，一些意识对象在共时的组合中会形成人的空间意识，在历时的组合中将形成时间意识。拿《登高》这首诗来说，"天""渚""落木""长江"，勾勒出一个立体的空间。高远的天，猛烈的风，高山上的猿猴，徘徊的飞鸟，凄清的沙洲，自上而下组合成一个阔大的空间。

高山、落木、长江，在天地之间自成一个空间，无边的落木自上而下；长江滚滚而来，自远而近，流过诗人的脚下。众多的事物连缀成一个立体的空间，这个空间中，诗人是渺小的，整个外在空间对他形成一种挤压催逼之势。

同时，诗人的意识图像形成了时间。他站在高台之上，抬头仰望天空，低头凝视大地，时而遥望远山，时而俯瞰长江。他的意识不断地流动，从而形成时间之感。"风急天高""渚清沙白""无边落木"，诗人感到时间流转；"不尽长江"，诗人感到时间没有停止。衡量生命的尺子就是时间，诗人回望着自己的过去。"百年"指一生，"百年多病"，这一生都是疾病缠身。"常作客"，这一生都在漂泊他乡。"艰难苦恨繁霜鬓，潦倒新停浊酒杯"，一生艰难，充满着痛苦遗恨，现在年老衰弱，原来借以消愁的酒也不能喝了。生命将到尽头，诗人活在此刻而无法看到自己的未来。诗人在这首诗中回顾了悲苦的一生，也表达了对未来的绝望。

空间、时间是认识事物的先在条件，人有了时空形式后，才能进一步理解事件，获得意义。而意识对象是获得时空意识的基础，意识对象的组合给我们的解读带来众多视角。

三、本质直观深入理解

直观可以见到事物的本质，这是现象学美学的特别之处。直观，就是面对一个具体事物，通过自由联想，变更出很多变项，然后对这些变项进行统一，提取特征，在与意识对象对照中生成意义。

比如读清代女诗人李媞的诗《横泾雪钓》，由"雪钓"，我们联想到"雨钓""晨钓""夜钓""晴钓"，等等，还可以联想到一些诗句："孤舟蓑笠翁，独钓寒江雪。"（柳宗元《江雪》）"曲岸深潭一山叟，驻眼看钩不移手。"（高适《渔父歌》）"幽寻自笑本无事，羽扇筇枝上钓船。"（陆游《秋日郊居》）。

在自由联想后，我们发现"钓"鱼这一行为的一些特征：独自一人，不分时段，自由随意，轻松自在，忘掉一切，甚至自己的形骸，在自然之中专注投入。而"雪钓"发生在冰天雪地、天寒地冻之时，无论环境怎样恶劣，主人公沉醉其中。他在严寒之中坚守，他的心中必有种强大的定力与执着，他不是一个寻常之人。

"寄身烟水任高歌，独坐船头雪满蓑。"我们从"高歌"一词产生联想，"钓罢高歌酒一杯""功名余事且高歌""一杯朋旧共高歌""人世高歌狂笑外"，"高歌"是心情畅快、情感激荡时的表现。即使大雪纷飞，雪花布满蓑衣，他仍陶醉，留恋手中的钓竿，纵情"高歌"。

本诗最后两句笔意宕开，"莫羡江心鱼更好，荻芦深处少风波。"从"荻芦深处"我们联想到一些诗句："两岸荻芦青不断，四山岗岭绸缪。""杨柳岸，荻芦洲，语燕对啼鸠。"可见"荻芦"意指河边浅滩，在此处鱼儿必然很少，而"江心鱼更好"。主人公选择在此处垂钓，因为这里"少风波"。针对"风波"一词，可以联想："君看一叶舟，出没风波里。""横江欲渡风波恶，一水牵愁万里长。""江头未是风波恶，别有人间行路难。""风波"意指江上的风浪,常用来指代人世间的纠纷与灾难。选择"荻芦深处",主人公避重就轻,他不是不想钓到更多更大的鱼,而是要避开江心大风大浪带来的危险。

通观全诗,这位钓者,寄身自然之中,以垂钓为乐,即使大雪纷飞之际,也兴致不减。但他选择在荻芦浅滩外垂钓,不贪图大利,不冒风险,进退有度,得失淡然。

这位垂钓者老成持重,善于应对人事,不鄙视功名,但能权衡利弊,善于保全自己。写出这样的诗句的,一定是位城府极深、洞谙世事的老者。根据记载,这首诗出自一位年轻的体弱多病的女子之手。诗人在写这首诗时一起写了十首,她在小序中说:"吾乡枕黄埔而横沥贯之,九峰,三泖环绕于西。数十年来,人文蔚起,论云间名胜者,首屈指焉。岁戊子,花史舅氏馆予家,雪窗无事,辑景十,倡诗若干首,属同人和之。竹孙弟既作,余亦效颦,如谓吟坛韵事,则乌乎敢?"

从小序,我们可知这首诗是一首即景应和诗,它不是诗人对自己现实的感发,而是借应和表达心中蕴藏的理念,足以看出这位年轻诗人渊博的学养与人生格调。

现象学美学以现象学哲学为基础,认为艺术中审美对象是一种主客相融的意识对象,这一开创性视角为艺术鉴赏打开一扇全新的大门,也把文本解读带进了新天地。以此,我们可以通过"利用意识底本、组合意识对象、抓住本质直观"等措施生成众多的教学策略。现象学及现象学美学将给语文教学解读乃至语文教学带来更多价值,这有待于我们进一步研究。

主要参考文献

一、中文文献

（一）专著

［1］安道玉.意识与意义［M］.北京：中国社会科学出版社，2007.

［2］邓晓芒，赵林.西方哲学史［M］.北京：高等教育出版社，2005.

［3］苟志效.意义与符号［M］.广州：广东人民出版社，1999.

［4］秦光涛.意义世界［M］.长春：吉林教育出版社，1998.

［5］王林.语文教学解读论［M］.安徽：安徽师范大学出版社，2022.

［6］王寅.认知语言学［M］.上海：上海外语教育出版社，2007.

［7］王寅.语义理论与语言教学［M］.上海：上海外语教育出版社，2014.

［8］王岱.统编高中语文名师单元教学设计［M］.济南：山东教育出版社，2022.

［9］王正元.概念整合理论及其应用研究［M］.北京：高等教育出版社，2009.

［10］杨国荣.成己与成物：意义世界的生成［M］.北京：北京师范大学出版社，2018.

［11］章启群.意义的本体论：哲学为诠释学［M］.上海：上海译文出版社，2002.

［12］赵毅衡.符号学原理与推演［M］.南京：南京大学出版社，2016.

［13］赵毅衡.哲学符号学：意义世界的形成［M］.成都：四川大学出版社，2017.

［14］邹智勇，薛睿.中国经典诗词认知诗学研究［M］.武汉：武汉大学出版社，2014.

［15］巴尔特.符号学原理［M］.李幼蒸，译.北京：中国人民大学出版社，2008.

［16］伽达默尔.真理与方法［M］.洪汉鼎，译.上海：上海译文出版社，1999.

［17］哈贝马斯.交往行为理论［M］.曹卫东，译.上海：上海人民出版社，2018.

［18］胡塞尔.纯粹现象学通论［M］.李幼蒸，译.北京：商务印书馆，2015.

［19］卡西尔.人论［M］.甘阳，译.上海：上海译文出版社，1985.

［20］康德.纯粹理性批判［M］.邓晓芒，译.北京：人民出版社，2017.

［21］克里斯蒂安.像哲学家一样思考［M］.赫忠慧，译.北京：北京大学出版社，2015.

［22］莱考夫，约翰逊.女人、火与危险事物：范畴显示的心智［M］.李葆嘉，章婷，印雪玫，译.北京：世界图书出版公司，2017.

［23］莱考夫，约翰逊.肉身哲学：亲身心智及其向西方思想的挑战［M］.李葆嘉，等译.北京：世界图书出版公司，2018.

［24］利科.从文本到行动［M］.夏小燕，译.上海：华东师范大学出

版社，2015.

［25］保罗·利科.诠释学与人文科学［M］.孔明安，等译.北京：中国人民大学出版社，2012.

［26］萨瓦特尔.哲学的邀请［M］.林经纬，译.北京：北京大学出版社，2007.

［27］索绪尔.普通语言学教程［M］.高名凯，译.北京：商务印书馆，1980.

［28］希尔贝克，伊耶.西方哲学史［M］.童世骏，刘进，郁振化，译.上海：上海译文出版社，2012.

［29］英加登.对文学的艺术作品的认识［M］.陈燕谷，晓未，译.北京：中国文联出版公司，1988.

［30］英加登.论文学作品［M］.张振辉，译.开封：河南大学出版社，2008.

（二）期刊

［1］孔波.英伽登四层次理论对阅读教学的启示［J］.学科教育，2001（10）.

［2］李文阁.生成性思维：现代哲学的思维方式［J］.中国社会科学，2000（6）.

［3］梁晓晖，刘世生.关于文本世界的界定标准［J］.中国外语，2009（32）.

［4］沈家煊."糅合"和"截搭"［J］.世界汉语教学，2006（4）.

［5］王林.教学解读的特征、视角与层次［J］.中学语文教学，2020（11）.

［6］王林.再论语文的教学解读：兼答张硕老师［J］.语文教学与研究，2022（1）.

［7］王荣生.中小学散文教学的问题及对策［J］.课程·教材·教

法，2011（9）.

［8］王寅.认知语言学的哲学基础：体验哲学［J］.外语教学与研究，2002（2）.

［9］王寅.语篇连贯的认知世界分析：体验哲学和认知语言学对语篇连贯性的解释［J］.外语学刊，2005（4）.

［10］吴子林.罗曼·英伽登的文学作品结构理论新解［J］.温州大学学报（社会科学版），2011（24）.

［11］严志军，张杰.西方符号学理论在中国［J］.外语学刊，2010（6）.

［12］张立昌.声调意义的疆域：汉语普通话单音名词声调理据研究［J］.齐鲁学刊，2014（1）.

［13］张旭曙.英伽登的文学作品存在论与现象学之关系新探［J］.云梦学刊，2004（5）.

［14］张玉能.现象学的本质直观还原与德国文学思想［J］.河南社会科学，2009（17）.

［15］章启群.唯识学与现象学的六个理论分野［J］.云南大学学报（社会科学版），2022（5）.

后　记

　　这本书的写作源于我二十多年前的困惑：怎样读懂文本？我去了安徽师范大学读教育硕士，读了认知心理学和语文教学论相关书籍。

　　在母校所在的芜湖市一家外文书店里，看到倪梁康教授撰写的关于哲学现象学的书籍，一下子喜欢上了胡塞尔的现象学理论，现象学重在研究人的意识，探讨人是如何认识世界的，这可以用来解决怎样读懂文本，因此我用胡塞尔生活世界的理论撰写了硕士论文《现当代散文生活化教学研究》，但硕士毕业以后，因为现象学理论太高深，很难读懂，就没有在此方向上研究下去。

　　后来，读了海德格尔的语言学、伽达默尔和利科的诠释学、巴尔特的符号学等方面的书，总因为他们的理论深奥难懂没有取得研究成果。

　　这本书得以完成，归功于师傅王林老师给我的写作任务。王老师组织大家写作《语文教学解读论》一书，他分配给我第二章的任务："文本意义的生成与语文教学解读"。王老师知道我喜欢哲学，希望我来研究一下文本意义的生成问题。但是，我对语言的意义十分陌生，一时没法找到思考与写作的方向，十分痛苦。

　　一次，在B站上跟着UP主钱金铎学习马哲和西哲，他无意中提到了认知语言学，我搜集了认知语言学的一些资料，阅读了王寅教授的《认知语言学》等书籍，也阅读了认知语言学家莱考夫的几本中译版的书籍，收获很大，理解到文本的意义来源于语言的意义，弄明白语言的意义就可以有效地解读文本。这样，似乎找到怎样读懂文本的路径，解决了二十年前的困惑。

认知语言学是介于认知心理学与语言学之间的学科，从认知心理学角度探讨语言意义的产生，揭开了文本意义产生的内在机制。认知语言学内容十分丰富，有隐喻理论、文本世界理论、语篇理论等，每一个理论都可以为解读文本提供路径与策略。

借助认知语言学语言意义的理论，我探讨了语言意义生成的条件：文本的特征、阅读者的心理背景以及文本呈现环境，也就是说文本解读是主客体相互合作的活动，所以阅读教学要考虑到文本特征，也要考虑学生的背景知识，更要考虑教学环境与教学过程的设置。

在完成《语文教学解读论》第二章撰写任务后，王老师让我把第二章扩写成十万字以上的书。我答应了，但写得很慢。王老师常常催促，并早早为我写好序言。如此，我花了两年时间写成此书。衷心感谢王老师！

华师大张心科教授是我的工作坊的学术导师，他多次指导我们怎样撰写论文与书稿，他肯定了我对于文本解读与教学解读的研究，他尤其赞成我运用认知语言学理论进行文本解读的研究，他认为目前文艺评论、美学、文章学等理论在影响着语文教学，认知语言学理论用到语文教学研究中会有很大的价值。他特别鼓励我要保护好奇心，对什么有兴趣就研究什么。

徐汇中学曾宪一校长是我的工作坊的实践导师，他不厌其烦地指导我怎样开展课题研究、怎样上课，他要求我的研究要立足真实课堂，不能生造概念，说出的话要让人听得懂。他热心地帮我联系出版社，指导我如何修改书稿。

上海中学樊新强书记多次指导我修改书稿，他希望我能找到自己的教学与研究特色，建议我在"语意教学"上做深入的研究。

邓彤老师对于我运用现象学、认知语言学方法来研究语文教学给予肯定与指导。

一个人的力量是有限的，在发展中一定需要他人指导。衷心感谢指导我的恩师、朋友、同事、家人，衷心感谢人生中所遇到的人！